MÉMOIRES
DE LA
DÉLÉGATION ARCHÉOLOGIQUE EN IRAN

TOME XXXV

MISSION DE SUSIANE

SOUS LA DIRECTION DE
ROMAN GHIRSHMAN †
MEMBRE DE L'INSTITUT

TOMBES D'ÉPOQUE PARTHE

(CHANTIERS DE LA VILLE DES ARTISANS)

PAR

REMY BOUCHARLAT ET ERNIE HAERINCK

BRILL

Leiden, Boston

2011

L'abréviation de ce volume est *MDP* 35

ISSN 1782-4168 (Ville Royale de Suse)
ISBN 978 90 04 21134 6

Copyright 2011 by Koninklijke Brill NV, Leiden The Netherlands.
Koninklijke Brill NV incorporates the imprints Brill, Hotei Publishing, IDC Publishers, Martinus Nijhoff Publishers and VSP.

All rights reserved. No part of this publication may be reproduced, translated, stored in a retrieval system, or transmitted in any form or by any means, electronic, mechanical, photocopying, recording, or otherwise, without prior written permission from the publisher.

Authorization to photocopy items for internal or personal use is granted by Koninklijke Brill NV provided that the appropriate fees are paid directly to The Copyright Clearance Center, 222 Rosewood Drive, Suite 910, Danvers, MA 01923, USA.

Printed in Belgium by Cultura, Hoenderstraat 22, B-9230 Wetteren

Cet ouvrage est le premier d'une série de cinq volumes consacrée à la publication des fouilles de R. Ghirshman à Suse sous la responsabilité de Hermann Gasche ; il s'agit des volumes 35, 48, 49, 51 et 56.

This volume presents research results of the 'Interuniversity Pole of Attraction Programme VI/34 - Belgian State. Federal Office for Scientific, Technical and Cultural Affairs.'

TABLE DES MATIÈRES

LISTE DES FIGURES	5
LISTE DES PLANCHES	7
INTRODUCTION	13
CHAPITRE 1. TRAVAUX ANTÉRIEURS À R. GHIRSHMAN	15
CHAPITRE 2. LES FOUILLES GHIRSHMAN	21
2.1. Le projet	21
2.2. Le manuscrit de Roman Ghirshman et extraits des Journaux de fouilles	22
2.2.1. R. Ghirshman. Ville des Artisans : « La nécropole achéménide-séleucide »	22
2.2.2. R. Ghirshman. Description des tombes contenant des sarcophages à couvercle anthropoïde — Extraits du Journal de fouilles	26
2.2.3. R. Ghirshman. Description des couvercles anthropoïdes des tombes de la « Nécropole achéménide-séleucide » — Extraits du Journal de fouilles	27
2.3. Les fouilles Ghirshman 1947-1952 : résultats et commentaires	28
2.3.1. La stratégie et les hypothèses de R. Ghirshman d'après les Journaux de fouilles	28
2.3.2. Essai d'interprétation des données	33
2.3.3. Typo-chronologie et stratigraphie d'après R. Ghirshman	34
2.3.4. Les pratiques funéraires d'après R. Ghirshman	35
2.3.5. Mobilier	35
CHAPITRE 3. LES TOMBES POST-ACHÉMÉNIDES DE SUSE : ESSAI DE SYNTHÈSE	37
3.1. Types de sépultures, architecture et localisation	37
Type 1. Tombes en fosse individuelle simple ou partiellement aménagée	37
Type 2. Sépultures individuelles dans des récipients en terre cuite, en pleine terre	39
2.1. Sépultures dans une jarre	39
2.1.1. Sépultures dans une jarre cylindrique	39
2.1.2. Sépultures dans une jarre ovoïde	40
2.1.3. Sépultures dans deux jarres accolées	40

TABLE DES MATIÈRES

    2.2. *Sarcophages en pleine terre* 40
        2.2.1. *Cuve peu profonde aux deux extrémités arrondies* 40
        2.2.1a. *Sarcophages en baignoire profonde* 46
        2.2.2. *Sarcophages de forme anthropoïde* 46
        2.2.2a. *Sarcophages de forme anthropoïde en pierre* 47
        2.2.3. *Sarcophages-pantoufles* 49
Type 3. Caveaux de surface ou semi-enterrés 51
Type 4. Chambres souterraines 53
    4.1. *Tombes à puits d'accès* 53
    4.2. *Tombes à galerie* 53
    4.3. *Tombes construites, voûtées, à escalier d'accès (Tombes TV de Ghirshman)* 54

3.2. Pratiques funéraires 54
3.3. Lieux d'inhumation 55
3.4. Mobilier funéraire 57
3.5. Éléments de chronologie relative et de datation 57
3.6. Répartition des types sur les tells de Suse et aux alentours 58

CHAPITRE 4. LES SIX TOMBES À INHUMATIONS MULTIPLES (TV 1 - TV 6) 61

4.1. Description 61
    4.1.1. Tombe voûtée n° 1 : Chantier Ville des Artisans 2b 61
    4.1.2. Tombe non construite n° 2 : Chantier Ville des Artisans 2b 62
    4.1.3. Tombe voûtée n° 3 : Chantier Ville des Artisans 6 62
    4.1.4. Tombe voûtée n° 4 : Chantier Ville des Artisans 2/2c 62
    4.1.5. Tombe voûtée n° 5 : Chantier Ville des Artisans 9 63
    4.1.6. Tombe voûtée n° 6 : Chantier Ville des Artisans 9 63

4.2. Caractéristiques architecturales et comparaisons 63
    4.2.1. Architecture et aménagements intérieurs 64
    4.2.2. Pratiques funéraires 67

4.3. Mobilier funéraire 68
    4.3.1. Céramique 68
        4.3.1.1. *Céramique commune* 68
        4.3.1.2. *Céramique fine (eggshell)* 69
        4.3.1.3. *Céramique à glaçure* 69
    4.3.2. Perles 71
    4.3.3. Objets en os 71
        4.3.3.1. *Divers* 71
        4.3.3.2. *Trois figurines de femmes nues en os* 71
    4.3.4. Objets en terre cuite 72
        4.3.4.1. *Figurine* 72
        4.3.4.2. *Pseudo-tablettes* 73
    4.3.5. Objets en pierre 73
        4.3.5.1. *Plat* 73
        4.3.5.2. *Alabastra* 73
    4.3.6. Objets en cuivre/bronze 73
        4.3.6.1. *Miroir* 73

TABLE DES MATIÈRES

      4.3.6.2. *Plaquettes de serrure* 74
      4.3.6.3. *Anneau et bracelet en bronze* 74
      4.3.6.4. *Monnaies* 74
    4.3.7. Objets en fer 74
      4.3.7.1. *Anneaux, tiges et clous* 74
      4.3.7.2. *Couteau* 75
      4.3.7.3. *Plaquettes en fer* 75
    4.3.8. Objets en verre 75
      4.3.8.1. *Bouteille piriforme* 75
      4.3.8.2. *Bouteille à panse godronnée en verre jaune* 75
      4.3.8.3. *Lacrimaires* 75
      4.3.8.4. « *Amphoriskos* » 75
    4.3.9. Objet en fritte/faïence 76
      4.3.9.1. *Œil Oudjat* 76

4.4. Conclusion
    Les grandes tombes : un type de sépulture de l'élite aux 1er et 2e siècles de notre ère 76

TABLEAUX 79

BIBLIOGRAPHIE 87

PLANCHES *in fine*

LISTE DES FIGURES

Fig. 1   Suse. Plan du site et localisation des chantiers de R. Ghirshman mentionnés dans ce volume. D'après Steve *et al.* 1980, 110, fig. 14.

Fig. 2   Chambres souterraines à puits d'accès dans les ruines de la muraille achéménide, flanc sud-est de la Ville Royale (Dieulafoy 1893, fig. 274).

Fig. 3   Sarcophage en terre cuite, du type le plus fréquent à Suse (Mecquenem, Rapport de fouilles 1927, Pl. 1 : b).

Fig. 4   Caveau « partho-romain » de la Ville des Artisans, versant sud-est, fouillé par J.M. Unvala en 1927 (Unvala 1928, figure à la p. 92 ou Rapport de fouilles 1927, Pl. 21).

Fig. 5   Caveau « sassanide » de la Ville des Artisans ; voûte en ogive (Unvala *in* Mecquenem, Rapport de fouilles 1933, Pl. 48).

Fig. 6   Plan et coupe d'un caveau « sassanide » ; fouilles Mecquenem 1937 (Mecquenem 1943, fig. 104).

Fig. 7   Forme particulière de sarcophage en terre cuite trouvée par J.M. Unvala près de Suse (Unvala 1929a, fig. 1 : a-c).

Fig. 8   Sarcophage « baignoire » en terre cuite à glaçure bleu-vert ; découvert par J.M. Unvala durant la première année des fouilles à la Ville des Artisans en 1927 (Mecquenem, Rapport de fouilles 1927 ; cf. Unvala 1929, 91 au centre).

Fig. 9   Assemblage de « céramiques sassanides », probablement en provenance d'un caveau (Mecquenem, Rapport de fouilles 1927, Pl. 1 : a).

Fig. 10   Plan des Chantiers 3 (= VdA 1) et 12 (= VdA 2) de R. Ghirshman à la Ville des Artisans (D'après Ghirshman 1954a, fig. 2).

Fig. 11   Plan de la « nécropole parthe » des Chantiers VdA 2b et c, niveau 3.

Fig. 12   Plan de VdA (Chantier 12), montrant la localisation des tombes à puits et de la tombe à escalier d'accès (T.C. 4 à droite), toutes contenant des sarcophages anthropoïdes. On notera quelques différences avec le plan publié par Ghirshman (1954a, plan 2) sur lequel certains sarcophages des couches supérieures ont été enlevés.

Fig. 13   Plan de la Tombe T.C. 4 (extrait de Ghirshman 1954a, plan 2).

Fig. 14   Coupe sur VdA (Chantier 12). Tombes à puits, non construites (type 4.1.) ou à chambre ou *loculi* sous des constructions islamiques et peut-être à travers des constructions préislamiques.

Fig. 15   Tombe individuelle en pleine terre recouverte de gros tessons de jarres. Suse, Palais du Chaour, niveau 2.

LISTE DES FIGURES

Fig. 16   Deux vues d'une tombe individuelle en pleine terre couverte par deux rangées de briques cuites en bâtière. Date incertaine. Ville des Artisans « VdA2, couche 2 ».

Fig. 17   Tombe en pleine terre dont le fond est constitué d'un alignement de quatre briques cuites achéménides. Suse, Palais du Chaour niveau 2 (Labrousse, Boucharlat 1974, Pl. XXVII : 2).

Fig. 18   Trois vues d'une jarre cylindrique soigneusement cassée dans la partie inférieure pour introduire le corps d'un enfant. Suse, Palais du Chaour, niveau 2 (Labrousse, Boucharlat 1974, Pl. XXVII : 1 et inédits).

Fig. 19   a : Tombe d'enfant dans deux jarres brisées. Fragment de grande jarre cylindrique à fond pointu emboité dans un grand fragment de jarre ovoïde ; époque séleucide (Suse, Apadana, niveau 5c, Boucharlat *et al.* 1987, Pl. XII : 2).
b et c : Exemples de jarres cylindriques fréquemment utilisées pour les inhumations d'enfants aux époques parthe moyenne et récente (Suse, Apadana Est, jarres non funéraires, Boucharlat *et al.* 1987, fig. 69).

Fig. 20   Sarcophages en terre cuite à glaçure bleu-vert en provenance de Suse (sans autre indication). Réserves du musée de Suse. Dessins : R. Boucharlat 1978.
a : Décor : cordon en relief.
b : Sans décor.

Fig. 21   Fragments de sarcophage en terre cuite.
a et b : Fragments de cuve à glaçure bleu-vert. Ville Royale 1976 (inédit) et Mecquenem, Rapport 1934.
c : Partie supérieure d'un couvercle anthropoïde trouvé à Suse, sans autre indication (Réserves du musée de Suse).

Fig. 22   a et b : Sarcophages en terre cuite de forme ovale (Ville des Artisans, Tombe 42).
c : Sarcophage avec couvercle décoré (Ville des Artisans, Tombe 47 ; voir aussi Tombes 7, 26 et 48).
d, e et f : Sarcophages de forme anthropoïde.

Fig. 23   Deux sarcophages anthropoïdes en pierre découverts à 1 km au sud du site de Suse. Fouille de sauvetage de M. Rahbar, 1995.

Fig. 24   Détail des deux sarcophages de la fig. 23, distants de 2,50 m l'un de l'autre.

Fig. 25   Détail du sarcophage situé au premier plan des figs. 23 et 24, entouré de son muret de briques cuites.

Fig. 26   Plan du sarcophage de la fig. 25.

Fig. 27   Couvercles de « sarcophages-pantoufles » en terre cuite, sans glaçure. Ces couvercles ont un diamètre d'au moins 30 à 40 cm et se posaient sur l'ouverture du sarcophage après l'introduction du corps. Suse, provenance inconnue (Réserves du Musée de Suse, dessins R. Boucharlat 1978, inédits).

Fig. 28   Localisation des tombes semi-souterraines dont la voûte se trouvait probablement au-dessus du sol (type 3.). Chantier VdA 1, « Nécropole parthe ». Fouilles Ghirshman 1947.

Fig. 29   Tombe non construite, mais à petit escalier d'accès ; tombe probablement peu profonde, située en bordure du tell en VdA 2 (extrait du plan de VdA 2 = Chantier 12).

LISTE DES PLANCHES

Pl. 1 Dessins de couvercles de sarcophages anthropoïdes.
1. GS-4945a et b : couvercle anthropoïde de sarcophage en deux parties de sections très bombées. La partie inférieure porte une lettre (?). Terre cuite rosée. L. 104 cm et 105 cm ; larg. 53 cm et 57 cm (Tombe 35 creusée dans le sol vierge ; voir aussi Pl. 4 : 2).
2. GS-4946a et b : couvercle anthropoïde de sarcophage en deux parties de sections planes. Terre cuite rosée. Nez et sourcils en relief ; vêtement incisé et points imprimés. Long. 81 cm et 49 cm ; larg. 52 et 44 cm (Tombe 13 ; voir aussi Pl. 4 : 3).
3. GS-4947a et b : couvercle de sarcophage anthropoïde en deux parties de sections bombées. Terre cuite rosée. Sourcils et nez en relief ; vêtement indiqué par des lignes incisées et des points imprimés. Long. 65 cm et 97 cm ; larg. 48 cm et 44 cm (Tombe 12 ; voir aussi Pl. 4 : 4).
4. GS-4948 : partie supérieure d'un couvercle de sarcophage anthropoïde de section bombée. Décor en relief et en points imprimés. Long. 107 cm ; larg. 59 cm (Tombe 7 ; voir aussi Pl. 4 : 5).

Pl. 2 Dessins de couvercles de sarcophages anthropoïdes.
1. GS-4949a et b : couvercle de sarcophage anthropoïde en deux parties de sections planes. Terre cuite rosée. Nez et sourcils en relief. Long. 69 cm. et 69 cm ; larg. 46 cm et 45 cm. (Tombe 31 ; voir aussi Pl. 5 : 5).
2. GS-4950a et b : couvercle de sarcophage anthropoïde en deux parties de sections planes. Terre rosée. Nez et sourcils en relief. Long. 60 cm et 45 cm ; larg. 46 cm et 42 cm (Tombe 24 ; voir aussi Pl. 5 : 4)
3. GS-4951a et b : couvercle plat de sarcophage anthropoïde en deux parties de sections planes. Nez et sourcils en relief. Terre rosée. Vêtement indiqué avec des lignes incisées et des points imprimés. Long. 81 cm et 70 cm, larg. 40 cm et 38 cm (Tombe 26 ; voir aussi Pl. 5 : 2).
4. GS-4952a et b : couvercle de sarcophage anthropoïde en deux parties de sections planes. Nez et sourcils en relief. Terre rosée. Vêtement indiqué par des lignes incisées et des points imprimés. Long. 61 cm et 90 cm ; larg. 42 cm et 35 cm (Tombe 21 ; voir aussi Pl. 5 : 3).

Pl. 3 Dessins de couvercles de sarcophages anthropoïdes.
1. GS-4953a et b : couvercle de sarcophage anthropoïde en deux parties de sections planes. Terre rosée. La bouche, le nez et les yeux sont exprimés par des creux ; vêtement orné. (Tombe 46).
2. GS-4954a et b : couvercle de sarcophage anthropoïde en deux parties de sections planes. Terre rosée. Les yeux, le nez et la bouche sont profondément imprimés et le vêtement est indiqué par des points. Long. 73 cm et 61 cm ; larg. 43 cm et 42 cm. Partie inférieure du couvercle : lignes doubles incisées qui se croisent (Tombe 49) (voir aussi Pl. 5 : 6).
3. GS-4955a et b : couvercle de sarcophage anthropoïde en deux parties de sections planes. Les traits du visage ne sont pas indiqués, mais le vêtement est sommairement représenté. La partie inférieure du couvercle est décorée de petites cupules imprimées avec un doigt avant la cuisson. (Tombe 41).

LISTE DES PLANCHES

    4. GS-4956a et b : couvercle de sarcophage anthropoïde en deux parties de sections planes. Terre rosée. Sur la partie supérieure on distingue les épaules et l'emplacement de la tête, mais le visage n'est pas représenté. La partie inférieure du couvercle est décorée de cupules imprimées avec un doigt avant la cuisson. (Tombe 44).

Pl. 4 Photographies de couvercles de sarcophages anthropoïdes.
- 1. cuve glaçurée trouvée par Ghirshman : voir fig. 12. Tombe/chambre funéraire 37 sur le plan de la Ville des Artisans : Chantier 12, niveau 4.
- 2. GS-4945 (Tombe 35).
- 3. GS-4946 (Tombe 13).
- 4. GS-4947 (Tombe 12).
- 5. GS-4948 (Tombe 7).

Pl. 5 Photographies de couvercles de sarcophages anthropoïdes.
- 1. GS-4944 (Tombe 47).
- 2. GS-4951 (Tombe 26).
- 3. GS-4952 (Tombe 21).
- 4. GS-4950 (Tombe 24).
- 5. GS-4949 (Tombe 31).
- 6. GS-4954 (Tombe 49).

Pl. 6 Plan de la Tombe voûtée 1 (Chantier Ville des Artisans 2b) (Pls. 6-11, 12a). (3ᵉ campagne : 1948-1949, fouillée du 5 au 28 janvier 1949)

Pl. 7 Céramique de la Tombe voûtée 1.
Céramique fine (eggshell)
GS-594c-d : deux écuelles ; grise (*loc.* M).
GS-598b : écuelle ; rose (*loc.* L).
GS-599b : écuelle (*loc.* N).
GS-603d-h : cinq écuelles ; cercles incisés (Loc. I).
GS-604a-c : trois écuelles ; grise, très fine (Loc. H).
Céramique commune
GS-594b : grise (*loc.* M).
Céramique à glaçure
GS-594a : coupe (*loc.* M).

Pl. 8 Céramique de la Tombe voûtée 1.
Céramique commune
GS-606g : petit vase à fond pointu ; panse godronnée ; jaune (*loc.* O).
GS-597b : petite cruche ; jaune ; panse godronnée (*loc.* P).
Céramique à glaçure
GS-593b : petite cruche incomplète ; glaçure grise (*loc.* M).
GS-611 : cruche à anse rubanée ; glaçure bleue (sol de la chambre du fond).
GS-612 : cruche à glaçure verte (sol de la chambre du fond).

Pl. 9 Céramique de la Tombe voûtée 1.
Céramique à glaçure (gourdes)
GS-595 : glaçure grise, col bleu (*loc.* P).
GS-596, 596a : glaçure grise (*loc.* P).
GS-598, 598a : glaçure grise (*loc.* L).
GS-599, 599a : glaçure grise (*loc.* N).
GS-600 : glaçure grise (escalier).

GS-601, 601a : glaçure grise (*loc.* K).
GS-602, 602a, 602b : glaçure grise (*loc.* I).
GS-604a-c : trois gourdes ; glaçure grise (*loc.* H).
GS-605a-e : cinq gourdes ; glaçure grise (*loc.* O).
GS-610a-b : deux gourdes ; glaçure grise (sol de la chambre du fond).

Pl. 10 Céramique de la Tombe voûtée 1.
Céramique commune
GS-592a-h : huit lampes (sept gris-noir ; une rosée) (*loc.* M).
GS-597a : lampe à bec ; gris-noir (*loc.* P).
GS-600a : lampe ; gris-noir (escalier).
GS-601b : lampe ; terre grise, bec noirci (*loc.* K).
GS-603a-c : trois lampes ; gris-noir (*loc.* I).
GS-606a-f : six lampes ; gris-noir (*loc.* O).

Pl. 11 Objets de la Tombe voûtée 1.
GS-608 : fermeture de coffret (?) et clef en fer (*loc.* O).
GS-590 : petit alabastron ; pierre grise ; col mouluré (*loc.* M).
GS-591 : petit alabastron ; pierre grise ; col cassé (*loc.* M).
GS-593a : fragment de coupe en albâtre (*loc.* M).
GS-607 : oudjat en fritte/fayence bleue ou verte (?) (*loc.* O).
GS-609 : tablette en terre cuite couverte de clous imitant l'écriture cunéiforme. Long. 5,5 cm ; larg. 5,5 cm ; épais. 2cm.

Pl. 12 Photographies des Tombes voûtées 1 et 3.
a. Tombe voûtée 1.
b. Tombe voûtée 3.
c. Tombe voûtée 3.
d. Tombe voûtée 3.

Pl. 13 Plan de la Tombe voûtée 2 (Chantier Ville des Artisans 2b (Pls. 13-16).
(3ᵉ campagne : 1948-1949 ; fouillée du 22 février au 2 mars 1949)

Pl. 14 Céramique de la Tombe voûtée 2.
*Céramique fine (*eggshell*)*
GS-719a-e : cinq écuelles.
Céramique à glaçure
GS-722a-d : quatre gourdes ; glaçure grise.

Pl. 15 Céramique de la Tombe voûtée 2.
Céramique commune
GS-720a-l : douze lampes à bec ; gris-noir.
GS-721 : lampe à bec très long et à anse ; grise.

Pl. 16 Objets de la Tombe voûtée 2.
GS-723 : miroir en bronze ; le manche est en forme de femme nue soutenant un disque orné de cercles en relief au revers.
GS-724 : flacon en verre bleu irisé.
GS-726 : fragment de peigne en os.
GS-717 : clous en fer de section carrée.
GS-718 : bracelet à double fil de bronze orné d'incisions.
GS-725 : collier de perles en agate, cornaline et ambre (selon Ghirshman).

LISTE DES PLANCHES

Pl. 17   Plan de la Tombe voûtée 3 (Chantier Ville des Artisans 6) (Pls. 12 b-d, 17-19, 25b).
(3ᵉ campagne 1948-1949 ; fouillée du 15 février au 17 mars 1949)

Pl. 18   Céramique de la Tombe voûtée 3.
Céramique commune
GS-731 : cruche ; grise.
GS-733 : jarre à deux anses, gris rosé, panse entièrement godronnée.
GS-737 : jarre à deux anses, panse et col godronnés ; brune.
Céramique à glaçure
GS735 : cruche ; glaçure passée à couleur ivoire.
GS-728 : cruche ; glaçure argentée.
GS-729 : cruche ; glaçure argentée.
GS-732 : cruche ; glaçure blanchâtre.
GS-736 : cruche ; glaçure blanchâtre.
GS-730 : cruche ; glaçure claire avec des traces de bleu.
GS-734 : flacon ; glaçure verte.

Pl. 19   Objets de la Tombe voûtée 3.
Céramique à glaçure
GS-727 : lampe à bec ; glaçure blanchâtre, bec noirci.
Céramique commune
GS-738 a et b : deux lampes à bec ; terre gris-noir.
Autres objets
GS-739a : anneau en bronze de section carrée (banquette de gauche).
GS-739b : épingle incomplète en os (banquette de gauche).
GS-698 : figurine en os sculpté ; les bras articulés manquent. Trouvée dans le niveau sous la TV 3.

Pl. 20   Plan de la Tombe voûtée 4 (Chantier Ville des Artisans 2/2c) (Pls. 20-24, 25a).
(5ᵉ campagne 1950-1951 ; fouillée du 21 février au 13 mars 1951)

Pl. 21   Céramique de la Tombe voûtée 4.
Céramique commune
GS-2337a-b : deux écuelles.
GS-2338 a-b : deux petits vases à fond pointu.
GS-2335 : cruche.
GS-2334 a : fragment de cruche.
GS-2334 b-c : deux cols de cruches.
GS-2334 d : fragment de cruche.
GS-2339, 2340a-b : lampes à bec ; gris-noir.
Céramique fine (eggshell)
GS-2336 : écuelle.
Céramique à glaçure
GS-2345a, b, c : cruches ; glaçure marron foncé.

Pl. 22   Céramique de la Tombe voûtée 4.
GS-2343a-n : quatorze gourdes de pèlerin plates ; glaçure bleue passée au gris ; marques de pernette.

Pl. 23   Objets de la Tombe voûtée 4.
Céramique à glaçure
GS2342a-l : douze *unguentaria* ; glaçure vert-jaune/gris-blanc.
Autres objets
GS-2341 : fragment de figurine en terre cuite grise ; femme nue aux bras allongés le long du corps.
GS-2344 : petit flacon en verre jaune soufflé ; panse godronnée.

LISTE DES PLANCHES

Pl. 24 Photographies d'objets de la Tombe voûtée 4.
    a. assemblage de céramique.
    b. cruche à glaçure marron foncé (GS-2345c).
    c. flacon en verre jaune soufflé ; panse godronnée (GS-2344).

Pl. 25 Photographies de Tombes voûtées.
    a. Tombe voûtée 4.
    b. Tombe voûtée 3.

Pl. 26 Plan et photographie de la Tombe voûtée 5 (Chantier Ville des Artisans 9) (Pls. 26-33).
    (6ᵉ campagne 1951-1952 ; fouillée du 31 déc. 1951 au 6 janvier 1952)

Pl. 27 Céramique de la Tombe voûtée 5.
Céramique fine (eggshell)
GS-2494a, b et c : écuelles hémisphériques.
GS-2491 : écuelle en terre rougeâtre.
GS-2494d : écuelle.
Céramique à glaçure
GS-2478 : jarre de forme cylindrique ; trois coulures de glaçure sur la base ; glaçure bleue passée au gris.
GS-2503 : lampe à bec ; glaçure bleue passée au jaune.
Unguentaria
GS-2480 : glaçure verte.
GS-2504 : glaçure dont la couleur est devenue sale.
GS-2479a-b : glaçure gris-ivoire.
GS-2481a-c : glaçure blanc-sale et jaune ivoire.
Flacon
GS-2505 : flacon à panse godronnée ; glaçure bleue passée au gris.
Jarres à deux anses
GS-2486 : deux anses rubanées ; glaçure bleue passée.
GS-2482 : la panse, l'épaule et les deux anses rubanées sont ornés de stries incisées ; glaçure bleue passée au blanc.

Pl. 28 Céramique de la Tombe voûtée 5.
Céramique commune
GS-2490 : cruche ; verdâtre.
GS-2502 : jarre, panse godronnée.
Céramique à glaçure
Cruches
GS-2499 : glaçure bleue passée au blanc.
GS-2489 : glaçure bleue passée au gris.
GS-2487 : anse rubanée ; stries à la naissance et à l'attache de l'anse ; glaçure bleue passée au blanc.
GS-2484 : glaçure brune ; anse torsadée.
GS-2488 : anse rubanée, cercles incisés et huit boutons en pastille à la naissance de l'anse et quatre autres à l'attache de l'anse ; glaçure bleue passée au blanc.
Cruches à fond large et plat
GS-2485 : glaçure bleu pâle.
GS-2483 : glaçure bleue passée au blanc.
GS-2500 : glaçure couleur chocolat.
GS-2501 : glaçure bleu pâle.

LISTE DES PLANCHES

Pl. 29   Objets de la Tombe voûtée 5.
Figurines en os
GS-2492 et GS-2493
Verres
GS-2476 : flacon à deux anses coudées en verre opaque presque noir.
GS-2477 : *unguentarium* de forme élancée ; verre opaque.
GS-2498 : fond d'un *unguentarium* ; pâte de verre jaune clair.
Métal
GS-2495a ; GS-2496a et b : trois anneaux en fer à tiges d'attache qui portent des traces de bois.
GS-2495b : couteau en fer.
GS-2496c : tige en fer aplatie.
GS-2497 : clous et divers fragments en fer.

Pl. 30   Photographies de la Tombe voûtée 5 (a-c) et objets divers :
d. figurine en os (GS-2492).
e. flacon à deux anses coudées en verre opaque, presque noir.

Pl. 31   Céramique à glaçure de la Tombe voûtée 5.
a. GS-2487 et GS-2489.
b. GS-2482 ; GS-2487 et GS-2486.
c. GS-2488.
d. GS-2484.

Pl. 32   Céramique à glaçure de la Tombe voûtée 5.
a. GS-2485.
b. GS-2501.
c. GS-2483.
d. GS-2500.

Pl. 33   Céramique de la Tombe voûtée 5.
a. GS-2490 ; GS-2502 ; GS-2491.
b. - rangée du haut : GS-2503 ; GS-2479a ; GS-2478 ; GS-2481c ; GS-2505 ;
   - rangée du bas : GS-2504 ; GS-2481b ; GS-2477 ; GS-2480 ; GS-2481a.

Pl. 34   Plan de la Tombe voûtée 6 (Chantier Ville des Artisans 9) (Pl. 34-35).
(6e campagne 1951-1952 ; fouillée du 22 février au 13 mars 1952)

Pl. 35   Céramique et perle de la Tombe voûtée 6.
Céramique commune
GS-2899 : omphalos marqué ; jaune.
GS-2900 : omphalos marqué ; rosé.
GS-2896 : cruche.
Céramique gris-clair
GS-2897 : fragment de vase à deux anses ; panse godronnée.
Céramique à glaçure
GS-2895 : glaçure grise ; col manque. Le fond du vase est orné de deux têtes de bouquetin à gueule percée. Sous le départ du col, le haut de l'épaule du vase est orné de deux cercles de boutons en pastilles, ronds ou triangulaires, réunis par des traits incisés. La panse porte de larges chevrons incisés continus, en lignes brisées.
Perle
GS-2898 : perle en coquillage.

INTRODUCTION

Il y a plus d'un demi-siècle, en 1954, Roman Ghirshman achevait son programme de reconnaissance des niveaux préislamiques à Suse. Dans le grand chantier de la Ville Royale A, le niveau VII, attribué à l'époque séleucide, était atteint, et les reconnaissances des nécropoles et du Village perse-achéménide sur la Ville des Artisans étaient terminées (fig. 1). De ces travaux, Ghirshman avait rendu compte en quelques pages chaque année, entre 1947 à 1953, principalement dans les *Comptes Rendus de l'Académie des Inscriptions et Belles-Lettres* et il avait publié dès 1954 le *Village perse-achéménide* (Ghirshman 1954a), qui représentait un acquis majeur de l'archéologie susienne et, plus largement, iranienne. Dans cet ouvrage, il donnait un plan d'une des nécropoles parthes. Quant aux périodes postérieures à l'époque achéménide, les résultats des fouilles du Chantier A de la Ville Royale restèrent une préoccupation pour le fouilleur qui confia des études particulières à d'autres chercheurs. La poterie sassanide tardive et islamique de la Ville Royale A fut publiée vingt ans plus tard (Rosen-Ayalon 1974), puis furent étudiées les figurines trouvées à Suse par lui et par ses prédécesseurs, les plus anciennes d'abord (Spycket 1992), et plus récemment a paru le corpus de celles qui pouvaient être datées depuis l'époque néo-élamite jusqu'à l'époque sassanide (Martinez-Sève 2002a).

Beaucoup de données des fouilles Ghirshman restent à publier et l'étude proposée ici n'est qu'une contribution limitée à ce projet. Nous avons renoncé à donner une étude d'ensemble des tombes des époques séleucide et parthe, car les données sont incomplètes dans les archives Ghirshman. Les informations et observations éparses sont cependant relativement abondantes dans son *Journal de fouilles* inédit. De plus, le fouilleur a laissé un premier manuscrit sur les tombes dont il est question ici, mais essentiellement sur les six grandes tombes à inhumations multiples. Ce texte non daté a été rédigé quelque vingt-cinq ans après la fin des fouilles de Ghirshman sur la Ville des Artisans, dans les toutes dernières années de sa vie, peu de temps avant sa mort en 1979 ; en effet, sa publication des *Terrasses sacrées* de 1976 y est mentionnée. Nous utiliserons largement ce manuscrit qui est reproduit ici (Chapitre 2), à l'exception de la description des six grandes tombes que nous présentons différemment (Chapitre 4), car nous avons réorganisé la description de l'architecture et du mobilier. Nous avons conservé les remarques générales sur la nécropole reconnue lors de la fouille du Village perse-achéménide, qui sont placées au début du manuscrit, et les premières conclusions sur la chronologie, données à la fin du texte.

L'idée de cette première étude revient à Hermann Gasche, le meilleur connaisseur des fouilles de Roman Ghirshman et des archives afférentes. Nous le remercions de nous avoir confié cette documentation, après l'avoir organisée. Notre seul souhait est que cette contribution stimule d'autres publications des fouilles de R. Ghirshman. Les illustrations originales ont été faites par son épouse, Tania Ghirshman, mais les dessins et planches des tombes et des objets ont été entièrement repris par Erik Smekens, le dessinateur-photographe de l'Université de Gand ; nous lui sommes très reconnaissants d'avoir réalisé cet énorme travail.

Pour ne pas singulariser ces six tombes à l'excès, qui sont certes les plus monumentales parmi la centaine de tombes fouillées par Ghirshman, nous utiliserons certaines données qu'offrent d'autres tombes, à des fins de comparaisons, car il est clair que plusieurs d'entre elles sont contemporaines de nos six monuments. Il s'agit principalement de rares mentions, publiées ou inédites, par les prédécesseurs de R. Ghirshman (Chapitre 1). À partir de ces informations éparses, complétées par quelques observations faites lors des dernières fouilles françaises à Suse, nous avons tenté de donner un aperçu de tous les types de sépultures attestés sur le site de Suse, du plus modeste au plus complexe, entre l'époque séleucide et le début de l'époque sassanide (Chapitre 3).

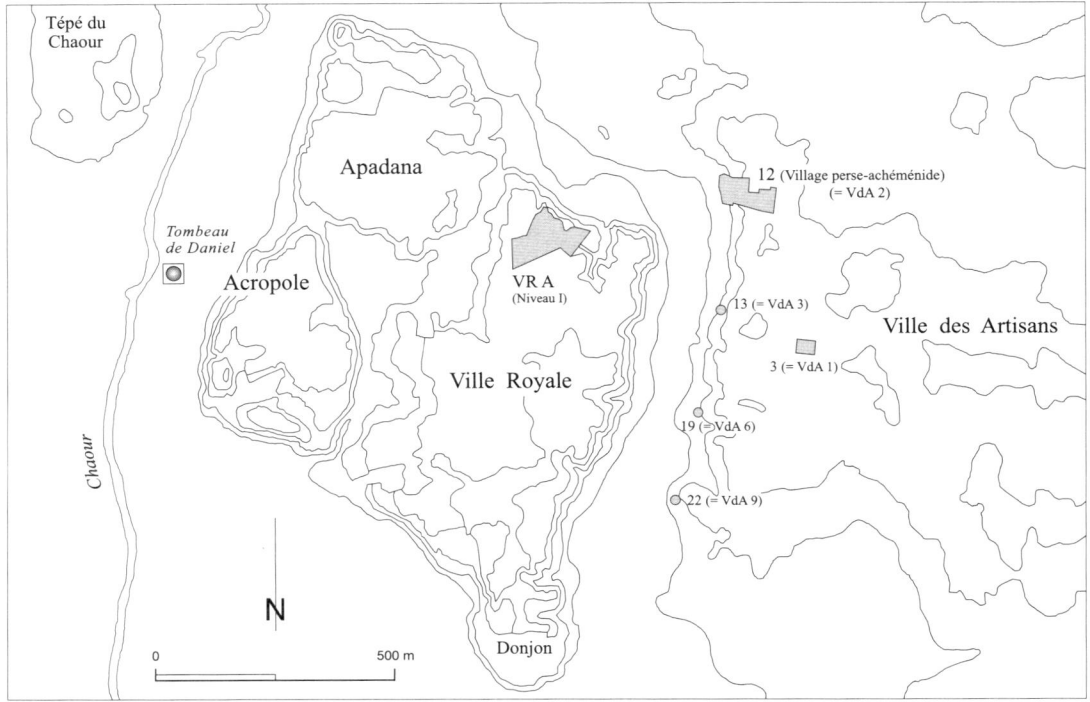

Fig. 1. Suse. Plan du site et localisation des chantiers de R. Ghirshman mentionnés dans ce volume. D'après Steve *et al*. 1980, 110, fig. 14.

On ne trouvera aucune observation d'anthropologie physique. Les Journaux de fouilles ne mentionnent aucune étude. Ghirshman, qui pourtant quinze ans auparavant avait fait appel à un spécialiste pour l'étude de squelettes des nécropoles protohistoriques de Sialk, n'a pas éprouvé le même besoin pour les nécropoles des époques historiques de Suse. Les restes humains des tombes d'époque historique trouvés lors des fouilles plus récentes n'ont pas plus été étudiées de ce point de vue. Il est vrai que cette démarche est devenue commune, voire obligatoire, seulement à la fin du 20e siècle.

Les comparaisons à d'autres ensembles de tombes et de nécropoles de Mésopotamie méridionale et du Zagros sont volontairement limitées à quelques exemples seulement. Elles permettent de mettre en perspective les pratiques funéraires à Suse et offrent des éléments de datation qui en général confirment les données internes de ce site. Nos remerciements vont à Uwe Finkbeiner (Universität Tübingen) et à Vito Messina (Università di Torino) qui ont bien voulu compléter ou rectifier nos éventuelles erreurs, respectivement pour Uruk et Séleucie du Tigre, deux sites majeurs et largement fouillés pour les époques séleucide et parthe.

CHAPITRE 1

TRAVAUX ANTÉRIEURS À R. GHIRSHMAN

Si Ghirshman fut le premier à élaborer un véritable programme de recherches sur les tombes post-achéménides de Suse et, plus largement, un programme d'étude sur ces périodes, il disposait déjà de certaines informations acquises par ses prédécesseurs, mais celles-ci étaient peu organisées et rarement publiées.

Marcel Dieulafoy (1893, 426 ; voir également Modi 1889, 369-370) avait rencontré des tombes séleucides et parthes au cours de ses travaux sur la Ville Royale et à la périphérie de ce tépé. Celles-ci étaient pour la plupart des tombes dans des jarres déposées en pleine terre, mais parfois dans des chambres souterraines creusées dans les ruines du rempart achéménide (fig. 2) ; certaines d'entre elles pouvaient être datées par la présence de monnaies (non décrites), mises dans la jarre ou près de celle-ci. Jacques de Morgan fit les mêmes observations sur le tell de la Ville Royale également, tombes en jarres, chambres souterraines à puits d'accès pouvant atteindre 10 à 15 m de profondeur (Morgan 1900, 63-66), tandis qu'il notait incidemment des tombes en deux jarres accolées par l'embouchure sur l'Acropole (Morgan 1905, 33).

Son successeur, Roland de Mecquenem, qui s'intéressa principalement aux niveaux élamites et antérieurs de la Ville Royale, rencontra à son tour des jarres funéraires, parfois des sarcophages d'adultes ou plus souvent de petites dimensions pour des enfants. Le premier, il décida l'exploration du tell de la Ville des Artisans et confia une recherche sur les tombes à Jamshedji Maneckji Unvala, un Parsi de Bombay, intéressé par les pratiques funéraires des anciens Iraniens ; à ce titre, celui-ci participa à plusieurs campagnes de fouilles entre 1927 et 1935 (Unvala 1928, 1929a et 1929b, 1934). Pour la première fois, quelques caveaux collectifs furent intentionnellement fouillés, en général environnés de simples sépultures en pleine terre. La plupart sont situés sur la bordure sud-ouest du tell des Artisans dans deux des secteurs que reprendra R. Ghirshman (voir fig. 1, VdA 6 et 9), où ce dernier découvrira d'autres caveaux, qu'il documentera beaucoup mieux que ne l'ont fait Mecquenem et Unvala, dont même les rapports inédits sont laconiques [1]. Dans ces mêmes secteurs, les tombes d'enfants en jarres et les sarcophages en terre cuite se comptent apparemment par dizaines ou centaines, mais ils ne font l'objet que de très brèves mentions, en passant, sans description du contexte (fig. 3), sauf l'un d'entre eux, une baignoire profonde en céramique à glaçure, muni de quatre anses (voir fig. 8).

Le premier caveau fouillé en 1927 était construit en briques cuites, établi sur une plateforme en briques crues. Puis, sur une « fondation » de sept assises de briques cuites, épaisse de 1,20 m, et de 5,90 m de longueur, commençait la voûte en claveaux de briques cuites, trapézoïdales en plan (31 x 25-30 x 16 cm). Le caveau mesure

---

[1] Ces rapports sont conservés aux Archives Nationales de France à Paris. Ils ont été utilisés par L. Martinez-Sève qui a retranscrit ce qui se rapporte aux deux derniers millénaires de Suse, de l'époque néo-élamite à la période sassanide. Nous la remercions d'avoir mis ces documents à notre disposition. Noëmi Daucé a photographié les illustrations, qu'elle a pu mettre en relation avec le texte des rapports de Mecquenem. Nous lui sommes reconnaissants de nous avoir fait bénéficier des images numérisées. Ces rapports et les illustrations peuvent être consultés sur le site www.mom.fr/mecquenem

3,50 x 2,70 m, haut de 1,50 m (Unvala 1928, 88-90). Il est précédé d'un vestibule voûté de 1,50 x 1,30 m (fig. 4). Il ne contenait pas d'ossements selon Unvala, mais le Rapport de fouilles de Mecquenem (1927, 11-12) mentionne « sur le dallage reposaient 5 squelettes », et pas de mobilier ou seulement trois vases « partho-romains », ainsi que, selon Unvala, des « tessons sassanides ». La construction sur une plateforme d'une part, l'absence d'indication d'un escalier ou puits d'accès d'autre part laissent penser que ce caveau n'était pas souterrain. Un autre, proche du précédent, en briques crues, ne contenait, selon le rapport, qu'une tombe d'enfant dans une jarre, mais le caveau avait été pillé comme presque tous les autres (Unvala 1929a, 141-142 et Unvala dans Mecquenem, Rapport de fouilles 1929, 4).

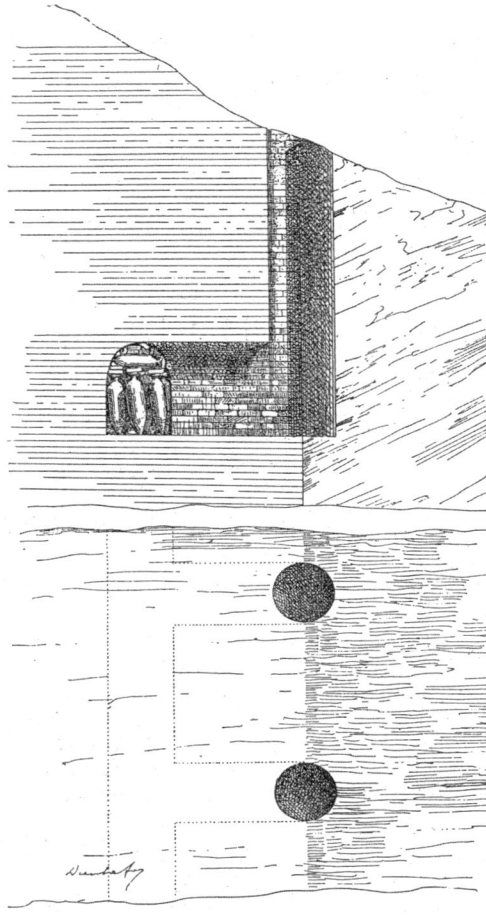

Fig. 3. Sarcophage en terre cuite, du type le plus fréquent à Suse (Mecquenem, Rapport de fouilles 1927, Pl. 1 : b).

Fig. 2. Chambres souterraines à puits d'accès dans les ruines de la muraille achéménide, flanc sud-est de la Ville Royale (Dieulafoy 1893, fig. 274).

La forme de la voûte est soit en ogive soit en plein cintre. Le premier cas est représenté par un caveau en briques cuites, pourvu d'un escalier d'accès (fig. 5 ; Rapport Mecquenem 1933, 10-11 et Pl. 48). Il contenait trois sarcophages dont deux à glaçure ; le troisième, sans glaçure, était de forme anthropoïde. Le mobilier consistait en vases à glaçure, des bouteilles en terre cuite, à glaçure ou non, et des perles (Mecquenem, Rapport de fouilles 1934, 12-13). La forme de voûte en plein cintre est certaine pour un autre caveau, le seul qui a fait l'objet d'un relevé publié (Mecquenem 1943, 137-138, fig. 104) (fig. 6). Un escalier de 4,50 m de hauteur donne accès à une chambre souterraine de 3 x 2 m. Trois banquettes sont aménagées sur les côtés supportant chacune un sarcophage qui contenait des débris d'ossements. Une dizaine de vases à glaçure et une dizaine de lampes en terre cuite ont été recueillies (ou bien une vingtaine de lampes, selon le Journal de fouilles 1937, 12-13).

Des caveaux souterrains à escalier d'accès furent également fouillés près de la Mosquée vers le centre du tell, et un autre au sud-ouest du tell, ainsi que des sarcophages apparemment en pleine terre (Unvala 1934, 239 ; Mecquenem 1943, 137-138). Mecquenem et Unvala reconnurent également des petits cimetières proches de Suse au sud des tells, qui livrèrent des tombes d'enfants en jarres et d'adultes dans des sarcophages déposés en pleine

Fig. 4. Caveau « partho-romain » de la Ville des Artisans, versant sud-est, fouillé par J.M. Unvala en 1927 (Unvala 1928, figure à la p. 92 ou Rapport de fouilles 1927, Pl. 21).

Fig. 5. Caveau « sassanide » de la Ville des Artisans ; voûte en ogive (Unvala in Mecquenem, Rapport de fouilles 1933, Pl. 48).

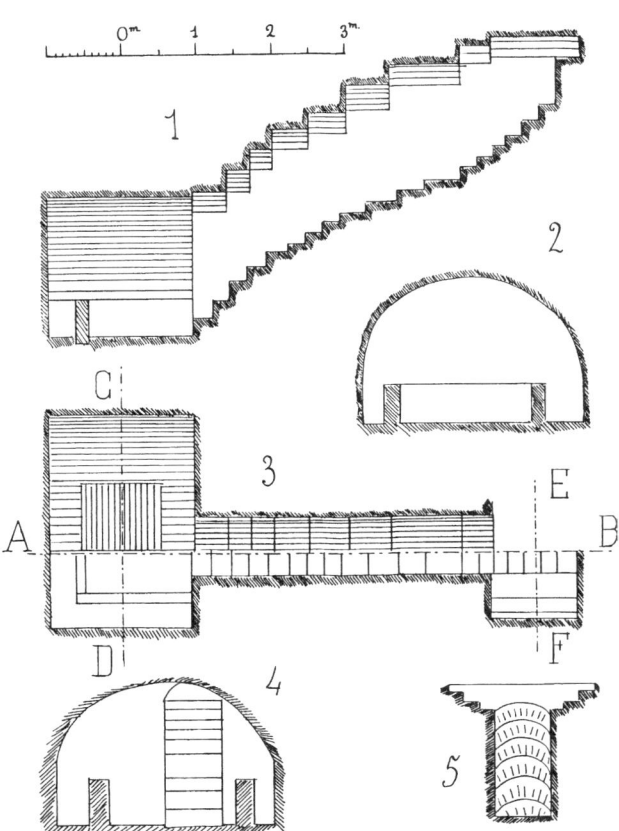

Fig. 6. Plan et coupe d'un caveau « sassanide » ; fouilles Mecquenem 1937 (Mecquenem 1943, fig. 104).

Fig. 7. Forme particulière de sarcophage en terre cuite trouvée par J.M. Unvala près de Suse (Mecquenem 1943-44, fig. 5).

Fig. 8. Sarcophage « baignoire » en terre cuite à glaçure bleu-vert ; découvert par J.M. Unvala durant la première année des fouilles à la Ville des Artisans en 1927 (Mecquenem, Rapport de fouilles 1927 ; cf. Unvala 1929, 91 au centre).

CHAPITRE 1

terre ; plusieurs de ces derniers étaient pourvus de couvercles anthropoïdes ; quelques sarcophages avaient une forme particulière, formes qui ne semblent pas attestées ailleurs à Suse (fig. 7) [2]. Unvala (1928, fig. à la p. 91) publia également le sarcophage « baignoire » déjà mentionné pourvu de poignées dont le décor lui inspira sans doute le qualificatif de « partho-romain » (fig. 8). Mesures intérieures : long. 140 cm ; larg. 40 cm ; H. 44 cm ; épais. du bord 8 cm. Mesures extérieures : 145 cm long [3] ; haut. 49 cm ; anses long 33 cm, larg. 8 cm, à trois cannelures. Les pétales de la palmette : long. 10 cm ; larg. 9 cm.

Les pratiques funéraires que représentaient ces différents types de sépultures furent diversement reconstituées. Selon Dieulafoy, les jarres étaient mal cuites mais utilisées entières, et il était alors impossible d'y introduire un corps. Pour lui, la seule solution aurait été de fabriquer la jarre autour d'un corps préalablement desséché ; puis la poterie aurait été cuite à basse température ! Dieulafoy voyait là une pratique influencée par le zoroastrisme, interprétation pour le moins curieuse, lorsque l'on connaît les prescriptions de cette religion concernant le traitement des cadavres et l'importance qui est donnée au feu (Boucharlat 1991). Par la suite, des jarres doubles accolées furent découvertes et surtout on observa que ces vases, soit uniques soit utilisés par deux mis bout à bout, étaient cassés en partie haute ou basse — y compris celles qu'avaient découvertes M. Dieulafoy (1893, 427 et fig. 275 ; Unvala 1929a, 141) ; le diamètre à l'ouverture se trouvait ainsi agrandi. Enfin, Unvala nota que les jarres simples contenaient des restes d'enfants ; il était alors facile d'introduire un petit corps dans la jarre. Il observa cependant quelques exemplaires percés de trous réguliers au fond et voulut y voir un genre d'ostothèque [4], pratique liée au décharnement recommandé aux zoroastriens (Unvala 1929a, 141). Pour les caveaux, Unvala (1934, 239) et Mecquenem (1938, 327-328) ont également suggéré des pratiques de décharnement. Ce dernier propose explicitement cette hypothèse pour les jarres, dont l'ouverture étroite ne peut permettre que l'introduction d'un squelette (sous forme d'ossements déconnectés). Corps entiers ou ossements décharnés, ces inhumations n'auraient pu être celles d'adultes dans des jarres intactes, puisque le diamètre à l'ouverture, qui ne dépasse pas 15 cm n'aurait pas permis l'introduction du crâne (cf. type 2.1., p. 39-40).

Dans les caveaux, on note la présence fréquente, sinon constante, de banquettes sur les côtés. Celles-ci portent souvent un sarcophage, mais les ossements humains ont pu aussi être trouvés directement sur les banquettes, en général en désordre. Un cas cependant est signalé de caveau contenant 5 individus dont « plusieurs étaient sur les banquettes ». Le mobilier de ce monument est, comme pour les autres, une quarantaine de vases en céramique dont plusieurs à glaçure verte, des lampes à glaçure, cruches, gourdes, bouteilles dont quelques-unes en verre.

Quant au matériel, les fouilleurs ne le mentionnent que très succinctement, comme nous l'avons indiqué ci-dessus. Nous disposons de deux exemples, l'un par une illustration qui est très probablement le contenu, complet ou partiel, d'un caveau (fig. 9), mais certainement pas celui du « caveau partho-romain », trouvé presque vide selon le rapport Mecquenem, l'autre est l'inventaire inédit du matériel d'un caveau souterrain de la Ville des Artisans fouillé par R. de Mecquenem et J.M. Unvala en 1931, qui n'est pas non plus l'unique caveau dont Mecquenem a dressé le plan (cf. fig. 6). Voici la description que l'on peut tirer du texte de Unvala (in Mecquenem, Rapport de fouilles 1931, 17) : il est situé en bordure du tell des Artisans, au sud-ouest, en face de la Ville royale, sur une butte de 31 x 20 m. L'orifice du puits est obturé par quatre jarres ; celui-ci mesure 1 m de côté. De là, un

---

[2] La concentration de plusieurs sarcophages et leur position relative conduisent à se demander si certains groupes n'étaient pas à l'intérieur de chambres non construites creusées dans le substrat (cf. infra type 4.1 et 4.2), chambres que les fouilles rapides de cette époque n'auraient pas identifiées.

[3] Mecquenem (1943-44, Pl. VI) donne une longueur de 158 cm.

[4] On distingue ici l'ossuaire, réceptacle ou fosse dans lequel sont rassemblés les ossements provenant de différentes sépultures que l'on veut libérer, de l'ostothèque, réceptacle destiné à recevoir tous les ossements d'un défunt après décharnement, utilisé parfois pour plusieurs défunts (pour l'Asie centrale, voir Grenet 1984, 37). La distinction est nécessaire en ce qu'elle traduit deux pratiques bien distinctes, la seconde étant celle des rites zoroastriens, abondamment attestée en Asie centrale, mais rarement en Iran.

Fig. 9. Assemblage de « céramiques sassanides », probablement en provenance d'un caveau (Mecquenem, Rapport de fouilles 1927, Pl. 1 : a).

escalier de 7 marches donne accès à une « galerie » de 0.85 x 0.66 m ouvrant sur un caveau en briques mesurant 3 x 2 m, et 2.25 m sous voûte, érigé sur un massif en briques crues épais de 1 m. Il comporte deux banquettes, l'une au fond (largeur 0,60 m, haut. 0,70 m) l'autre sur le côté est (larg. 0,50 m, haut. 0,40 m). Il subsiste un fond de sarcophage « comme ceux de Bulaya » (anthropoïde ?). Les ossements de plusieurs individus ont été reconnus. La liste du matériel, donnée avec une description sommaire, comprend :

Dans le caveau	*Hors du caveau* (vers l'entrée ?)
24 lampes	03 jarres (fermant l'ouverture)
25 vases à glaçure	02 vases à glaçure verte
07 bouteilles à glaçure verte	01 lampe à glaçure verte
11 vases sans glaçure	06 vases sans glaçure
10 écuelles dont une à glaçure verte	02 « trépieds supports de vases »
02 gourdes	03 fragments de figurines féminines
02 « trépieds supports de vases »	01 fragment de cavalier menant deux chevaux
01 bouteille en verre épais verdâtre	01 fragment de jambe de figurine en plâtre
02 bouteilles en verre fin verdâtre	01 amulette en pâte bleue représentant une tête d'enfant en relief
02 fragments de figurines féminines	
20 perles en pâte à glaçure verte et blanche	
03 fragments d'épingles en cuivre	
03 fragments de bracelets torsadés en cuivre	
02 bagues à cachet plat	
01 pointe de flèche	
03 monnaies	
01 poignard en fer	
03 couteaux en fer	

La datation de ces divers caveaux par les fouilleurs est très imprécise : l'époque parthe, ou séleuco-parthe, ou le plus souvent sassanide, ou encore « partho-romaine » pour un caveau en briques cuites. Les monnaies, le dateur le plus précis, n'étaient pas toujours présentes et elles étaient souvent très corrodées, ne permettant pas de les identifier avec précision. En tout état de cause, ces monnaies n'allaient pas au-delà de la période élyméenne à Suse et les époques parthe ancienne ou récente (1er s. av. - 2e s. ap. J.-C.). La datation à l'époque sassanide, souvent mentionnée par Mecquenem et Unvala, ne repose pas sur des critères sûrs, en tout cas, pas sur l'identification des monnaies [5].

---

[5] Les petits bronzes de l'époque élyméenne ou parthe sont souvent difficiles à lire. En revanche, les monnaies sassanides sont en général identifiables et sont d'un plus grand module.

CHAPITRE 2

LES FOUILLES GHIRSHMAN

2.1. Le projet

À son arrivée à Suse en 1946, Ghirshman avait, parmi ses projets, celui d'établir un grand chantier stratigraphique, dans lequel les périodes récentes ne seraient pas négligées, ce fut le grand Chantier Ville Royale A, et d'explorer la Ville des Artisans, dont la surface est supérieure aux trois autres tells réunis. Toute cette partie n'avait pratiquement pas été touchée pendant près de 30 campagnes de fouilles. Les travaux de Mecquenem et Unvala, rappelés plus haut, n'avaient été que des têtes d'épingle sur cette vaste superficie. Ghirshman, parfaitement conscient que les niveaux qu'il rencontrerait sur ce tell seraient principalement des époques post-achéménides, recherchait la Suse sassanide postérieure au 4e siècle dont il ne trouvait alors pas trace sur la Ville Royale sous les niveaux islamiques (Ghirshman 1947, 445, 449 ; 1948, 328).

À la Ville des Artisans, après une reconnaissance de surface et l'examen des photographies aériennes, il ouvrit un chantier de 800 m^2 (VdA 1), à l'emplacement d'une mosquée qu'il fouilla ; il reconnut les premières tombes parthes. Pour évaluer l'étendue de cette nécropole, il ouvrit un second chantier de 600 m^2, 400 m plus au nord (VdA 2), mettant au jour des dizaines de tombes. Il en conclut que cette colline avait été la nécropole de Suse, à partir des Achéménides jusqu'à l'Islam (Ghirshman 1948, 330-332). L'année suivante, après avoir poursuivi ses recherches sur toute la bordure occidentale de la Ville des Artisans, il élaborait un modèle d'évolution des formes de sépultures collectives entre la fin de l'époque achéménide et la fin de l'époque parthe (Ghirshman 1949, 196-197 ; 1950, 236-237). Il esquissait aussi une évolution des pratiques funéraires, qui seraient passées de l'inhumation dans une simple fosse depuis l'époque achéménide, puis de plus en plus en caveau jusqu'à l'époque parthe, marquant durant cette époque, à partir du 1er siècle de l'ère chrétienne une tendance vers les pratiques zoroastriennes du décharnement (1949, 196-198).

À l'issue de la campagne 1949-50, plus de cent tombes avaient été découvertes (Ghirshman 1950, 236), mais, pour compléter son information, Ghirshman devait fouiller encore d'autres caveaux au cours des deux campagnes suivantes (Ghirshman 1951, 300 ; 1952a, 287), découvrant deux autres tombes voûtées construites en briques cuites dans de nouveaux secteurs (VdA 6 et 9). Ghirshman résuma ses observations et ses hypothèses dans son rapport de cinq campagnes à Suse (1952b, 12-14) et dans sa synthèse (1954c [édit. anglaise], 270-271, Pl. 30) pour ne plus revenir sur la question des nécropoles de la Ville des Artisans dans ses publications ultérieures, jusqu'à la rédaction de son manuscrit quelque vingt ans plus tard, le seul document plus récent qu'il ait laissé datant des dernières années de sa vie et que nous reproduisons ici. Notre figure 1 indique les secteurs touchés par ses fouilles sur la Ville des Artisans.

CHAPITRE 2

2.2. Le manuscrit de Roman Ghirshman et extraits des Journaux de fouilles

Nous publions ici le texte original, presque intégral de R. Ghirshman. Les appels de figures et planches dans le texte renvoient à la présente publication. Après le texte, sont données une liste et une description des sarcophages à couvercle anthropoïde, établies à partir du Journal de fouilles inédit de R. Ghirshman, accompagnées de photographies faites par le fouilleur et de dessins réalisés par sa femme. Ces dessins ont été entièrement repris par Erik Smekens.

2.2.1. R. Ghirshman. Ville des Artisans : « La nécropole achéménide-séleucide » [6]

La "Ville des Artisans" représentait une énigme au début de mes recherches à Suse, en 1946. La décision a été prise de sonder cette quatrième partie du site, la plus jeune, la moins haute mais la plus étendue en surface. Une série de sondages ont été entrepris aussi bien sur le pourtour occidental du tell, face au mur d'enceinte oriental de la "Ville Royale", que sur les points les plus élevés proches du centre. Cette dernière recherche permit de reconnaître les restes d'une mosquée, sans doute une des plus anciennes de l'Iran (Ghirshman 1947-48, 77-79 ; 1948, 329-330). Quant aux recherches le long de la bordure occidentale, elles ont révélé une installation archaïque perse (Ghirshman 1954a). Enfin, dans la partie nord-ouest du tell, a été identifiée une nécropole de l'époque achéménide, qui se prolongea sous les Séleucides, et plus au sud, six tombes construites de l'époque parthe.

Suse ne fut pas la première capitale à avoir fait connaître une nécropole de l'époque achéménide. C'est à Persépolis, près de la terrasse royale, qu'a été mis au jour un cimetière de cette période (Schmidt 1957, 117-123). Les trente-et-une tombes dégagées étaient identiques. Le mort allongé était posé dans un sarcophage en terre cuite fait de deux parties, fermé par un couvercle également en deux parties. Ceux-là ne variaient pas : le côté de la tête était plus large que le côté des pieds, forme qui, à Babylone, a été désignée sous le terme de *Trogsarg* (Reuther 1926, 245 sq. ; Strommenger 1964, fig. 1 : *Trogsarkophag* et fig. 4 : 3), et à Assur comme *zweiteiliger Wannensarkophag* (Haller 1954, 60 sq.). Mais dans les formes mésopotamiennes, les deux parties étroites des sarcophages ne sont pas aussi dissemblables que celles des persépolitains, ce qui représentait une particularité sur laquelle a insisté E. Schmidt.

La nécropole à Suse s'étendant sur 810 m^2 (figs. 10-11), les cinquante-huit tombes mises au jour [dans le Chantier VdA 2] ne devaient constituer qu'une partie infime de la nécropole qui devait s'étendre vers le sud et vers l'est, sous les constructions de plusieurs mètres de hauteur des époques postérieures, puisque J. de Morgan a mis au jour, à 800 mètres au nord de l'*Apadana*, une tête de femme (?) d'un couvercle anthropoïde en grès, conservé au Musée du Louvre (Unvala 1929a, 140, fig. 4). Toutes ces tombes ont été creusées dans le sol vierge, dur et difficilement perméable. Dans le cas qui nous occupe, la mutilation de la partie supérieure de ces sépultures ne permet pas de décider de quelle façon s'agençaient leurs superstructures qui ont déjà été rasées par les occupations postérieures. La majorité des tombes étaient à puits ; dans un cas (Tombes 25 à 29), les sépultures avaient été réunies dans un hypogée doté d'un escalier. En règle générale, chaque *loculus* était réservé à un sarcophage en terre cuite, fait de deux parties, dont la longueur variait entre 1,60 m et 2,10 m, la largeur entre 0,60 m et 0,80 m et la hauteur entre 0,30 m et 0,40 m. Aucun mobilier funéraire n'accompagnait les défunts.

Trois façons différentes caractérisent ces cuves funéraires. Onze sarcophages étaient identiques à ceux de la nécropole de Persépolis (Tombes 15, 16, 25-29, 33, 37, 51, 52) ; treize autres avaient une forme anthropoïde et étaient couverts de couvercles anthropoïdes en terre cuite (Tombes 6, 7, 12, 13, 21, 24, 31, 35, 41, 44, 46, 47,

---

[6] Nous conservons le titre donné par R. Ghirshman, étant entendu que la nécropole date en réalité très majoritairement de la période parthe.

49) ; le reste, soit trente-quatre tombes, qui avaient aussi des sarcophages anthropoïdes, ne comportaient pas de couvercles en terre cuite.

L'exécution du masque humain sur les couvercles présente un large éventail, la valeur artistique de l'image semblant avoir dépendu des moyens du défunt. Certaines étaient rehaussées d'une figure remodelée avec soin, le globe des yeux moulé en relief sous de larges sourcils arqués et comprenaient, toujours en relief, des oreilles, un nez percé de deux trous et une petite bouche marquée par une incision (Pls. 1 : 1 et 4 : 1). D'autres avaient des yeux simplement cernés, avec un trou au milieu (Pls. 1 : 4 et 4 : 3).

Dans la grande majorité, la figure était exprimée par un T très saillant, uni ou marqué de trous, à la base horizontale droite ou légèrement incurvée aux extrémités, et qui exprimait le nez et les sourcils sous lesquels les yeux étaient indiqués par un simple trou (Pls. 1 : 2-3 et 2 : 1-4, Pls. 4 : 4 et 5 : 2-5). On se contentait aussi d'un trou ou d'une courte barre incisée pour indiquer la bouche. La simplification dans le traitement de la figure humaine atteignit ses limites lorsque deux trous et deux barres, l'une verticale et l'autre horizontale, évoquaient le visage de l'homme (Pl. 3 : 2 et Pl. 5 : 6). La moustache et la barbe ne figurent pas, sauf peut-être une barbe, un long triangle en pointillé partant des oreilles jusqu'à la poitrine (Pls. 1 : 1 et 4 : 2). Ce même sarcophage était le seul à porter une marque.

Le costume du mort a été rendu soit par deux lignes arrondies, doublées de points (Pl. 1 : 3 et 4 ; Pl. 4 : 3-4) ; soit par deux bandes verticales parallèles incisées, barrées perpendiculairement (Pls. 1 : 2, 4 : 5 et 5 : 1-5), ce qui devait donner l'idée de deux pans d'un vêtement long. Sur certains couvercles de forme anthropoïde, l'emplacement destiné à la figure restait vide (Pl. 3 : 4) ou rempli de points (Pl. 3 : 3).

La forme anthropoïde du sarcophage et de son couvercle ne constituait pas, à Suse, une nouveauté. Mon prédécesseur à la tête de la Délégation, R. de Mecquenem, a mentionné brièvement sa découverte de sépultures semblables en dehors de Suse, à un kilomètre au sud du "Donjon", et à deux kilomètres plus loin, sur le Tépé Boulaya. D'après lui, le cimetière "parthe" comprenait des sarcophages anthropoïdes ; « deux couvercles ont été dégagés ; ils étaient décorés assez grossièrement d'une figure de "l'ange de la mort". Ces inhumations ne comprenaient pas de mobilier » (Mecquenem 1943, 138-139, fig. 105).

La présence à Suse, et dans ses environs, de cimetières à inhumations dans des sarcophages anthropoïdes avec des couvercles à image humaine, place la vieille métropole dans une situation tout à fait exceptionnelle. Aucune des villes de l'empire achéménide du Moyen-Orient, que ce soit en Mésopotamie ou en Iran, n'a fait connaître cette façon d'enterrer les morts en créant de vraies nécropoles aussi bien à Suse qu'autour de la ville. Certes, des cas isolés ont été signalés ailleurs : il s'agit d'apparitions plutôt isolées et sporadiques. C'est ainsi que dans la nécropole de Dura-Europos, a été mis au jour un seul sarcophage (sur cinquante-huit tombes dégagées), fermé par un couvercle avec, en haut relief, la tête du défunt, la figure traitée plutôt à la mode occidentale (Toll 1946 (Tome 2), 97, fig. 5 et Pl. XXXIII). Quatre sarcophages anthropoïdes, en terre cuite, dont un seul à couvercle comportant une image, de conception nettement égyptienne et reconnue comme telle par le fouilleur, ont été découverts par R. Koldewey dans la partie nord-est du Kasr à Babylone (Reuther 1926, 249 sq. et Pl. 87 : c ; Strommenger 1964, fig. 1 et fig. 4 : 4). Suse restait la seule ville où les nécropoles à sarcophages anthropoïdes couvraient des superficies assez considérables. Hennequin (1939) présente des sarcophages anthropoïdes mis au jour dans la partie orientale de la Méditerranée, et dont la forme et l'exécution diffèrent de ceux de Suse et de Babylone. À rectifier la date de ceux de Suse, donnée par Unvala (1929a, 138) qui y voyait des *astodāns* (*sic*) parthes.

Le sarcophage anthropoïde était en usage en Phénicie, mais le pays de son origine, comme on le sait, était l'Égypte. L'introduction de ce mode d'inhumation à Suse, pouvait venir d'Égypte ou de Phénicie ; sous Darius, la ville était devenue une capitale cosmopolite. La "Charte du Palais" le confirme en énumérant la multitude d'ouvriers venus y travailler de régions très éloignées.

Mais ces sépultures ne sont pas celles de quelques ouvriers employés à la construction de la demeure princière puis repartis chez eux. L'explication de ce genre de sépulture doit être recherchée ailleurs ; son origine devait provenir d'une population arrivée à Suse de l'extérieur et devenue sédentaire, et qui avait apporté avec elle cette tradition funéraire.

"Dans toutes les civilisations, les tombes sont le refuge de traditions très anciennes. En présence du redoutable problème de l'au-delà, l'homme continue à faire les gestes consacrés qui lui viennent du fond des siècles, et par lesquels il assure la communion des survivants avec la longue suite de morts dont ils sont issus" [auteur non cité].

Il s'agissait, d'après moi, d'une de ces transplantations massives de populations (dont la tradition se conserve jusqu'à nos jours), que les conquérants de l'antiquité pratiquaient en dépit de toutes les considérations d'ordre humanitaire.

D'après Ctésias, Cambyse, fils de Cyrus, après la conquête de l'Égypte, transplanta à Suse six mille Égyptiens, avec, à leur tête, un prince nommé Amyrtaios (König 1972, 60). Ces Égyptiens durent faire souche dans le pays ; les mariages mixtes ouvrirent la voie à la pénétration des habitudes égyptiennes parmi les populations locales. Les fouilles de Suse ont mis au jour des centaines de petites amulettes égyptiennes (j'ai trouvé dans les caves du château de Suse, trois grands paniers remplis de centaines de fragments d'oudja) ; leur usage s'était perpétué pendant des siècles, puisqu'une tête de Bès, en fritte, a été trouvée par moi sur la terrasse de Masjid-i Solaiman, avec des objets hellénistiques (Ghirshman 1976, Pl. CX : 3 ; Pl. 68 : GMIS-701), et la tombe parthe (Tombe voûtée n° 1) contenait un *oudja* et un sarcophage de forme anthropoïde.

C'est à ces hommes transplantés par milliers à Suse et ses environs, que je crois pouvoir attribuer l'introduction de cette tradition funéraire égyptienne, et qui semble s'être conservée au cours des siècles, Suse restant la seule ville en Iran où cette façon d'inhumer les morts s'était maintenue. Et si ces cimetières aux sarcophages anthropoïdes furent mis au jour aussi bien dans la ville qu'aux environs, on peut admettre qu'une partie de ces étrangers transplantés avaient été installés dans des colonies et fixés à la terre.

Une discussion s'imposera-t-elle pour déterminer le pays dont relevait l'usage des tombes de ce genre, qui surgirent sur le sol de Suse sans qu'aucun monument antérieur n'ait pu les annoncer. Du point de vue de leur forme et de leur décor, ces sépultures militent en faveur de la reconnaissance de leur origine égyptienne. Quant à leur introduction à Suse, et non dans une autre ville depuis la Méditerranée, c'est un geste d'un autocrate qui l'aurait autorisé. L'habitude et la coutume devinrent une tradition qui résista aux siècles.

Le cas des Égyptiens déportés à Suse où ils furent, à la longue, absorbés par les indigènes, ne fut pas le seul déplacement des populations des pays conquis qu'avait pratiqué la politique achéménide. Darius, en colère après les habitants d'Érétrie qui marquèrent une résistance farouche aux assauts des Perses, envoya après la prise de la ville, toute sa population en Susiane. Les déportés furent installés à Arderika, à "deux cents stades" de Suse, dans une région où on extrayait par des puits, du sel, de l'asphalte et du pétrole (Hérodote, VI, 119) [7].

Mais le sort de ces déportés fut différent de celui des Égyptiens transplantés dans la même région par Cambyse. Les Grecs arrivèrent en Iran avec leurs femmes et leurs enfants ; ils eurent l'occasion de refaire leur vie

---

[7] En 1972, lors de ma dernière campagne de fouilles en Iran, et disposant d'un hélicoptère mis à ma disposition par le Consortium des Pétroles, j'ai longuement étudié en survolant, et en parcourant à pied la région de l'Ab-è Khir (Ghir), "ou rivière d'asphalte", qu'avait visitée le major Rawlinson en 1836. Malgré mes recherches plus étendues que celles de mon illustre prédécesseur, je n'ai pas pu établir exactement l'emplacement des restes d'Arderika. Cf. Rawlinson 1839, 93-94.

en conservant intacte leur communauté. Et c'est ainsi que Apollonius de Tyane, qui est venu les visiter plus d'un demi-millénaire plus tard, a pu constater que les descendants des déportés de Darius n'avaient pas oublié leur ville d'origine et qu'ils parlaient toujours la langue de leurs ancêtres (*Philostratos in Honour of Apollonius of Tyana*, Oxford 1912 (Book 1), Chap. 23-24).

Il faut croire que la conquête de l'Élam par Assurbanipal eut des conséquences très graves pour la Susiane. La destruction des villes fut féroce ; plusieurs grandes agglomérations dans la région de Suse restent jusqu'à nos jours en ruines datant nettement du VIIIe siècle a.C. La population de cette vaste plaine formée d'alluvions, et qui constitue aujourd'hui un riche grenier de l'Empire, était très réduite, et ce fait semble avoir été une des préoccupations des nouveaux maîtres de la Susiane.

C'est ainsi qu'on peut expliquer aussi bien la transplantation des Égyptiens par Cambyse, et des Grecs par Darius. Les Séleucides durent créer autour de Suse des colonies militaires macédoniennes, tandis que Châpour I, après sa victoire sur Valérien, installa dans cette même région, des dizaines de milliers de prisonniers romains. La même préoccupation guida Reza Chah lorsqu'il décida d'installer au Khuzistan des villageois de la province de Yazd, dont le climat est proche de celui de la Susiane.

[….] *suit ici dans le texte la description des six grandes tombes dont l'architecture et le mobilier funéraire sont présentés et commentés aux pp. 61-77 et décrits face aux Planches 6-35.*

Les six tombes à inhumations multiples ont été identifiées à la lisière occidentale de la « Ville des Artisans » ; elles s'échelonnaient du nord au sud, face au mur d'enceinte oriental de la « Ville Royale ». Elles illustrent certaines traditions d'inhumations de l'époque arsacide et embrassent toute la durée de cette dynastie ; la date des plus jeunes peut même se rapporter au début de l'époque sassanide.

On peut admettre que la Tombe n° 1, avec son architecture très étudiée, pourrait être classée parmi les plus anciennes de ce groupe de six. Elle observe encore, dans ses grandes lignes, les vieilles traditions élamites, telles qu'on les connaît dans la construction des tombes monumentales. Ceci concerne en premier lieu la réalisation des voûtes successives qui couvraient les escaliers. Nous avons identifié des voûtes semblables dans les tombes royales élamites de Tchoga Zanbil du XIIIe siècle a.C. La Tombe n° 2 serait proche de certaines tombes de la nécropole aux sarcophages anthropoïdes. Elle est taillée entièrement dans le sol vierge, tout comme certaines de la nécropole décrite plus haut.

Je proposerai de faire remonter la date de ces deux tombeaux aux premiers siècles de la période arsacide. Cette date se trouve étayée par l'emploi assez large de gourdes de pèlerins plates.

À une époque plus récente devait appartenir la Tombe n° 4, entièrement construite, qui a reçu une belle voûte et qui contenait encore des gourdes de pèlerin, mais où font leur apparition les cruches pansues en terre cuite vernissée à large fond plat.

Les Tombes n°s 3 et 5, où ont été mises au jour des piécettes d'Orode II d'Élymaïde, seraient de la fin de la période parthe, ou peut-être même dépasserait cette date. Elles sont entièrement construites en briques cuites et couvertes d'une belle voûte. L'usage du sarcophage s'y perd — c'est ainsi que la Tombe n° 5 n'en contenait qu'un seul où n'a été déposé que le dernier mort, les os du précédent occupant ayant quitté la cuve pour être mis sur les banquettes latérales, tandis que dans la Tombe n° 3, le sarcophage a été supprimé et les morts avaient été allongés sur la banquette nue.

Dans les deux tombes à inhumations multiples 3 et 5, les gourdes de pèlerins sont absentes ; leur poterie manifeste certaines survivances hellénistiques quoique, à côté, s'affirment de grosses cruches en terre vernissée foncée à large fond plat. La Tombe n° 5 qui serait la plus riche par son mobilier funéraire, qui contient aussi de beaux verres, est la seule à présenter une particularité, celle d'être dotée d'un autel qui permettait l'offrande de libations aux morts à l'intérieur même du tombeau, ce qui était une exception.

Un nouvel élément apparaît dans ces deux tombes : il s'agit d'une poterie commune, généralement d'une pâte assez claire avec une panse godronnée. Elle est attestée par nous dans le niveau sassanide [de la Ville Royale, Chantier A].

Enfin, la Tombe n° 6 est aussi construite entièrement en briques cuites, mais sur un plan différent des précédentes ; son mobilier funéraire est trop mal conservé pour qu'on puisse se prononcer avec certitude quant à la date ; l'absence de sarcophage invite à admettre pour elle une date tardive.

Une place à part est occupée par les Tombes n°s 4 et 5 qui contenaient l'une, douze, l'autre sept *unguentaria*. C'est, sauf erreur, pour la première fois que les tombes parthes font connaître un emploi assez "massif" de ces petits vases qui contenaient des produits aromatiques. Pline l'Ancien prétend que l'emploi des aromates serait une invention faite par les Perses (*Histoire Naturelle* XIII, 2-3). Ces petits vases, les prétendus « lacrymatoires », se trouvaient fréquemment dans les tombeaux à l'époque impériale... Les Romains disposaient des flacons d'aromates autour des catafalques [8].

Les deux Tombes n°s 4 et 5, qui révèlent l'emploi de ces vases à parfums, offerts en suprême hommage au défunt, sont des tombes de familles parthes. Elles sont aussi les seules parmi les six que je publie, qui contenaient des figurines de la "Déesse nue", en os ou en terre cuite, qui sont largement attestées dans les niveaux parthes de Suse et se caractérisent nettement par une présentation différente de celles qui les précédaient aux époques antérieures.

Le manuscrit se termine par une page de considérations sur les flacons à parfum, unguentaria, *« usage purement romain » nombreux dans les Tombes 4 et 5. Ghirshman y voit un exemple remarquable des courants d'idées et traditions entre l'est et l'ouest.*

2.2.2. R. Ghirshman. Description des tombes contenant des sarcophages à couvercle anthropoïde — Extraits du Journal de fouilles

Nous reprenons le texte de R. Ghirshman tel qu'il figure, sous la forme de notes dispersées, dans les Journaux de fouilles, campagnes 1948-49 et 1949-50. Nous donnons d'abord la liste les tombes, brièvement décrites, contenant un sarcophage anthropoïde, puis la description de chacun des couvercles ornés que treize de ces sarcophages possédaient.

Tombe A 6 : très grand sarcophage, sans couvercle, 2,06 m, vernissé marron. Puits et chambre funéraire. Céramique. Ossements de six morts en désordre. Les restes d'un septième contre la paroi extérieure du sarcophage. Céramique non relevée ; elle comprenait 2 écuelles, un petit vase à col et un autre en forme d'une toute petite jarre à fond bombé. Sarcophage avec couvercle anthropoïde.

Tombe A 7 : puits et chambre funéraire [dans] le sol naturel. Sarcophage en terre cuite [de] forme anthropoïde (GS-4948 ; Pl. 1 : 4 ; Pl. 4 : 5), décor sur le bord [à l'aide de] cupules ; couvercle en morceaux, effondré sur la poitrine, mais décoré de la même façon. Un seul squelette [déposé sur le dos, en position allongée]. À côté du sarcophage, un petit vase [émaillé avec] deux anses.

Tombe A 12 : puits bouché par des briques crues [à partir] de 1,50 m du sol vierge et 3 sarcophages à la surface de ce sol. Un sarcophage [avec] un mort allongé et quelques os d'animaux ainsi qu'un petit vase à deux

---

[8] Daremberg et Saglio, *Dictionnaire des Antiquités grecques et romaines,* Paris 1877-1919, s.v. Unguentum (V. Chapot).

anses ; le second sarcophage était presque vide ; le troisième se trouvait sous le sarcophage avec le squelette. Un [seul] sarcophage avec couvercle anthropoïde (GS-4947 a et b ; Pl. 1 : 3, Pl. 4 : 4).

Tombe A 13 : creusée [entièrement] dans le sol vierge ; chambre funéraire avec un sarcophage à couvercle anthropoïde (GS-4946a et b ; Pl. 1 : 2 ; Pl. 4 : 3) ; 3 grands vases derrière la tête.

Tombe A 21 : puits et chambre avec sarcophage à couvercle anthropoïde (GS-4952a et b ; Pl. 2 : 4 ; Pl. 5 : 3). Alabastron, plusieurs lampes (au milieu du chantier) ; puits et deux sarcophages ; celui de gauche, 2 idoles en os sculpté ; celui de droite, un alabastron, une belle lampe et des perles [apparemment dans les sarcophages].

Tombe A 24 : un sarcophage avec couvercle anthropoïde (GS-4950a et b ; Pl. 2 : 2 ; Pl. 5 : 4).

Tombe A 26 : tombe [creusée dans le sol vierge avec] 3 sarcophages, dont un avec couvercle anthropoïde (GS-4957 a et b ; Pl. 2 : 3, Pl. 5 : 2). Chaque sarcophage contenait un squelette.

Tombe A 31 : puits au milieu. Sur les trois sols qui se succèdent à quelque 15-20 cm, il y avait 7 jarres avec enfants ; l'un de ces sols était dallé de briques crues ; un autre, plus bas, était couvert de tessons et de cendres. Au niveau du sol 4,35 m et en dehors du grand puits à dallage qui part du haut, s'ouvrent deux ou trois nouveaux puits. Près de son mur ouest (côté extérieur) s'ouvre un autre puits. À 5,40 m, un mort enterré en pleine terre avec son mobilier funéraire.

Un puits s'ouvrait dans cette tombe juste sous le mur ouest ; à côté se trouvaient deux jarres avec des squelettes d'enfants. L'ouverture du puits était scellée avec des briques cuites. Un sol à 3 m contenait une terre fortement mélangée avec des cendres, du charbon, des fragments de céramique, des figurines de cavaliers et de déesses nues cassées. Sarcophage avec couvercle anthropoïde (GS-4949a et b ; Pl. 2 : 1 ; Pl. 5 : 5).

Tombe A 35 : quatre murs de briques crues. Sous la fermeture (trois assises de briques), la terre [de remplissage] de la tombe [formait des] lits que l'on distingue facilement en coupe. Cette tombe avait une véritable petite cuisine à côté de laquelle se trouvait une grande jarre avec un enfant (?). Sarcophage avec couvercle anthropoïde (GS-4945a et b ; Pl. 1 : 1 et Pl. 4 : 2).

Tombe A 41 : toute la chambre était dallée avec des briques cuites ; au milieu, un puits qui, semble-t-il, était rempli avec des jarres vides. Un sarcophage avec couvercle anthropoïde (GS-4955a et b ; Pl. 3 : 3).

Tombe A 44 : sarcophage n° 2 : un alabastron et de nombreuses perles. Couvercle de sarcophage anthropoïde (GS-4956 a et b ; Pl. 3 : 4).

Tombe A 46 : Sarcophage avec couvercle anthropoïde (GS-4953 a et b ; Pl. 3 : 1).

Tombe A 47 : Sarcophage avec couvercle anthropoïde (GS-4944 a et b ; Pl. 5 : 1).

Tombe A 49 : Sarcophage avec couvercle anthropoïde (GS-4954 a et b ; Pls. 3 : 2 et 5 : 6).

2.2.3. R. Ghirshman. Description des couvercles des tombes de la « Nécropole achéménide-séleucide » — Extraits du Journal de fouilles (cf. Pls. 1 à 5)

GS-4945a et b : couvercle anthropoïde de sarcophage en deux parties de sections très bombées. La partie inférieure porte une lettre (?). Terre cuite rosée. L. 104 cm et 105 cm ; larg. 53 cm et 57 cm (Tombe 35 creusée dans le sol vierge ; Pl. 1 : 1, Pl. 4 : 2).

GS-4946a et b : couvercle anthropoïde de sarcophage en deux parties de sections planes. Terre cuite rosée. Nez et sourcils en relief ; vêtement incisé et points imprimés. Long. 81 cm et 49 cm ; larg. 52 et 44 cm (Tombe 13 ; Pl. 1 : 2, Pl. 4 : 3).

GS-4947a et b : couvercle de sarcophage anthropoïde en deux parties de sections bombées. Terre cuite rosée. Sourcils et nez en relief ; vêtement indiqué avec des lignes incisées et des points imprimés. Long. 65 cm et 97 cm ; larg. 48 cm et 44 cm (Tombe 12 ; Pl. 1 : 3, Pl. 4 : 4).

GS-4948 : partie supérieure d'un couvercle de sarcophage anthropoïde de section bombée. Décor en relief et en points imprimés. Long. 107 cm ; larg. 59 cm (Tombe 7 ; Pl. 1 : 4, Pl. 4 : 5).

GS-4949a et b : couvercle de sarcophage anthropoïde en deux parties de sections planes. Terre cuite rosée. Nez et sourcils en relief. Long. 69 cm. et 69 cm ; larg. 46 cm et 45 cm (Tombe 31 ; Pl. 2 : 1, Pl. 5 : 5).

GS-4950a et b : couvercle de sarcophage anthropoïde en deux parties de sections planes. Terre rosée. Nez et sourcils en relief. Long. 60 cm et 45 cm ; larg. 46 cm et 42 cm (Tombe 24 ; Pl. 2 : 2, Pl. 5 : 4).

GS-4951a et b : couvercle plat de sarcophage anthropoïde en deux parties de sections planes. Nez et sourcils en relief. Terre rosée. Vêtement indiqué avec des lignes incisées et des points imprimés. Long. 81 cm et 70 cm, larg. 40 cm et 38 cm (Tombe 26 ; Pl. 2 : 3, Pl. 5 : 2).

GS-4952a et b : couvercle de sarcophage anthropoïde en deux parties de sections planes. Nez et sourcils en relief. Terre rosée. Vêtement indiqué par des lignes incisées et des points imprimés. Long. 61 cm et 90 cm ; larg. 42 cm et 35 cm (Tombe 21 ; Pl. 1 : 4, Pl. 5 : 3).

GS-4953a et b : couvercle de sarcophage anthropoïde en deux parties de sections planes. Terre rosée. La bouche, le nez et les yeux sont exprimés par des creux ; vêtement orné (Tombe 46 ; Pl. 3 : 1).

GS-4954a et b : couvercle de sarcophage anthropoïde en deux parties de sections planes. Terre rosée. Les yeux, le nez et la bouche sont profondément imprimés et le vêtement est indiqué par des points. Long. 73 cm et 61 cm ; larg. 43 cm et 42 cm. Sur la partie inférieure du couvercle se trouvent des lignes doubles incisées qui se croisent (Tombe 49 ; Pl. 3 : 2, Pl. 5 : 6).

GS-4955a et b : couvercle de sarcophage anthropoïde en deux parties de sections planes. Les traits du visage ne sont pas indiqués, mais le vêtement est sommairement représenté. La partie inférieure du couvercle est décorée de petites cupules imprimées avec un doigt avant la cuisson (Tombe 41 ; Pl. 3 : 3).

GS-4956a et b : couvercle de sarcophage anthropoïde en deux parties de sections planes. Terre rosée. Sur la partie supérieure on distingue les épaules et l'emplacement de la tête, mais le visage n'est pas représenté. La partie inférieure du couvercle est décorée de cupules imprimées avec un doigt avant la cuisson (Tombe 44 ; Pl. 3 : 4).

GS-4944 : Long. 208 cm ; larg. 61 cm [pas d'autres détails] (Tombe 47 ; Pl. 5 : 1).

2.3. LES FOUILLES GHIRSHMAN 1947-1952 : RÉSULTATS ET COMMENTAIRES

2.3.1. La stratégie et les hypothèses de R. Ghirshman d'après les Journaux de fouilles

Nous avons dépouillé les notes de Roman Ghirshman ; malheureusement la rareté des plans et coupes adéquats, l'imprécision des descriptions et données ne nous autorisent pas à donner un aperçu clair du déroulement des fouilles, ni d'interpréter celles-ci d'une façon satisfaisante. Il arrive que la description ne soit pas conforme au plan et que la numérotation des tombes sur les plans ne corresponde pas toujours à la description dans le Journal de fouilles. Il nous a semblé néanmoins utile d'introduire dans la discussion quelques observations que R. Ghirshman a notées dans son Journal de fouilles.

Les tombes mentionnées ici proviennent du Chantier Ville des Artisans 2 (cf. fig. 1). Ghirshman les a fouillées à partir de la deuxième campagne (1947-1948). Dans le Chantier VdA 2b, les travaux ont eu lieu à partir de la troisième campagne (17 nov. 1948 - 31 mars 1949), pendant toute la quatrième (16 novembre 1949 - 15 avril 1950) et se sont terminés au début de la cinquième (29 octobre 1950 - 18 avril 1951). En dehors de ce chantier, écrit-il, plus de cent tombes ont été trouvées dans les sondages de la Ville des Artisans dès 1950.

Le 27 janvier 1948, Ghirshman écrit : « Nous ouvrons donc un nouveau chantier sur le versant ouest de la Ville des Artisans, plus au sud » (fig. 10), puis le 28 janvier : « La Ville des Artisans. Venons d'ouvrir deux chantiers sur le flanc Ouest de cette colline : VdA 2 [...] — face au tournant de la Ville Royale — dans lequel nous pénétrons sur 30 m en rasant les installations arabes et VdA 3 — également sur le flanc

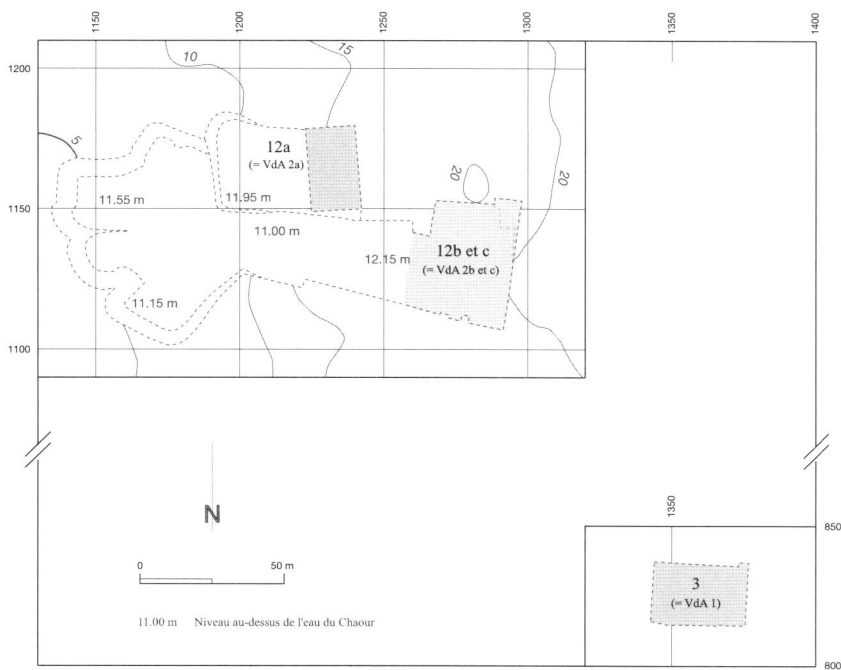

Fig. 10. Plan des Chantiers 3 (= VdA 1) et 12 (= VdA 2) de R. Ghirshman à la Ville des Artisans (D'après Ghirshman 1954a, fig. 2).

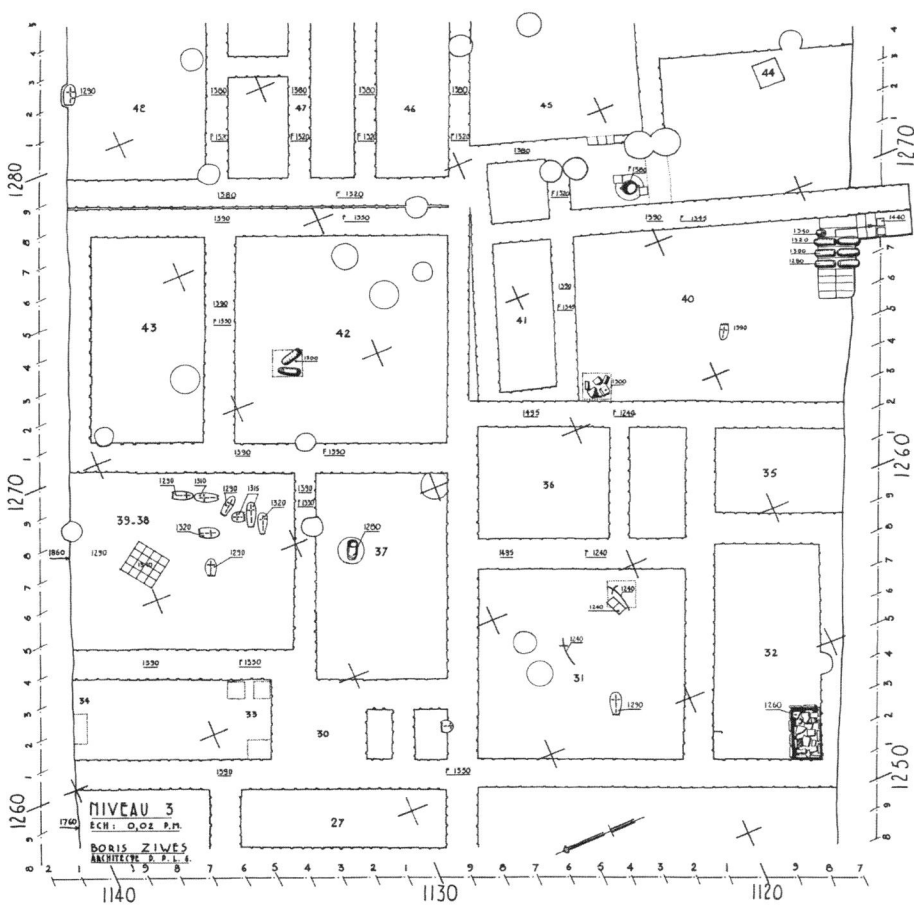

Fig. 11. Plan de la « nécropole parthe » des Chantiers VdA 2b et c, niveau 3.

CHAPITRE 2

Ouest —, mais plus au sud, sur une largeur de 6 m en partant du niveau plus bas et en pénétrant de la même façon. L'équipe de ce dernier chantier avait pour objectif de dégager une tombe voûtée parthe ».

8 février 1948 : « Toute l'épaisseur de la colline inférieure est occupée par la Nécropole Parthe avec ses murs en briques crues et ses morts dans des jarres ou des sarcophages (fig. 11). Enfin, juste au-dessus de la terre très dure et stérile que les ouvriers appellent "terre vierge" se trouve une mince couche, sans constructions, qui fournit une céramique rouge lisse, bien cuite et modelée avec soin, des tessères, des bulles avec empreintes de cachets, etc. C'est la même couche hellénistique que j'attribue aux armées [macédoniennes] qui campaient à l'est des fossés, face aux murailles de Suse ».

10 février 1948 : « À la hauteur de la nécropole, avons découvert un vase godronné à fond pointu avec 51 tétradrachmes et 16 drachmes d'Alexandre le Grand et d'Antiochus. Je crois que cette partie de la nécropole est plus ancienne que celle que nous avons dégagé en VdA 1 ; les formes des sarcophages sont différentes, le mouvement vers l'emplacement de la tête est plus prononcé ; le couvercle avec figure humaine fait penser aux sarcophages anthropoïdes de Syrie. Je l'attribuerai à l'époque hellénistique ou début parthe, ce qui semble se confirmer par le petit trésor ».

Au cours de la troisième campagne, R. Ghirshman élargit son chantier. Le 26 novembre 1948, dans la partie méridionale de son Chantier Ville des Artisans, il ouvrait le secteur VdA 2b, un peu moins large mais partant d'un niveau plus bas d'un mètre. C'était une colline naturelle ; la pente se dessine vers le NE. La majorité des tombes présentées ici proviennent essentiellement de ce Chantier VdA 2b.

4 janvier 1949 : « Sur la surface du sol vierge, […] commence à se manifester une mince couche séleucide qui a fourni aujourd'hui un tétradrachme séleucide et un fragment de poterie noire du IVe siècle ».

Quant aux types de tombes, outre les jarres avec enfants et les inhumations en pleine terre, il distingue :
« 10 janvier 1949,
- Tombes TG = avec longue galerie souterraine, plus ou moins horizontale ;
- Tombes TC = dont l'entrée est construite et les chambres funéraires creusées dans le sol vierge ;
- Tombes [sans lettres] à puits rectangulaire donnant sur une chambre funéraire ;
- Tombes [sans lettres] construites en briques crues avec parfois une voûte en briques cuites ;
- Tombes TV = entièrement construites en briques cuites et voûtées [Les Tombes TV 1 et 2 se situaient dans VdA 2b] ».

25 janvier 1949 : « Les monnaies que nous trouvons au niveau des tombes construites en briques crues, et qui sont identiques à celles que nous avons mises au jour l'an dernier, sont pour la plupart des émissions dites des "Villes Libres" (dont je crois [que] Suse bénéficiait aussi) frappées au 1er s. B.C. Ceci s'accorde avec la trouvaille du petit trésor de l'an dernier où la plus récente monnaie date de 90 B.C. Nous devons donc admettre que ces tombes qui s'élèvent bien au-dessus du sol vierge sont du 1er siècle B.C. Donc, celles à puits, à galeries ou combinées (= construites), doivent peut-être remonter au IIIe et IVe [s. avant J.-C.]. Mais les grandes [tombes] voûtées en briques cuites sont postérieures, donc vers le Ier s. A.D., date à laquelle était introduite l'inhumation à deux degrés ».

LES FOUILLES GHIRSHMAN

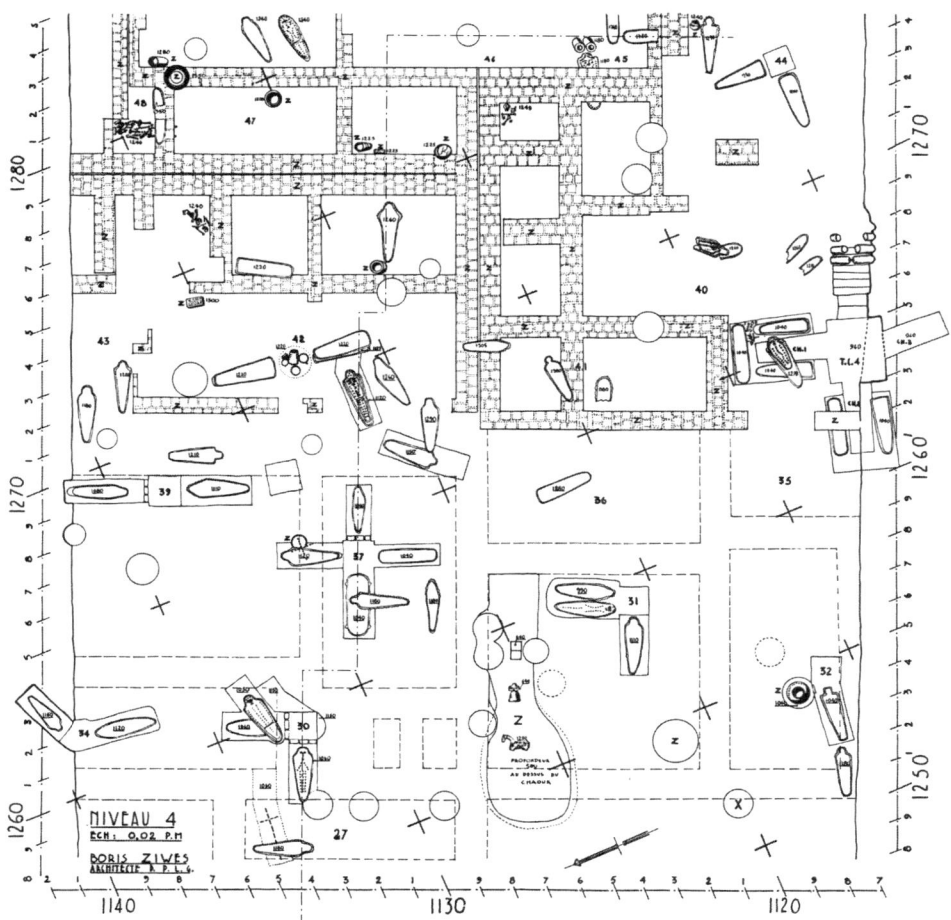

Fig. 12. Plan de VdA (Chantier 12), montrant la localisation des tombes à puits et de la tombe à escalier d'accès (T.C. 4 à droite), toutes contenant des sarcophages anthropoïdes. On notera quelques différences avec le plan publié par Ghirshman (1954a, plan 2) sur lequel certains sarcophages des couches supérieures ont été enlevés.

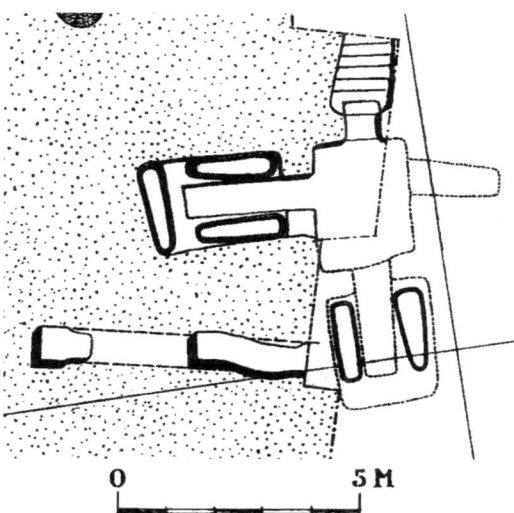

Fig. 13. Plan de la Tombe T.C. 4 (extrait de Ghirshman 1954a, plan 2).

CHAPITRE 2

Le 26 février 1949 : « Mon hypothèse concernant le mode d'inhumation est la suivante : les tombes les plus anciennes ont été creusées dans le sol vierge et leur emplacement entouré d'un mur en briques crues. Quand la tombe était pleine et avec le rehaussement du niveau des sols voisins, on relevait le mur, on enterrait soit des enfants, soit de nouveaux sarcophages ; la répétition de ce phénomène explique l'anomalie des murs superposés, toujours décalés de quelques centimètres, le mur supérieur dépassant ou étant en retrait par rapport à celui du dessous (fig. 12). Ceci explique aussi pourquoi les jarres avec les squelettes (et les sarcophages) se trouvaient dans des niveaux différents sans aucune séparation, mais toujours à l'intérieur de l'espace construit. Le processus devait durer très longtemps et les tombes creusées et construites, celles à escalier ou à puits qui semblent être les plus anciennes peuvent remonter au IIIe. av. J.C., celles d'en haut à la fin de l'époque parthe »

En ce qui concerne VdA 2b, il mentionne que « les tombes se chevauchaient à l'infini ».

6 mars 1949 : « Dans cette partie du chantier, le sol vierge est couvert d'une couche d'environ 0,50 m de terre, sur laquelle sont posées les premières briques crues des murs des tombes. C'est le sol qui s'est formé avec les débris des époques achéménide et hellénistique et c'est là que nous commençons à trouver la céramique noire et rouge grecque, des fragments d'alabastrons achéménides, etc. ».

Le 6 mars 1949, Ghirshman note : « les tombes du bas ont leurs murs posés soit directement sur le sol vierge, soit sur une couche mince de 0,50 à 0,60 m [d'épaisseur] contenant les restes des périodes achéménide et d'Alexandre. Ceci est encore à vérifier ».

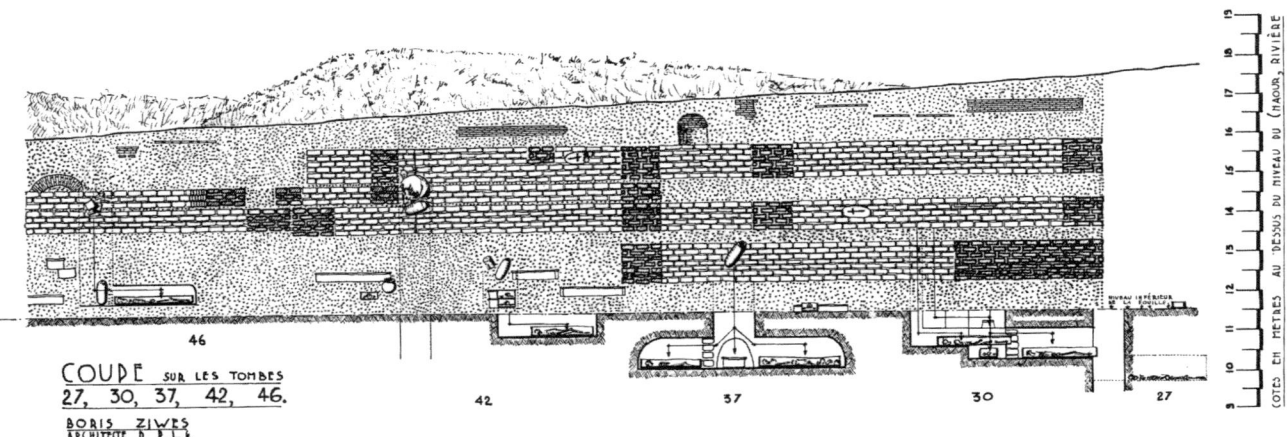

Fig. 14. Coupe sur VdA (Chantier 12). Tombes à puits, non construites (type 4.1.) ou à chambre ou *loculi* sous des constructions islamiques et peut-être à travers des constructions préislamiques.

8 mars 1949 : « Avons atteint le sol vierge presque partout. Les tombes construites en briques crues n'atteignent pas toujours le sol vierge (fig. 14). Souvent, entre la première brique et la surface de ce sol reste une couche de 0,60 m [d'épaisseur] qui contient des objets antérieurs à l'époque parthe : tantôt de la céramique grecque noire du IVe siècle ou rouge très fine, tantôt des objets nettement achéménides comme cet *oudja* trouvé aujourd'hui ».

15 décembre 1949 (4e campagne) : « On peut maintenant avoir une idée générale sur le fonctionnement des tombes avec quatre murs en briques crues qui délimitaient sa surface. Cette pièce restait-elle à ciel ouvert ou avait-elle un toit ? La question doit encore être éclaircie. De cette pièce partait le puits funéraire qui se terminait dans le sol vierge où l'on creusait les chambres funéraires ; dans cette même pièce avaient lieu les cérémonies qui accompagnaient l'inhumation : la Tombe A 32 donne une idée assez complète avec un four dans un coin et un foyer dans un autre, [équipements] qui devaient appartenir à

une cuisine ; une partie de son sol (à -2,50 m) [était] même dallée avec des briques et des pierres. Lors d'une nouvelle inhumation, le puits — généralement bouché avec des jarres vides — était rouvert. Si nécessaire, on creusait une nouvelle chambre funéraire dans le sol vierge ; il en résultait un apport de terre granuleuse dans les pièces supérieures qui expliquerait en partie la raison pour laquelle le niveau du sol montait. Ce rehaussement continuel s'explique aussi par le fait que les enfants en bas âge n'ont pas été enterrés dans des chambres funéraires. On les déposait dans une jarre généralement sciée, puis on construisait un petit muret qui coupait la pièce supérieure et qui donc se rétrécissait ; suite à quoi il fallait surélever le départ du puits ».

21 décembre 1949 : « Donc : 1) Les [nouvelles] tombes étaient déposées au-dessus des inhumations plus anciennes. 2) Les puits sans dallage autour de leur ouverture partaient des niveaux inférieurs et étaient bouchés avec de la terre et des cendres. 3) Les puits qui partaient des niveaux supérieurs étaient bouchés avec de grandes jarres vides ; le procédé est logique : pour rouvrir un puits deux fois plus profond, il est plus aisé d'enlever des jarres vides que la terre qui le remplit ».

27 décembre 1949 : « A 32. Avons débouché le grand puits sans les 4 jarres. Parmi les briques cassées et la terre se trouvaient des restes de repas funéraires : os de poulets, coquilles d'œufs, etc., confirmant la théorie d'un repas funéraire ».

8 janvier 1950 (cinquième campagne) : « Une observation doit être mentionnée : les foyers et les fours avec jarre à eau sont fréquents. On a dû préparer un repas funéraire. Cela se confirme par un nombre de petits couteaux en fer, à soie, que nous trouvons presque dans toutes les tombes ; l'an passé, une louche en bronze se trouvait dans l'une des grandes jarres vides qui bouchaient un puits funéraire. Une autre particularité est le nombre très élevé de crapaudines en pierre ou en brique, qui devaient avoir une signification symbolique. Faut-il y rattacher les deux clefs en fer trouvées dans le puits de la Tombe A 31 ? ».

25 mars 1950 : « Nous sommes descendus à l'intérieur de certains *loculi* de notre niveau IV à 1,50 m sous les briques crues, mais [n'y avons] pas [trouvé] de tombes, à l'exception des sarcophages parthes à puits creusés à partir des niveaux I à III. Mais le sol était plein de tessons Z (*sic*), d'ossements animaux, de cendres, etc. La situation n'est pas claire et j'hésite entre nécropole et village, bien que le plan de ce dernier soit surprenant. Je doute fort que la question puisse être résolue cette année. Toutefois une coupure entre les trois niveaux de tombes parthes et le niveau IV est claire. On suit très bien, en coupe, une couche très nette et assez épaisse par endroits ; des tessons séparent les niveaux III et IV. C'était la surface de la colline après les Achéménides puisque nous y trouvons de la poterie grecque noire du IVe siècle, des fragments de vases en pierres dures et, aujourd'hui, une belle tête de statuette en terre cuite, grecque classique ».

11 janvier 1951 : Arrêt du Chantier VdA 2b : « nous attaquerons la colline dans une nouvelle direction. Ce chantier sera VdA 2c ».

2.3.2. Essai d'interprétation des données

Dans l'ensemble, les deux niveaux supérieurs du Chantier VdA 2 sont islamiques (habitats des 7e-10/11e s.) ; quelques objets peuvent être attribués à l'époque sassanide, mais Ghirshman n'a pas reconnu une véritable occupation de cette époque. Les autres couches sont surtout datées de la période parthe et, apparemment, comprennent des niveaux d'habitats. Les tombes ont été reconnues au niveau inférieur, dans le sol vierge ou au-dessus (cf. fig. 14), mais elles ne semblent pas avoir été creusées à partir d'un niveau d'occupation (remblai ?). Le Village perse-achéménide (VdA 2a) fait exception ; les niveaux d'habitats inférieurs sont antérieurs à l'époque des tombes les plus anciennes, puisqu'ils sont datés pré-achéménides, achéménides et post-achéménides (Ghirshman 1954a, datation revue par Stronach 1974, puis corrigée par Miroschedji 1981, 38-39)[9].

Dans un grand nombre de tombes à puits, il n'y avait pas de dépôts funéraires. D'autres contiennent de la céramique commune, de la céramique très fine ou de la céramique à glaçure, parfois des alabastra à base arrondie ou plate, ainsi que quelques rares verres, des figurines en os, etc. Ces objets semblent avoir été trouvés à côté des sarcophages, dans les loculi ou dans le remblai des puits. On pourrait conclure que la plupart des inhumations n'ont pas reçu d'objets funéraires ou en tout cas très peu. Par ailleurs, il est probable que certains objets sont intrusifs, déplacés lors des nombreux remaniements ou lors du creusement et de la construction de tombes plus récentes.

2.3.3. Typo-chronologie et stratigraphie d'après R. Ghirshman

Les sépultures sont soit dans des sarcophages isolés, déposés en pleine terre, soit dans des chambres souterraines à puits d'accès et, en un cas, à escalier d'accès. Les caveaux des deux types d'accès, puits ou escalier, représentés également ailleurs sur le tell, sont des chambres creusées dans le sol vierge ou bien des caveaux pourvus de deux ou trois banquettes. Dans ce dernier cas, sur une ou plusieurs banquettes, est posé un sarcophage en terre cuite — ou deux sarcophages superposés — contenant un, deux, voire trois squelettes, mais un seul est en connexion anatomique, allongé dans le sarcophage ; les autres sont représentés par un amas d'ossements rassemblés aux extrémités. Ces tombes se répartissent en « deux niveaux superposés » (Ghirshman 1948, 332) ou trois niveaux (Ghirshman 1950, 236). Toutes sont datées des 3e-2e siècles avant l'ère chrétienne (Ghirshman 1949, 197), mais elles sont rangées sous l'appellation de tombes parthes (1954a, 13). À l'appui de cette datation, Ghirshman cite les sarcophages de forme anthropoïde et parfois à couvercle portant une représentation anthropoïde schématisée, une influence occidentale qu'il fait remonter à l'époque achéménide, et même très tôt dans la période puisqu'il évoque les milliers d'Égyptiens que Cambyse a fait venir à Suse[10].

À la même époque, 3e-2e siècle avant J.-C., est attribué un autre type de tombes, « véritables hypogées, à entrée soigneusement voûtée et construite en briques cuites, et se continuant plus bas par une voûte taillée déjà en pleine terre vierge. Sur un long escalier descendant profondément sous terre, s'ouvrent à droite et à gauche, sur plusieurs étages, des chambres funéraires dont les sarcophages contiennent… » (Ghirshman 1949, 197).

« Au-dessus de ces tombes, s'en élevaient d'autres, construites entièrement en grosses briques crues [non représentés sur le plan II]. Ce sont des chambres quadrangulaires contenant des sarcophages pour les adultes et des jarres pour les enfants, ensuite remplies de terre et fermées par un ou deux lits de briques crues » (Ghirshman 1949, 197). Dans le secteur de la mosquée, où ce type de tombe est attesté, Ghirshman note qu'une petite voûte en briques cuites était parfois érigée au-dessus des lits de briques horizontaux fermant la tombe ; celle-ci était probablement visible en surface (1948, 330-331). La forme des sarcophages n'est pas décrite, mais selon le manuscrit Ghirshman, ils sont de plan ovale, plus larges à la tête qu'aux pieds, mais non pas de forme anthropoïde.

---

[9] Rappel : Ghirshman datait le niveau le plus ancien du Village perse-achéménide (I) de l'époque pré-achéménide, le niveau II de l'époque achéménide, et le III de l'époque achéménide et hellénistique. Plus tard l'examen de la céramique par D. Stronach montrait que les tessons peints utilisés par Ghirshman en faveur d'une date pré-achéménide étaient en réalité plus tardifs, achéménides tardifs et post-achéménides *(Festoon Ware)*, tandis que le réexamen de Miroschedji montre que ces tessons sont intrusifs dans le niveau I qu'il remontait alors, comme Ghirshman, à l'époque néo-élamite finale. Cette chronologie n'a qu'une importance relative pour la date des tombes, mais il reste que le niveau le plus récent, apparemment antérieur à toute tombe, est bien séleucide.

[10] Cette référence n'est pas explicite dans ses rapports de fouilles, mais elle est longuement décrite dans son manuscrit (cf. p. 24) au point que la nécropole est qualifiée de « achéménide-séleucide », une datation que les indications données dans notre note 9 rendent impossible.

Les tombes les plus récentes sont, selon Ghirshman, de l'époque parthe récente, à partir du 1er siècle de l'ère chrétienne ; ce sont les grands caveaux présentés ici, à escalier d'accès, pour la plupart construits en briques cuites. Ils se trouvent sur la bordure occidentale de la Ville des Artisans, au sud du Village perse-achéménide. Dans son manuscrit, Ghirshman n'exclut pas l'hypothèse selon laquelle l'usage de ce type de tombes se poursuit encore au début de l'époque sassanide, au vu de certaines formes céramiques.

2.3.4. Les pratiques funéraires d'après R. Ghirshman.

À l'issue de la seconde campagne, Ghirshman observe : « Aucune trace d'inhumation à deux degrés n'a été observée, le dernier mort se trouvant toujours dans la position allongée normale » (1948, 331). Il avait noté que les sarcophages des caveaux ou chambres souterraines contenaient souvent un squelette complet et des ossements d'autres morts aux extrémités du sarcophage ou déposés sans ordre sur le sol ; il voyait là une réutilisation de l'emplacement. Ces sépultures, que Ghirshman datait de la période parthe ancienne, fonctionnaient comme « des caveaux de famille », sans qu'il soit question d'inhumation à deux degrés (1949, 197). Pourtant, au cours de la même campagne, recherchant des sépultures plus récentes, qui étaient représentées par des caveaux souterrains voûtés à escalier d'accès, mais construits en briques cuites, il reconnut dans deux de ceux-ci une pratique « intermédiaire entre l'inhumation normale et l'exposition des cadavres sur les montagnes et sur les dakhmés (ou tours du silence) qui devint générale et obligatoire sous les Sassanides… ». À l'appui de cette hypothèse, il décrit ainsi la Tombe TV 3 : « Cette chambre comprenait trois banquettes : sur celle qui fait face à l'entrée était étendu un squelette intact ; sur celles de droite et de gauche gisaient des morceaux d'ossements entassés en vrac. Le procédé est clair : on déposait un mort sur un lit jusqu'à décomposition complète de la chair, après quoi on jetait ses os sur les banquettes latérales » (1949, 198). Ghirshman ne fait que reprendre l'hypothèse émise par Mecquenem qui suivait là Unvala. Toutefois, plus tard, dans son manuscrit présenté ici, ni la description des grandes tombes, ni les commentaires associés ne font la moindre allusion à cette théorie. Ghirshman évoque simplement le rejet des ossements lors d'une nouvelle inhumation pour faire de la place.

En plusieurs occasions, mais, semble-t-il, seulement pour les tombes à puits d'accès, Ghirshman évoque des rites de repas funéraires, matérialisés par « des os de poulets, coquilles d'œufs, etc. », et plus loin, par « nombre de petits couteaux en fer, à soie, que nous trouvons presque dans toutes les tombes ; l'an passé une louche en bronze se trouvait dans l'une des grandes jarres vides qui bouchaient un puits funéraire », ou encore « les foyers et les fours avec jarre à eau sont fréquents. On a dû préparer un repas funéraire ». Une seule tombe (TV 5) contenait un autel (ou socle ?), installé dans l'angle formé par deux banquettes.

2.3.5. Mobilier

L'inventaire du mobilier mis au jour, complet ou partiel, ne semble pas exister pour toutes les tombes fouillées par Ghirshman, mais seulement pour celles du chantier 2 (au-dessus et à côté du Village perse-achéménide), dans lequel certains types de tombes seulement sont représentés. L'inventaire du mobilier est donné pour celles que nous décrivons ici et quelques autres mais non pour toutes, loin s'en faut. La mise en relation d'un objet, ou mieux, d'un ensemble d'objets, éventuellement datables, avec une forme architecturale est donc limitée à quelques tombes. À la lecture des rapports de fouilles, on retient que les sarcophages en simple fosse n'ont en général pas de matériel associé, ou très peu, tandis que les tombes construites sont rarement dépourvues de tout objet, même celles qui ont été pillées ou détruites par des constructions postérieures. Le fouilleur note, de plus, que le matériel est très rarement déposé dans les sarcophages, sauf des objets de parure, mais laissé sur le sol de la chambre, de sorte que, s'il y en a plusieurs, nous ne savons pas à quel contenant il faut rapporter tel ou tel objet.

CHAPITRE 3

LES TOMBES POST-ACHÉMÉNIDES DE SUSE : ESSAI DE SYNTHÈSE

Ghirshman est assurément le fouilleur de Suse qui a le plus contribué à notre connaissance des pratiques funéraires entre l'époque séleucide et l'époque islamique. En ajoutant à l'importante documentation qu'il a rassemblée les informations éparses et trop brèves, parfois inédites, données par les précédents fouilleurs de Suse, nous proposons ici des remarques générales qui permettront de replacer les six grandes tombes à inhumations multiples présentées plus loin dans le contexte général des tombes post-achéménides de Suse.

3.1. Types de sépultures, architecture et localisation

Le plan des secteurs de tombes fouillés par Ghirshman, mis au point par H. Gasche (fig. 1), indique la répartition des tombes post-achéménides sur la Ville des Artisans, plan qu'il faut compléter par les autres données livrées par les fouilles sur l'ensemble du site de Suse. Les tombes sont différenciées selon leur mode de construction et leurs aménagements. Nous proposons ici une typologie d'ensemble des tombes post-achéménides et préislamiques de Suse.

Type 1. Tombes en fosse individuelle simple ou partiellement aménagée

Parmi les aménagements possibles, on relève la mise en place de tessons de grandes jarres sur le défunt ou sur la fosse (fig. 15), ou bien un dispositif de deux rangées de briques cuites formant un toit à double pente (fig. 16). Parfois, une ou plusieurs parois de la fosse sont tapissées par une épaisseur de briques posées de chant, dans ce cas formant un coffre, mais il est rarement bien construit comme le sont des coffres d'Uruk (Finkbeiner 1982, fig. 1 : c ; Boehmer, Pedde, Salje 1995, Pls. 227-228). Une autre solution est d'allonger le défunt sur une rangée de briques cuites posées à plat (fig. 17).

Fig. 15. Tombe individuelle en pleine terre recouverte de gros tessons de jarres. Suse, Palais du Chaour, niveau 2.

CHAPITRE 3

Fig. 16a. Fig. 16b.
Deux vues d'une tombe individuelle en pleine terre couverte par deux rangées de briques cuites en bâtière. Date incertaine. Ville des Artisans « VdA2, couche 2 ».

Fig. 17. Tombe en pleine terre dont le fond est constitué d'un alignement de quatre briques cuites achéménides. Suse, Palais du Chaour niveau 2 (Labrousse, Boucharlat 1974, Pl. XXVII : 2).

Fig. 18a. Fig. 18b. Fig. 18c.
Trois vues d'une jarre cylindrique soigneusement cassée dans la partie inférieure pour introduire le corps d'un enfant. Suse, Palais du Chaour, niveau 2 (Labrousse, Boucharlat 1974, Pl. XXVII : 1 et inédits).

Une série homogène de sépultures en pleine terre a été trouvée à la Ville Royale, Chantier A de Ghirshman, perforant le niveau IV, correspondant là aux ruines d'un grand bâtiment daté par le fouilleur du début de l'époque sassanide (Ghirshman 1952b, 7-8), mais attribué à la fin de l'époque parthe par H. Gasche (2002, 183 et fig. 1 : a). Ce serait un petit cimetière particulier en relation avec le bâtiment dit aux fresques. D'autres fosses individuelles sont signalées à l'autre extrémité de ce tell, au Donjon, au-dessus des sols des constructions partho-sassanides (Mecquenem 1934, 222-223). Sur la Ville des Artisans, ce type de tombes existe, mais R. Ghirshman ne signale que quelques cas dans son Journal de fouilles. Hors des collines de Suse, onze sépultures en pleine terre ont été reconnues dans les ruines du Palais du Chaour ; elles datent de l'époque parthe pour la plupart, mais l'une d'entre elles contenait des monnaies de Shapur Ier, soit le milieu du 3e siècle de notre ère (Labrousse et Boucharlat 1972, 66-67 et 75-77). Il est certain que bien d'autres tombes de ce type ont été reconnues dans les fouilles anciennes, sans qu'elles soient mentionnées dans les rapports, car jugées de peu d'intérêt.

Pour autant que l'on sache, le défunt est toujours déposé allongé, le plus souvent sur le dos, mais dans certains cas, en décubitus latéral. Position et aménagements divers de la tombe se retrouvent dans la plupart des nécropoles des sites contemporains de Susiane, comme à Choga Mish à l'est de Suse (Delougaz, Kantor 1996, 8 et Pl. 2), et de Mésopotamie. Il ne paraît pas utile de les citer, d'autant plus que ces tombes, comme celles de Suse, sont sans matériel ou extrêmement pauvres et n'apporteraient guère d'informations sur la datation ni sur les pratiques funéraires. À noter cependant la présence fréquente à Choga Mish de jarres cylindriques (*torpedo jars*) isolées ou par deux ou trois, placées couchées ou verticales, ouverture en haut ou en bas, à côté d'un squelette. Ces jarres ne contiennent jamais d'inhumation selon les fouilleurs (*id.*, 8). Cependant, du fait de l'extrême fréquence des tombes d'enfants dans des jarres à Suse et en Mésopotamie (cf. ci-dessous type 2.1.), on peut se demander si certaines d'entre elles n'ont pas pu contenir les ossements d'un enfant, qui n'auraient pas ou très peu laissé de traces ; en effet, même les ossements plus solides des adultes sont très mal conservés dans cette zone de tombes de Choga Mish.

Type 2. Sépultures individuelles dans des récipients en terre cuite, en pleine terre
2.1. *Sépultures dans une jarre*
2.1.1. *Sépultures dans une jarre cylindrique*

Ce sont de loin les plus fréquentes dans tous les secteurs de Suse. Elles sont cylindriques, sans col et à fond arrondi. Elles mesurent entre 0.60 et 1 m de hauteur (fig. 19 : b-c). Sur presque tous les exemplaires que nous avons pu voir, la paroi intérieure est recouverte de bitume pour assurer l'étanchéité ; la fonction première de ce type de jarres est donc bien utilitaire. Dans certains cas, le fond ou plus souvent toute la partie inférieure est cassée, sciée même écrit Ghirshman, pour permettre l'introduction du corps ; dans d'autres cas, c'est la partie supérieure qui est cassée afin d'obtenir un diamètre à l'ouverture plus large (0,30 à 0,35 m) que celui du col (environ 15 cm) [11]. Ce détail est important, mais il n'est que rarement souligné dans les rapports des fouilles anciennes [12] (voir cependant Unvala 1928 ; *id.* 1929a, 141 ; Mecquenem 1943, 65). Toutes les jarres funéraires découvertes entre 1970 et 1978 dans les Chantiers "Apadana-Ville Royale" et du "Palais du Chaour" étaient brisées à l'une des extrémités, parfois très soigneusement (fig. 18). Dans tous les cas, les jarres étaient utilisées pour des enfants et elles n'avaient pas d'orientation particulière (plan : Boucharlat *et al.* 1987, 162 et fig. 52 au centre) [13].

---

[11] Cette opération peut être facilitée du fait que ces jarres sont toujours montées en deux parties ; la soudure, en général visible entre 30 et 45cm au-dessous du col, est une zone plus fragile qui permet de casser la jarre de manière régulière.

[12] L'illustration que donne Lampre (1900, fig. 152) est douteuse, car il qualifie de jarre funéraire un vase apparemment intact. Il est possible qu'un exemplaire complet ait été sélectionné pour illustrer cette figure.

[13] Dans les tombes à puits également, les jarres contiennent des enfants, comme le signale systématiquement Ghirshman dans son Journal de fouilles (cf. description des tombes à sarcophages anthropoïdes). C'est le cas sur bien d'autres sites contemporains, en Mésopotamie et jusqu'à l'île de Bahrain (Andersen 2007, 10, n. 1).

Deux jarres sont parfois accolées par le col (Mecquenem 1929-30, 88). Elles peuvent alors contenir un adulte, mais les rapports anciens ne le précisent pas ; ils ne décrivent pas non plus la position du squelette, sauf pour signaler que les ossements sont en désordre (Mecquenem 1929-30, 85).

2.1.2. Sépultures dans une jarre ovoïde

D'après les photographies de chantier de Ghirshman à la Ville des Artisans, les sépultures (d'enfants ?) dans des jarres ovoïdes sont bien attestées.

2.1.3. Sépultures dans deux jarres accolées

Le seul cas de deux jarres accolées (époque séleucide) attesté dans les fouilles récentes appartenait également à une tombe d'enfant (fig. 19 : a), mais les deux jarres sont différentes des jarres cylindriques à fond arrondi décrites ci-dessus : l'une est cylindrique, mais terminée par une longue pointe — manifestement un contenant de liquide réutilisé — et l'autre est une jarre ovoïde ; les deux formes sont répandues à l'époque séleucide. À l'époque parthe, les tombes en jarres doubles "grandes jarres mises bout à bout, orifice contre orifice, dont l'intérieur est enduit de poix" sont bien attestées sur "les buttes extérieures", à l'est de la Ville Royale, soit la Ville des Artisans (Mecquenem 1929-30, 85). Ces jarres non décrites ne peuvent être datées de manière précise.

Les imprécisions dans les rapports sur la nature des inhumations en jarres et les doutes qui en découlent rendent difficile d'aborder le problème des pratiques funéraires. J.M. Unvala, pour des raisons compréhensibles — il était parsi — pensait que les jarres étaient ou pouvaient être des *astodans* (ostothèques). Les fouilles plus récentes des nécropoles de Bushir semblent bien illustrer cette pratique (*infra* p. 55), mais à Suse, aucun indice ne permet de formuler cette hypothèse, les squelettes contenus dans les jarres étant (lorsqu'ils sont décrits) ceux d'enfants et l'observation d'ossements en désordre n'est pas la preuve d'un dépôt postérieur à un décharnement.

Á Suse, la répartition des inhumations en jarres est sensiblement la même que celle des tombes en pleine terre. On les trouve sur l'Acropole, à l'Apadana dans les vestiges au-dessus de la Porte de Darius, sur la Ville Royale, notamment au Chantier A de Ghirshman, au Donjon et dans sa périphérie, mais aussi dans les ruines du Palais du Chaour et, selon Mecquenem, Unvala et Ghirshman, sur la Ville des Artisans. D'après le matériel en provenance des fouilles d'habitats, les jarres cylindriques — qui sont d'abord des jarres de stockage, souvent enduites de bitume à l'intérieur — n'apparaissent pas avant le milieu de la période parthe, peut-être déjà vers la fin du 1er siècle avant J.-C., mais elles sont surtout attestées aux 1er et 2e s. de notre ère, sans doute encore au cours du 3e. Ces jarres ont un diamètre trop petit pour déposer un corps adulte, raison pour laquelle elles paraissent réservées aux enfants ; elles semblent propres à Suse. En Mésopotamie, ce sont au contraire des formes très arrondies, plus aptes à recevoir un corps adulte en position très fléchie, mais elles sont datées surtout de la période séleucide (par ex. à Uruk, cf. Boehmer, Pedde, Salje 1995, Pls. 218-222). En revanche, on trouve à Bushir à l'époque sassanide des formes cylindriques à fond pointu prononcé, appartenant à un type très différent ; selon les fouilleurs, elles servaient d'ostothèques, car à proximité immédiate des tombes creusées dans le substrat rocheux se trouveraient des fosses d'exposition, mais celles-ci étaient souvent fermées avec des dalles de pierre (Rahbar 2007, figs. 19-21 ; Simpson 2007, 154 et fig. 140).

2.2. Sarcophages en pleine terre
2.2.1. Cuve peu profonde aux deux extrémités arrondies

Plus rares que les jarres déposées en pleine terre sont les cuves en terre cuite peu profondes (0,20 à 0,30 m), souvent mal cuites, généralement montées en une seule pièce (fig. 20 : a-b), plus rarement en deux moitiés. Lorsqu'il existe un couvercle, celui-ci est en deux pièces. Quelques sarcophages sont recouverts d'une glaçure

LES TOMBES POST-ACHÉMÉNIDES DE SUSE : ESSAI DE SYNTHÈSE

Fig. 19 a

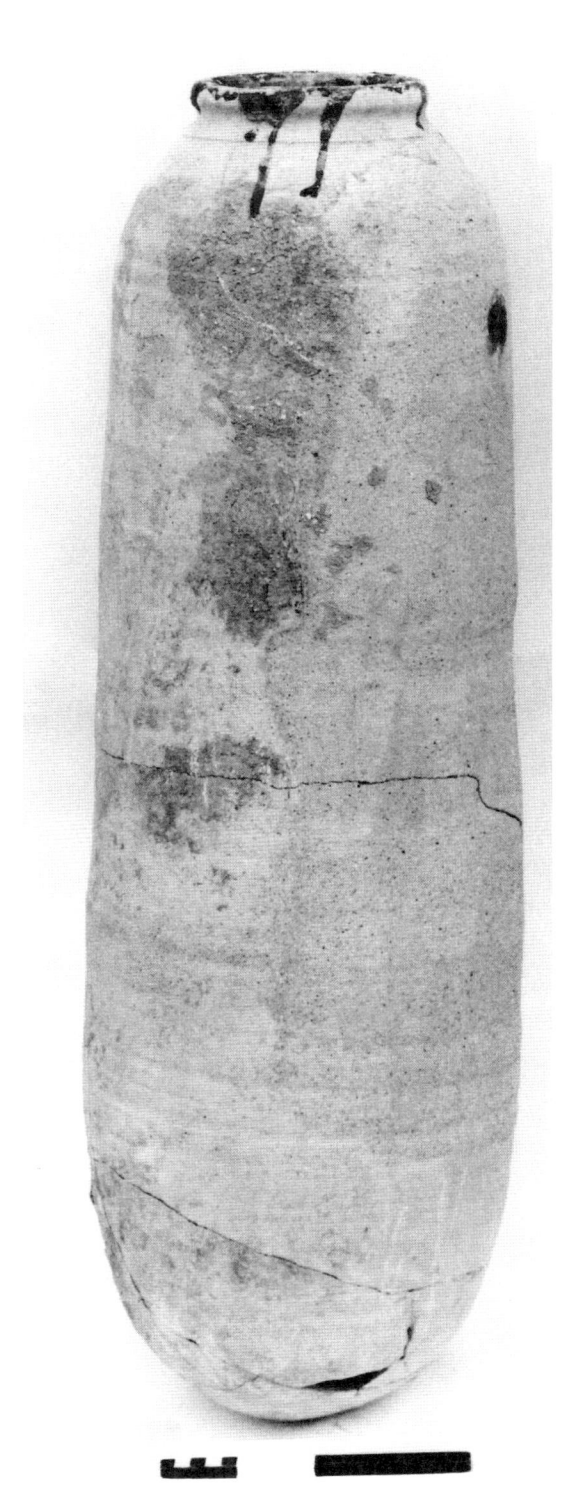

Fig. 19 b

Fig. 19 c

a : Tombe d'enfant dans deux jarres brisées. Fragment de grande jarre cylindrique à fond pointu emboité dans un grand fragment de jarre ovoïde ; époque séleucide (Suse, Apadana, niveau 5c, Boucharlat *et al.* 1987, Pl. XII : 2).
b et c : Exemples de jarres cylindriques fréquemment utilisées pour les inhumations d'enfants aux époques parthe moyenne et récente (Suse, Apadana Est, jarres non funéraires, Boucharlat *et al.* 1987, fig. 69).

CHAPITRE 3

bleue et de rares exemplaires portent un décor comprenant de simples cordons ou bandes avec des impressions faites au doigt (fig. 21 : a-b). Longs de 1,80 à 2 m, ils sont destinés aux adultes, mais des sarcophages de plus petites dimensions (environ 1 m) contenaient des enfants (Mecquenem 1934, 207 et 219, non illustrés) ; plus précieux que les jarres — toujours récupérées — ils sont (souvent ?) recouverts par de grandes jarres comme l'ont noté Ghirshman (VdA 9 ; fig. 22 : b) et Unvala (1929a, 138) au Tépé Boulaya, au sud de Suse. Mecquenem a observé un plus grand nombre de sarcophages dans la partie sud de la Ville Royale, où ils sont apparemment en pleine terre, tandis que Ghirshman les signale fréquemment dans ses fouilles de la Ville des Artisans.

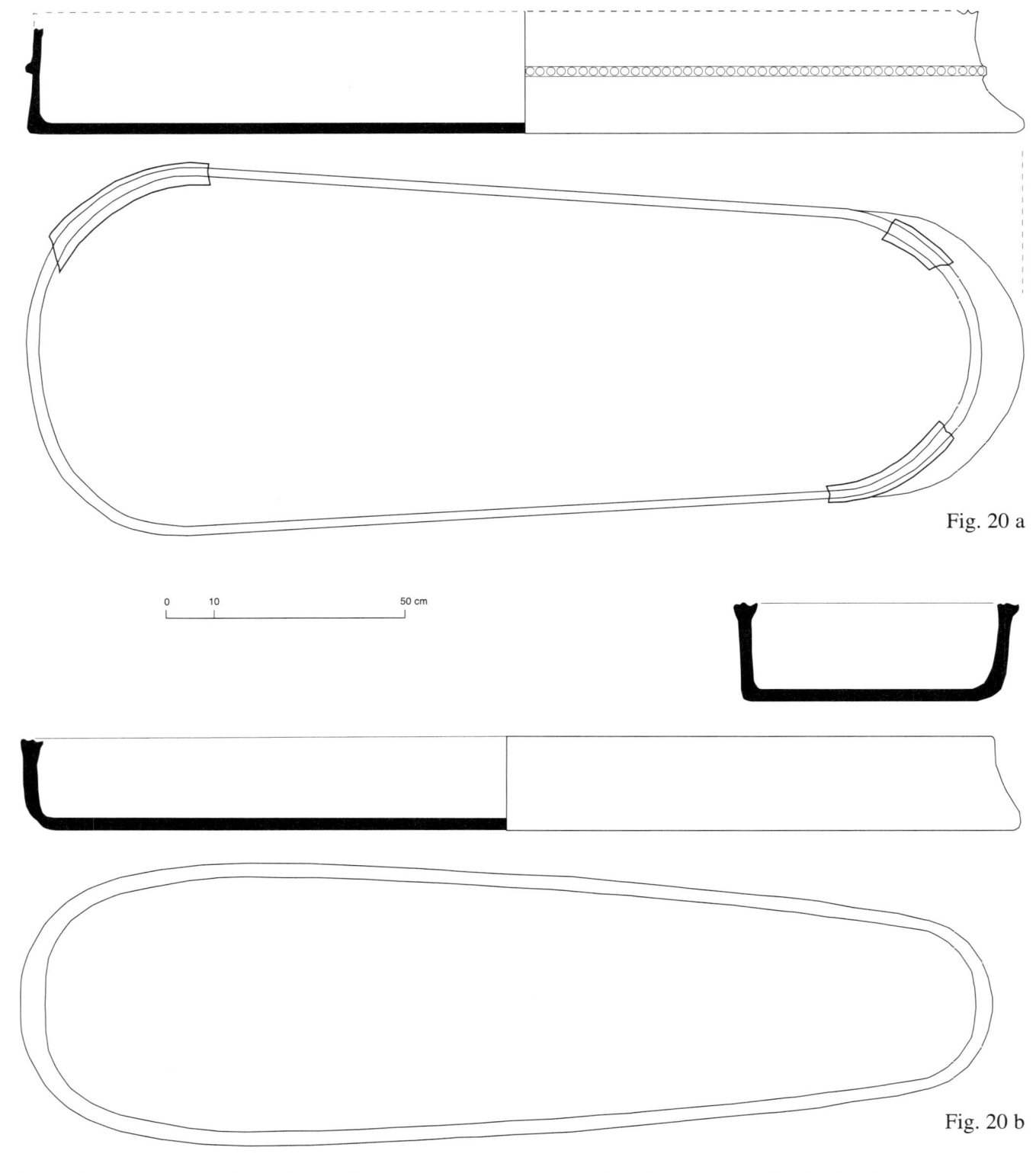

Fig. 20 a

Fig. 20 b

Sarcophages en terre cuite à glaçure bleu-vert en provenance de Suse (sans autre indication). Réserves du musée de Suse. Dessins : R. Boucharlat 1978.
a : Décor : cordon en relief.
b : Sans décor.

LES TOMBES POST-ACHÉMÉNIDES DE SUSE : ESSAI DE SYNTHÈSE

Fig. 21 a

Fig. 21 b

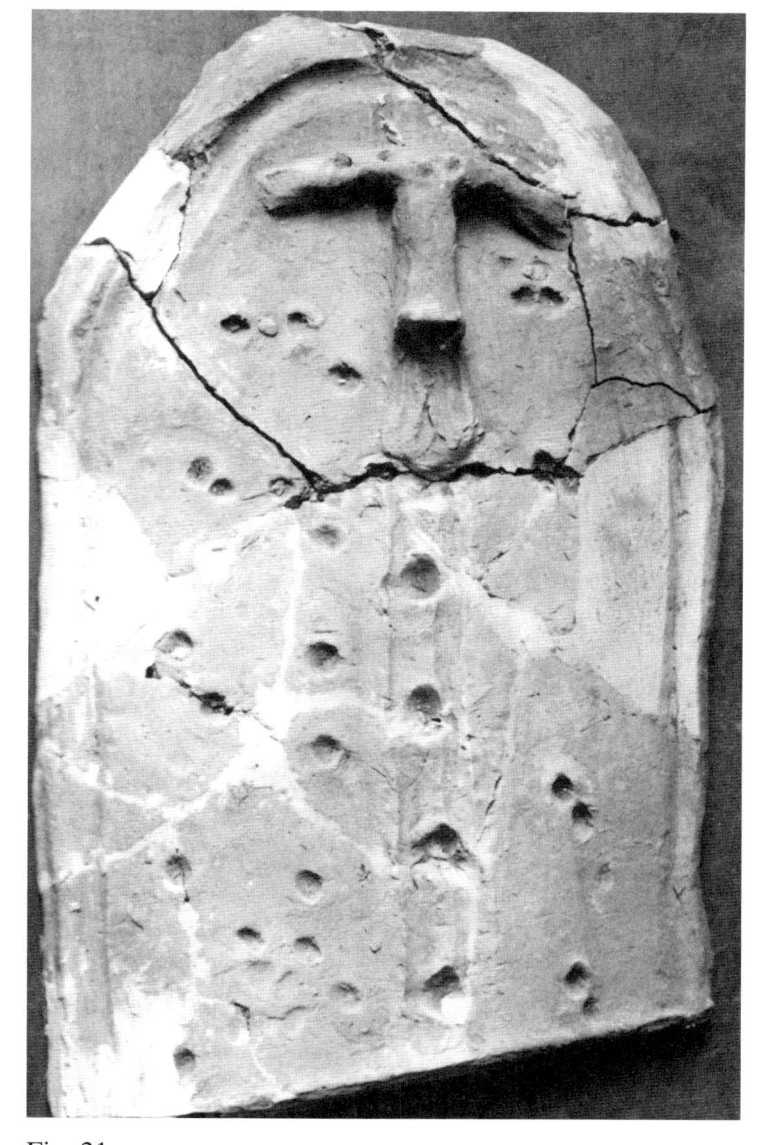

Fig. 21 c

Fragments de sarcophage en terre cuite.
a et b : Fragments de cuve à glaçure bleu-vert. Ville Royale 1976 (inédit) et Mecquenem, Rapport 1934.
c : Partie supérieure d'un couvercle anthropoïde trouvé à Suse, sans autre indication (Réserves du musée de Suse).

CHAPITRE 3

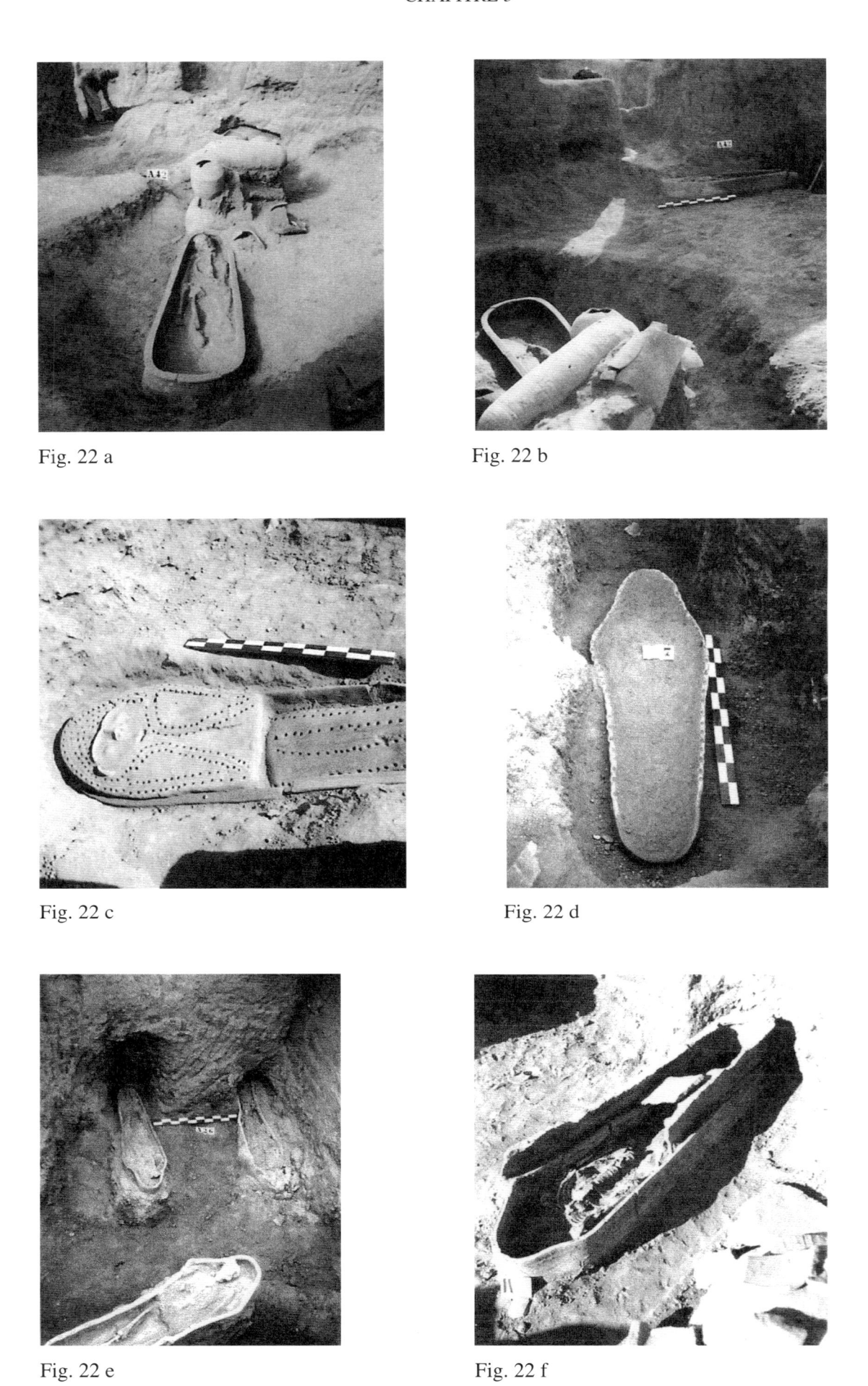

Fig. 22 a

Fig. 22 b

Fig. 22 c

Fig. 22 d

Fig. 22 e

Fig. 22 f

a et b : Sarcophages en terre cuite de forme ovale (Ville des Artisans, Tombe 42).
c : Sarcophage avec couvercle décoré (Ville des Artisans, Tombe 47 ; voir aussi Tombes 7, 26 et 48).
d, e et f : Sarcophages de forme anthropoïde.

sous la lèvre. Pas de traces d'émail. Dim. en mm : H. : 59 ; ø lèvre : 79.
Bibl. : *NAPR* 6, 27, fig. 4.

Deux situles semblables sur pieds, mais avec une paroi verticale, proviennent l'une de Babylone [9], l'autre de Zubeidi ; cette dernière, déjà mentionnée plus avant, avait une paroi plus haute.

Sans pieds, ces récipients sont plus fréquents et ils sont attestés à Imlihiye [10] et à Zubeidi [11] dans le Hamrin, mais aussi à Babylone [12], Isin [13] et Ur [14].

Tombe D.337B

Prof. conservée de la fosse : 35 cm ; base au niv. 38,68 m.
Bibl. : DE MEYER et GASCHE 1986, 2-6, fig. 3 ; *NAPR* 6, 24-25.

La limite nord de la fosse est floue et le coin sud-ouest n'a pas été fouillé.

Homme d'au moins 30 à 40 ans [15] dont le crâne, les épaules et les avants-bras ont été endommagés ou détruits par la D.337A.

L'homme reposait sur le dos, les jambes fléchies à droite ; avant-bras parallèles au-dessus des lombes.

Modifications pathologiques : ossification dans la zone proximale des troisième ou quatrième os métacarpiens droits et probable soudure avec le métacarpe voisin.

Cinq écuelles déposées près des pieds

D 107278 et *D 107279*. Deux petites écuelles identiques partiellement couvertes par la grande D 107287 [16]. Groupe 20H$_1$. Couleurs des pâtes : 2.5Y 6/4. Dégr. : Vf 1, Vm 1. Dim. en mm : H. : 44 et 46 respectivement ; ø lèvre : 128 et 129.

Bibl. : *MHEM* 6, Pl. 36 : 5.

D 107287. Groupe 10A$_1$. Coul. pâte : 10YR 8/2. Dégr. : Vf 1, Vm 1. Dim. en mm : H. : 84 ; ø lèvre : 194.
Bibl. : DE MEYER et GASCHE 1986, fig. 3 : 2. *NAPR* 6, fig. 5 : 3. *MHEM* 6, Pl. 10 : 4.

D 107288. Groupe 20H$_1$. Coul. pâte : 10YR 6/3. Dégr. : Vf 1, Vm 1. Dim. en mm : H. : 54 ; ø lèvre : 135.
Bibl. : DE MEYER et GASCHE 1986, fig. 3 : 3. *NAPR* 6, fig. 5 : 1. *MHEM* 6, Pl. 36 : 10.

D 107289. Groupe 10A$_1$. Coul. pâte : 10YR 8/2. Dégr. : Vf 1, Vm 1. Dim. en mm : H. : 58 ; ø lèvre : 185.
Bibl. : DE MEYER et GASCHE 1986, fig. 3 : 1. *NAPR* 6, fig. 5 : 2.

Deux récipients déposés dans le coin nord de la fosse, après un remblayage sur une dizaine de centimètres

D 107285. Groupe 205A$_2$. Coul. pâte : 2.5Y 7/4. Dégr. : Vf 1, Vm 1. Dim. en mm : H. : 121 ; ø lèvre : 73.
Bibl. : DE MEYER et GASCHE 1986, fig. 3 : 4. *NAPR* 6, fig. 5 : 4.

D 107286. Groupe 205A$_2$. Coul. pâte : 10YR 7/3. Dégr. : Vf 1, Vm 1. Dim. en mm : H. : 113 ; ø lèvre : 67.
Bibl. : DE MEYER et GASCHE 1986, fig. 3 : 5. *NAPR* 6, fig. 5 : 5. *MHEM* 6, Pl. 94 : 11.

Tombe D.219 (D 104958). Pl. 1.

Chantier E : probablement Ens. I, locus 008. 26 novembre 1974.
Prof. conservée de la fosse : 55 cm ; base au niv. 35,60 m.
Bibl. : *NAPR* 6, 13.

La tombe est située vers l'extrémité nord-ouest de la tranchée ouverte entre les deux collines du site où les couches supérieures sont inclinées vers cette dépression. Le sommet de la fosse est conservé jusqu'au niveau 36,15 m, mais il est érodé par les dépôts de surface de l'Ensemble 0.

La D.219 est à un niveau trop élevé pour appartenir aux dépendances situées à l'est de la maison dite d'Ur-Utu [17] ; comme pour la D.254 décrite ci-après, le contexte stratigraphique suggère de l'attribuer à l'Ensemble I, soit aux environs de 1300 BC.

La fosse, en forme d'un ovale irrégulier, contenait un homme de 30 à 40 ans couché sur le dos, les jambes fléchies à gauche [18] ; le bras gauche était allongé et la main droite se trouvait vers le coude gauche.

Modifications pathologiques : abcès près des racines des molaires supérieures gauches.

Sans objets.

Tombe D.254 (D 104996). Pl. 1.

Chantier E : probablement Ens. I, locus 012. 2 novembre 1975.

---

[9] REUTHER 1926, 15, fig. 10 : b.
[10] BOEHMER et DÄMMER 1985, 11-13 et Pl. 27 : 14-17.
[11] BOEHMER et DÄMMER 1985, 56-57 et Pls. 142 : 552-563, 143 : 564, 566, 567 (cette dernière avec une base convexe, toutes les autres étant planes) et 144 les photos des 552, 553, 566 et 567. Ces exemplaires appartiennent à divers contextes, notamment funéraire, et sont datés entre le 14e et le milieu du 12e siècle BC, voire un peu plus tard.
[12] REUTHER 1926, 15, fig. 10 : a (avec décor à rosettes sur une paroi légèrement convergente) et c (tesson) ; p. 165 et Pl. 47 : 12 b (paroi convergente) ; p. 169 et Pl. 48 : 174 (paroi conv.) ; p. 183 et Pl. 58 : 34 2 (paroi conv.) ainsi que p. 192 et Pl. 58 : 49 d (paroi conv.).
[13] KARSTENS 1981, 47, *Grab* 87 et Pl. 35 : IB 1162b ainsi que *Grab* 91 et Pl. 35 : IB 1077a. HROUDA 1977, 29, *Grab* S.34 et Pl. 28 : IB 601. D'après les autres récipients trouvés dans ces tombes, toutes ces situles appartiennent à l'extrême fin de l'époque cassite ou à celle d'Isin II ; pour ces poteries, voir *MHEM* 6, Groupes 190A$_3$ et 195B$_4$.
[14] WOOLLEY et MALLOWAN 1976, 183, 227 et Pl. 96 : d (cassite, non Isin-Larsa).
[15] *Männliches Individuum, mindestens 30-40 Jahre alt, evtl. etwas älter. Skelett mäßig gut erhalten, durch Grab 337A gestört. Vom Schädel keine Überreste, vom postcranialen Skelett einige Wirbel- und Rippenfragmente, wenige Teile des Schultergürtels, mehrere Fragmente des Beckengürtels, der langen Extremitätenknochen sowie des Hand- und Fußskeletts.*
Pathologische Veränderungen : Verknöcherung im proximalen Bereich des 3. oder 4. rechten Mittelhandknochens, vermutliche Verwachsung mit dem benachbarten Metacarpale (E. Burger-Heinrich dans *NAPR* 6, 24, n. 61, D 7281).
[16] Ces deux objets ne sont pas signalés dans DE MEYER et GASCHE 1986, 2-6, fig. 3 et dans *NAPR* 6, 24-25 et fig. 5 car nous pensions qu'elles pouvaient provenir d'une tombe plus ancienne détruite lors du creusement de la D.337B. Un réexamen de la documentation ne justifie pas cette hypothèse.
[17] Dans le secteur à ciel ouvert autour de la tombe D.219, les sols de IIId ont une épaisseur maximale de 60 cm, entre 35,65 m et 36,25 m ; si la tombe avait été creusée à la fin de IIId, la profondeur de la fosse serait de 65 cm ce qui est peu pour ce type de sépulture au Paléo-babylonien.
[18] *Männliches Individum, 30-40 Jahre alt. Knochen relativ schlecht erhalten. Vom Schädel liegen Bruchstücke des seitlichen und hinteren Gehirnschädelbereiches sowie wenige Teile des Obergesichts und des Unterkiefers vor. Postcranial sind drei Halswirbel erhalten. Pathologische Veränderungen : Wurzelabszeß im Bereich der linken oberen Molaren* (E. Burger-Heinrich dans *NAPR* 6, 13, n. 12, D 4806).

LES TOMBES POST-ACHÉMÉNIDES DE SUSE : ESSAI DE SYNTHÈSE

Selon Mecquenem (1929-30, 85), « les sarcophages sont remplis d'ossements pêle-mêle, décomposés, et appartenant à plusieurs individus » ; il les interprète comme des inhumations au 2e degré, ce qui n'est absolument pas établi. À l'inverse, Ghirshman a trouvé à la Ville des Artisans un grand nombre de sarcophages contenant un squelette complet en position allongée ; ils ne sont pas toujours déposés en pleine terre, mais parfois placés dans une chambre située au fond d'un puits. Dans ce type de sépulture, comme pour certaines jarres en pleine terre ou certains caveaux, la présence d'ossements appartenant à plusieurs individus ne constitue nullement la preuve d'un décharnement préalable à l'enfouissement, mais elle est plutôt le signe d'une ou plusieurs réutilisations de la tombe. Quel que soit le mode de réutilisation du sarcophage, le problème d'un nouvel accès n'est pas résolu. On peut alors se poser la question de savoir si le sarcophage, au lieu d'être simplement déposé en pleine terre, n'avait pas une couverture de jarres, ou n'était pas enfoui dans une fosse creusée dans les couches archéologiques, avec ou sans puits d'accès, sans que cela ait été reconnu par les fouilleurs. C'est le cas de la plupart des sarcophages mis au jour par Ghirshman à la Ville des Artisans et qui se trouvent dans des tombes à puits ou à galerie.

Les sarcophages ont les extrémités arrondies et les longs côtés sont soit parallèles, soit, le plus souvent, élargis vers la tête. Des variantes de cette forme sont illustrées par Unvala (1929a, fig. 1 : a-b) et Mecquenem (1943-44, Pl. VI) (voir fig. 7), mais elles paraissent rares. La forme générale illustrée à la fig. 20, apparemment banale, est plutôt nouvelle à Suse et au Proche-Orient. À Suse, à l'époque médio-élamite par exemple, les sarcophages étaient des cuves profondes placées à l'envers sur le défunt. En Mésopotamie, le type à un petit côté droit, l'autre arrondi, dominait jusqu'à l'époque achéménide et même au-delà selon deux variantes : longs côtés parallèles, ou longs côtés plus larges vers la tête, comme l'attestent des dizaines d'exemplaires de Nippur (McCown, Haines, Hansen 1967, 119, Pls. 158 : E et 159 : E), de Sippar (Haerinck 1980a, Pls. 5 : 1 et 7 : 1-2) et de Babylone (Strommenger 1964, tableau fig. 1 et figs. 3-4). On notera que dans ces cuves assez courtes, le défunt était déposé en décubitus latéral fléchi, non allongé sur le dos. Ces mêmes sarcophages sont également attestés près de Persépolis, dans un cimetière des époques achéménide et post-achéménide où 24 des 31 sépultures ont révélé des sarcophages faits de deux parties, les couvercles étant en une ou deux pièces (Schmidt 1957, 117-122, figs. 86-88).

À Hamadan et à Kangavar, deux sites qui se trouvent sur la grande voie reliant la Mésopotamie centrale et le Plateau iranien, les sarcophages en pleine terre sont fréquents à l'époque parthe. À Hamadan, au lieu-dit Sang-i Shir, Azarnoush (1975, fig. à la p. 76-78 ; *id*. 1979 ; *id*. 1981, 87, n. 68) a reconnu trois types d'inhumations qui se succéderaient dans le temps : 1) défunt déposé en pleine terre en décubitus latéral, parfois en position très repliée, datant de la fin de l'époque achéménide ; 2) défunt allongé en pleine terre ou dans un sarcophage de forme simple ou anthropoïde, orienté NE-SO, la tête au SO, datant de la deuxième moitié du 2e siècle avant J.-C. et 3) défunt allongé (NE-SO, la tête étant au NE), déposé en pleine terre ou dans un sarcophage (deux cas contenant chacun deux squelettes) dont aucun n'est de forme anthropoïde, datant du 2e siècle avant J.-C. et plus tard, avec deux monnaies parthes. Il y a donc changement de la position du corps entre le 4e siècle et le 2e siècle avant J.-C., concomitance des sépultures en pleine terre et en sarcophage, et emploi très limité dans le temps de la forme anthropoïde. À Kangavar, selon le fouilleur S. Kambakhsh Fard, les plus anciennes tombes (entre 200 et les dernières décennies avant l'ère chrétienne) sont des fosses creusées dans le sol rocheux, tandis que l'usage du sarcophage est plus récent ; quant aux inhumations en jarres, elles ne sont pas datées à l'intérieur de la période parthe.

Les sarcophages de ce type, pourtant répandus en grand nombre sur beaucoup de sites, sont rarement datés avec précision, peu de mobilier leur étant associé. Les sarcophages aux deux extrémités arrondies sont attestés à l'époque parthe sur les mêmes sites que ceux avec un petit côté droit (Babylone : Reuther 1926, Pl. 62) ; Ur : Woolley 1962, 78-87) ; Nippur : McCown, Haines, Hansen 1967, 119, Pls. 158-159 ; Uruk : Boehmer, Pedde, Salje 1995, Pls. 214-217). On trouve également des sarcophages à côtés parallèles à Choche, site occupé à l'époque sassanide, mais où les inhumations pourraient être antérieures aux habitats (Venco Ricciardi 1968-69, 64-65, figs. 76-77 et 79). Pour le reste, il faut garder une fourchette chronologique large, de l'époque séleucide à l'époque parthe incluse, en particulier pour les sarcophages les plus simples aux deux extrémités arrondies, les longs côtés parallèles ou élargis vers la tête.

2.2.1a. *Sarcophages en baignoire profonde*

Ces formes sont exceptionnelles et datent probablement de l'époque parthe récente. L'exemplaire avec quatre anses se terminant en palmettes trouvé par J.M. Unvala (1929a, fig. à la p. 91) au sud-ouest de la Ville des Artisans est très probablement celui qu'illustre Mecquenem (1943-44, Pl. VI : 3) et qu'il date de l'époque séleucide (voir fig. 8). Unvala note qu'une poignée manque ; il pourrait s'agir de celle retrouvée plus tard dans les réserves du Musée de Suse. Un sarcophage identique a été trouvé par Ghirshman en VdA 2, dans la tombe à puits d'accès n° 37 (fig. 12 ; Pl. 4 : 1), avec trois autres sarcophages, deux ordinaires, peu profonds et aux extrémités arrondies, le troisième étant de forme anthropoïde. Les cuves profondes sont rares ; on les connaît en bronze à l'époque achéménide à Suse, dans la célèbre tombe de l'Acropole, mais aussi, avec un petit côté droit, aux époques néo-élamite, néo-assyrienne et néo-babylonienne, à Ur, à Arjan ainsi qu'à Ram Hormuz dans le Khuzestan et à Ziwiyeh dans le nord-ouest de l'Iran (Curtis 1983 ; *id.* 2008). Les mêmes sarcophages en terre cuite sont fréquents en Mésopotamie aux mêmes périodes (Curtis 2008, 168-169), plus rares à l'époque parthe (pour Assur, cf. Haller 1954, figs. 108 et 110).

2.2.2. *Sarcophages de forme anthropoïde*

S'ils ont un couvercle, celui-ci porte une représentation modelée d'une figure humaine qui est une particularité des tombes de Suse par leur nombre. Ils ne sont pas attestés sur les tells de l'Acropole, de l'Apadana et de la Ville Royale, mais ils sont nombreux à la Ville des Artisans (fouilles Ghirshman, voir nos fig. 22 et Pls. 1-6) et sur les deux Tépés Boulayah situés à environ 1 km au sud de Suse (Unvala 1929a, 134-138, fig. 1 : c et figs. 2-3 ; Mecquenem, Rapport de fouilles 1937, 13). Quelques exemplaires conservés dans les réserves du musée de Suse pourraient y avoir été trouvés, à moins qu'ils ne proviennent des fouilles Ghirshman (fig. 21 : c).

À propos des sarcophages, l'inventaire de R. Ghirshman suggère deux remarques. Parmi les 13 sarcophages anthropoïdes à couvercle figuratif qu'il décrit, la plupart, sinon tous, se trouvaient soit dans une simple fosse, soit dans une tombe à puits avec chambre creusée dans le sol naturel. Dans ce dernier cas, lorsqu'il y avait plusieurs sarcophages, un seul était de forme anthropoïde (A 12 et A 26). En revanche, on en trouve très rarement dans les caveaux voûtés (un seul sarcophage anthropoïde — avec ou sans couvercle décoré ? — est mentionné dans la Tombe n° 2) ; mais certains caveaux seulement contiennent des sarcophages. À partir de ces données on peut proposer, avec prudence, une chronologie relative des formes de sarcophages et des types de caveaux.

La tradition des couvercles avec visage humain rappelle celle, proche, des masques ou des bandeaux de bouche en or attestés sur plusieurs sites du Proche-Orient, notamment à Dura Europos (Toll 1946, 115 et Pls. XXXIV, XLI, XLVIII, XLIX) et à Bahrain (Lombard 1999, 194, n°s 310-313 ; voir aussi Curtis 1976 et 1995, avec de nombreuses comparaisons). Cette tradition est également attestée par la trouvaille fortuite récente d'un sarcophage en bronze dans la région de Khorramabad où la bouche et les yeux du défunt étaient couverts d'or (<http://www.payvand.com/news/05/may/1121.html>; <http://www.chn.ir/news/?Section=2&id=22041>); J. Curtis (1995) en conclut qu'au Proche-Orient les masques en or ont probablement trouvé leur inspiration dans les sarcophages anthropoïdes phéniciens des 5e-3e s. av. J-C. qui, eux-mêmes, dérivent des sarcophages égyptiens. Selon Curtis, les masques orientaux seraient à dater essentiellement des époques hellénistique et romano-parthe en Mésopotamie.

Comme l'avait reconnu Ghirshman, les sarcophages anthropoïdes trouvés hors d'Égypte sont avant tout d'inspiration phénicienne et datent de l'époque perse. On peut même aujourd'hui distinguer trois types se succédant dans le temps à l'intérieur de l'époque perse (Elayi 1988 ; sur la richesse et la diversité de ces sarcophages en marbre, basalte ou terre cuite, abondamment décorés, voir Frede 2000). Mais on ne peut pas retenir une date aussi haute pour ceux de Suse et, si Ghirshman expliquait leur grand nombre par la déportation de milliers d'Égyptiens par Cambyse, il admettait aussi que leurs descendants avaient maintenu cette tradition après l'époque perse. Par conséquent, il suggérait de dater ces sarcophages à partir du 3e siècle, conforté dans son hypothèse par certains objets trouvés dans les tombes à puits ; en effet, certains sont achéménides ou de tradition achéménide ou d'influence grecque ou même importés, donc d'époque séleucide (par ex. deux alabastra, l'un à fond arrondi, l'autre à fond plat, une figurine de cavalier, un bol *eggshell*).

En réalité, il est difficile de donner une fourchette chronologique précise pour ces sarcophages, car les tombes à puits ou à galeries qui en contenaient un grand nombre (voir types 4.1. et 4.2.) ont également livré des lampes et des céramiques à glaçure d'époque parthe (1er avant et 1er siècle après J.-C.). Suse est le site à l'est de l'Euphrate où les sarcophages de ce type sont les plus nombreux ; on rappellera cependant un couvercle égyptisant trouvé à Babylone — Ghirshman l'avait déjà signalé — les exemplaires de Hamadan, apparemment sans couvercle décoré et celui de Bactriane, sans couvercle et isolé dans une région très lointaine et daté des premiers siècles de notre ère, sans plus de précision (Grenet 1984, 105, Pl. XI : c).

Si les sarcophages anthropoïdes sont nombreux à Suse, ils étaient jusqu'à une date récente toujours en céramique avec ou sans glaçure. Il est donc intéressant de signaler les rares cuves en pierre, peu profondes et de forme anthropoïde, découvertes près de Suse. Cela nous conduit à introduire un sous-type supplémentaire qui n'était pas encore attesté à Suse sauf, peut-être, par un fragment représentant une tête humaine trouvé au nord des tépés à l'époque de J. de Morgan.

2.2.2a. *Sarcophages de forme anthropoïde en pierre* [14]

Un exemplaire a été trouvé en 1988 au sud de Suse, sans couvercle et vide ; il fut déposé au Musée de Suse par Mirabbedin Kaboli, alors en charge des fouilles préventives du site pour l'ICHHTO. Faut-il le rapprocher de la pièce en grès, trouvée par J. de Morgan en 1907 « à 800 m au nord de l'Apadana » (Unvala 1929a, 140 et fig. 4) ? Unvala pensait reconnaître dans ce fragment la représentation d'une figure humaine qui occupait la partie centrale d'un couvercle anthropoïde.

En 1995, M. Rahbar, alors en charge du projet de restauration et de réorganisation du site de Suse, fut informé que des fouilles clandestines avaient lieu au sud-est des collines de Suse, au lieu-dit Hossein-Abad ; cette butte est située à quelques 800 mètres du Donjon et à peu de distance de l'usine d'asphalte de la Mairie [15]. Lors de sa visite, il a reconnu la moitié d'un sarcophage en pierre, mais une forte pente (d'ouest en est), créée par les alluvions et les fouilles illégales, avait gravement perturbé la zone en question.

Avec l'autorisation de l'Organisation du Patrimoine Culturel, un sondage de contrôle de 10 x 5 m fut ouvert ; il sera étendu par la suite. Les niveaux archéologiques étaient relativement perturbés ; on y trouvait des tessons islamiques, avec ou sans glaçure, mélangés à des fragments plus anciens.

À 2,20 m sous la surface apparut le sommet d'un mur de briques cuites probablement élamite (37 x 37 x 7 cm). Les niveaux inférieurs étaient relativement intacts et le sondage s'est poursuivi jusqu'à 3,30 m de profondeur. C'est à ce niveau qu'ont été découverts deux sarcophages en grès distants de 2,50 m (figs. 23-24). Si le mur rencontré plus haut est bien de l'époque élamite, cela pourrait signifier que les sarcophages étaient profondément enterrés, comme dans les tombes à puits de la Ville des Artisans.

La pierre de ces sarcophages ne provient pas de la région de Suse ; l'origine la plus proche est celle de Shushtar où le grès local forme un substrat dans lequel des aménagements souterrains ont été réalisés depuis

---

[14] Informations communiquées par Mehdi Rahbar, membre de l'Organisation nationale du patrimoine culturel de l'Iran, de l'artisanat et du tourisme (ICHHTO). Nous le remercions vivement de nous avoir généreusement transmis texte, dessins et photographies de ces découvertes très originales de Suse.

[15] On notera la proximité de ce lieu-dit avec Tépé Boulaya exploré à deux reprises sous la direction de Mecquenem en 1928 et 1937. À chaque fois, des sarcophages anthropoïdes, mais en terre cuite, y avaient été découverts.

l'Antiquité et où il fut largement employé dans les constructions ; il est facile à tailler et à sculpter, mais il est fragile et cassant. Il faut donc admettre que les sarcophages ont été réalisés à Suse dans des blocs importés.

Fig. 23. Deux sarcophages anthropoïdes en pierre découverts à 1 km au sud du site de Suse. Fouille de sauvetage de M. Rahbar, 1995.

Fig. 24. Détail des deux sarcophages de la fig. 23, distants de 2,50 m l'un de l'autre.

Fig. 25. Détail du sarcophage situé au premier plan des figs. 23 et 24, entouré de son muret de briques cuites.

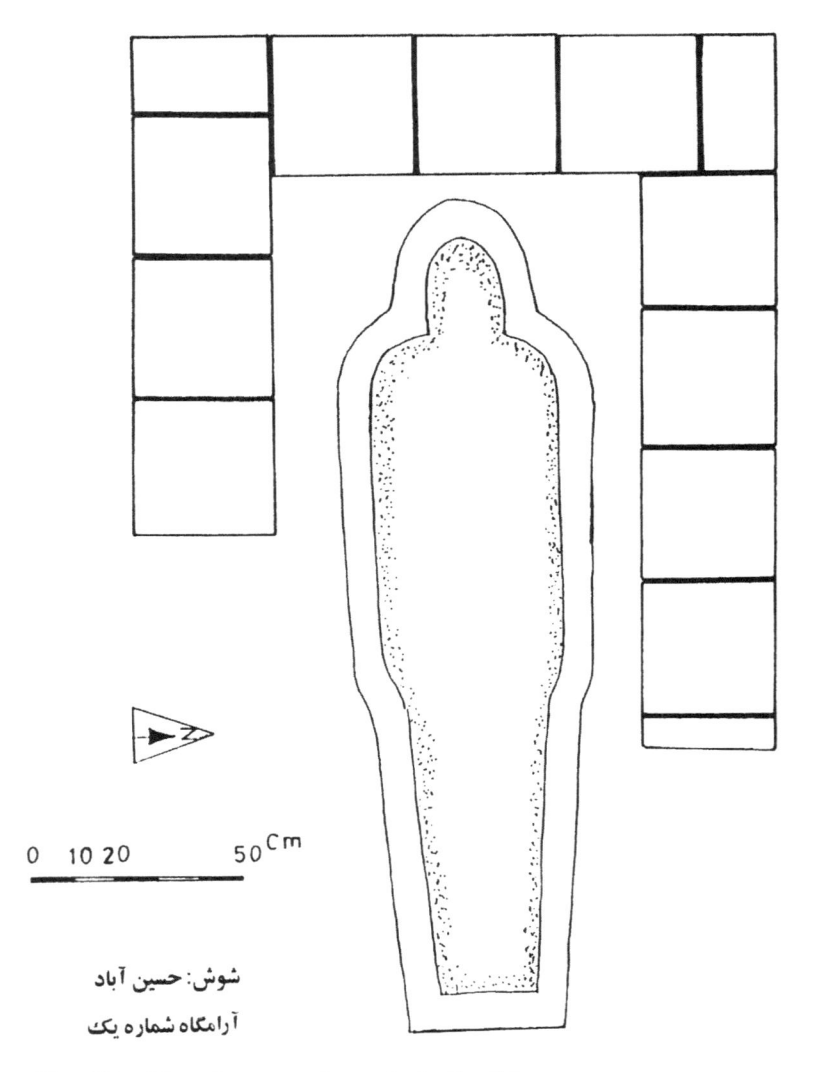

Fig. 26. Plan du sarcophage de la fig. 25.

La longueur du sarcophage sud (n° 1) est de 2,18 m. La largeur atteint 0,73 m au niveau des épaules, 0,63 m à hauteur des mains et 0,43 m seulement vers les pieds ; sa hauteur maximale est de 0,38 m et l'épaisseur du fond de 0,10 à 0,12 m (figs. 25-26).

La partie supérieure du couvercle (0,83 m de long et 0,63 m de large) gisait à côté du sarcophage. La face extérieure est polie alors que l'intérieur, concave, est seulement dégrossi. La partie inférieure n'a pas été retrouvée.

Les restes d'un muret de briques cuites construit sur trois côtés du sarcophage montrent que ce dernier était déposé dans un caveau aux dimensions à peine plus importantes que le sarcophage. Trois assises sont conservées, mais les fragments de briques trouvés aux alentours attestent que ces murets avaient une certaine hauteur à l'origine. Aucune trace d'une éventuelle couverture n'a été reconnue [16]. Les briques mesurent 32 x 32 x 8 cm et portent, dans un cadre de 8 x 6 cm, l'empreinte d'un lion passant à gauche.

Ce sarcophage était vide ; on signale tout au plus quelques tessons et des fragments d'un alabastron en albâtre à proximité.

Le sarcophage n° 2 (fig. 23 à l'arrière-plan) a des dimensions presque identiques : 2,27 m de long, 0,75 m de large au niveau des épaules et 0,26 à 0,28 m pour la hauteur. La forme carrée de l'emplacement de la tête est la seule différence par rapport au sarcophage n° 1. Aucune trace de couvercle ou de muret en briques n'est signalée. Ce sarcophage était également vide.

Le sarcophage découvert en 1988 par Kaboli montre des ressemblances avec le sarcophage n° 1 : même forme et dimensions semblables. Selon l'inventeur, il était également vide, mais il reposait sur un petit pavement de briques cuites portant, elles aussi, l'estampille au motif du lion passant.

Ces briques estampillées fournissent un indice pour la datation des tombes de Kaboli et de Rahbar. Le même format et la même estampille sont attestés sur des briques en place dans le Palais du Chaour et peut-être dans le mur occidental du Palais de Darius (Hesse 1973). Mais les briques achéménides étant en remploi dans ces tombes, les sarcophages sont très probablement postérieurs à l'abandon des palais. Les fragments d'un alabastron d'origine égyptienne à côté du sarcophage n° 1 nous orientent également vers une date post-achéménide.

Les sarcophages anthropomorphes, d'origine égyptienne, étaient répandus au Proche Orient avant l'époque achéménide, on l'a déjà signalé, mais la date de leur apparition en Iran est indéterminée ; en revanche, ils étaient utilisés en Mésopotamie et à Suse jusqu'au milieu de la période parthe. Selon M. Rahbar, les sarcophages en pierre de Suse pourraient remonter à l'époque perse ou peu après ; il note cependant qu'ils sont très différents de la cuve en bronze de la tombe princière de l'Acropole. Parmi d'autres tombes achéménides récemment découvertes, l'auteur mentionne celles du cimetière de Do-Saran à Zandjan, creusées dans le conglomérat naturel (Rahbar 2000, 20-27). Si les sarcophages en pierre de Suse étaient d'une période proche de l'époque achéménide, on notera qu'il existait à cette époque une réelle diversité dans la forme des tombes et des contenants des corps.

Nous ne souscrivons pas à la datation haute que propose M. Rahbar, datation fondée sur l'hypothèse d'une diffusion des sarcophages anthropoïdes à Suse dès le début de l'époque achéménide, sur l'emploi de briques estampillées achéménides — manifestement en remploi — et sur la présence d'un alabastron qui a pu être fabriqué bien après l'époque achéménide ou réutilisé à cette période. Nous préférons dater ces sarcophages en pierre de la même période que les exemplaires en terre cuite : au cours des deux ou trois derniers siècles avant notre ère. Au demeurant, ils restent exceptionnels.

2.2.3. *Sarcophages-pantoufles*

Si l'on s'en tient aux rapports publiés, ils sont presque absents à Suse. Un seul cas est connu : quelques « sarcophages à glaçure en forme de sabot » sont signalés par Mecquenem (1943, 64) au centre de la Ville Royale ;

---

[16] Même si ces sarcophages étaient enterrés, ils n'étaient pas forcément dans un caveau voûté.

il n'en existe aucune illustration, mais au moins trois couvercles sont conservés dans les réserves du Musée de Suse, sans que l'on en connaisse la provenance. Ce sont des plaques ovales de section convexe (env. 50 cm de longueur et 6 cm d'épaisseur), sans glaçure ; la terre, grossière, contient beaucoup de paille et elle est peu cuite (fig. 27). On notera que Ghirshman n'en mentionne pas dans ses fouilles de la Ville des Artisans. Rares à Suse, ils sont en revanche bien attestés en Mésopotamie. W.K. Loftus (1857, 203-205 ; voir aussi Curtis 1979, Pls. 1-2) a trouvé de très beaux exemplaires à Uruk, avec ou sans glaçure et abondamment décorés de motifs figuratifs sur le couvercle. Dans les fouilles plus récentes, ces sarcophages sont attestés dans le niveau parthe le plus récent (Schicht I : Finkbeiner 1982, 162 et fig. 1 : a ; localisation Finkbeiner 1992, fig. 4). Dans l'ensemble, Uruk est certainement le site qui offre la plus belle collection de sarcophages-pantoufles, aussi bien en quantité qu'en variété. Mais le mobilier funéraire est absent dans beaucoup de cas ou réduit à quelques objets placés à l'extérieur, vers les pieds (Boehmer, Pedde, Salje 1995, 160-190, Pls. 233-259). Ces sarcophages sont utilisés en même temps que les tombes en briques cuites et les tombes en jarre. À Uruk, ce type d'inhumation est daté des 1er et 2e siècles de notre ère. Dans certains cas, les tombes ont été trouvées sous les maisons, dans d'autres, elles formaient des groupes de plusieurs unités, mais on ne peut pas parler de nécropoles.

Dans la même région, le sarcophage-pantoufle est attesté à Nippur (McCown, Haines, Biggs 1978, 53, Pl. 57 : 6 et Pls. 75-76) ; sur 61 exemplaires de l'époque parthe, 8 étaient recouverts d'une glaçure. À Babylone, ils ne paraissent pas nombreux ; un seul est mentionné parmi les sépultures attribuées à l'époque séleuco-parthe par O. Reuther (1926, 249-265, Pl. 87 : D) qui doit toutefois être daté entre 100 avant J.-C. et le 2e siècle de notre ère ; ce sarcophage serait alors contemporain des sarcophages anthropoïdes (Strommenger 1964, fig. 4 : 5). À Séleucie

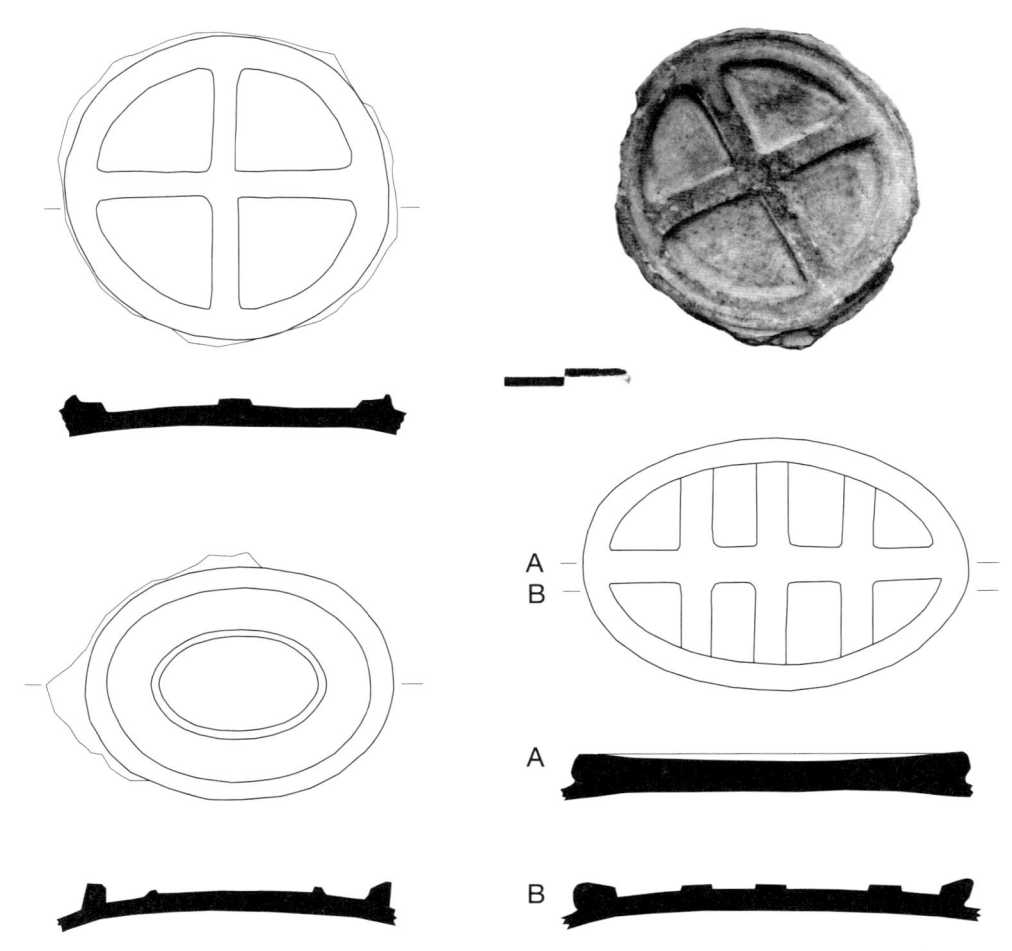

Fig. 27. Couvercles de « sarcophages-pantoufles » en terre cuite, sans glaçure. Ces couvercles ont un diamètre d'au moins 30 à 50 cm et se posaient sur l'ouverture du sarcophage après l'introduction du corps. Suse, provenance inconnue (Réserves du Musée de Suse, dessins R. Boucharlat 1978, inédits).

du Tigre, un exemplaire en terre mal cuite, sans glaçure, est grossièrement décoré d'un motif de chaîne en relief (Invernizzi 1967, 22-23 et fig. 11). Dans un autre secteur du site, on trouve deux formes en pantoufle parmi onze sarcophages ; dans certains cas, la partie vers la tête est particulièrement large. Ils sont datés entre le 1er siècle et le début du 3e siècle après J.-C. (Messina 2006, figs. 166-170).

Sur tous les sites, le mobilier associé aux sarcophages est pauvre ; un ou deux vases sont parfois placés à l'intérieur ou à côté de la cuve, mais le plus souvent, rien n'est signalé. Tous les sarcophages parthes dont la longueur est égale ou supérieure à 150 cm sont supposés abriter un corps en position allongée. En Mésopotamie, cette coutume diffère de celle des périodes antérieures, où les inhumations en jarres, en doubles jarres ou en sarcophages-baignoires renversés, de faible longueur, imposaient de déposer le corps en position fléchie. Ce changement intervient à Uruk au début de l'époque parthe (Finkbeiner 1982, 162). D. Potts (2006) propose d'y voir un changement notable dans les pratiques funéraires, qui serait dû à l'arrivée de nouvelles populations au cours de l'occupation parthe en Mésopotamie. Potts observe aussi qu'à cette époque Suse avait déjà adopté la position allongée ; rappelons qu'elle est déjà attestée dans la célèbre tombe achéménide, alors qu'elle est fléchie à l'époque néo-élamite et dans la Mésopotamie contemporaine. Changement donc en Mésopotamie entre le milieu du 1er millénaire avant J.-C. et un temps non défini à l'intérieur des époques séleucide ou parthe, mais on ne voit pas quelle signification particulière lui donner.

Type 3. Caveaux de surface ou semi-enterrés

Sur la base des brèves descriptions de Mecquenem, Unvala et Ghirshman, on peut décrire ces caveaux de la manière suivante : ils sont installés dans une fosse creusée depuis la surface dont les parois sont verticales, parfois construites, mais on ne sait pas dans quelles proportions ; le sommet est ensuite fermé par des lits de briques crues posées à plat. Dans quelques exemples, l'ensemble est surmonté d'une voûte en briques cuites, sans que nous en connaissions les détails (fig. 28). L'un de ces caveaux a été fouillé par Unvala, sur la Ville des Artisans, près du

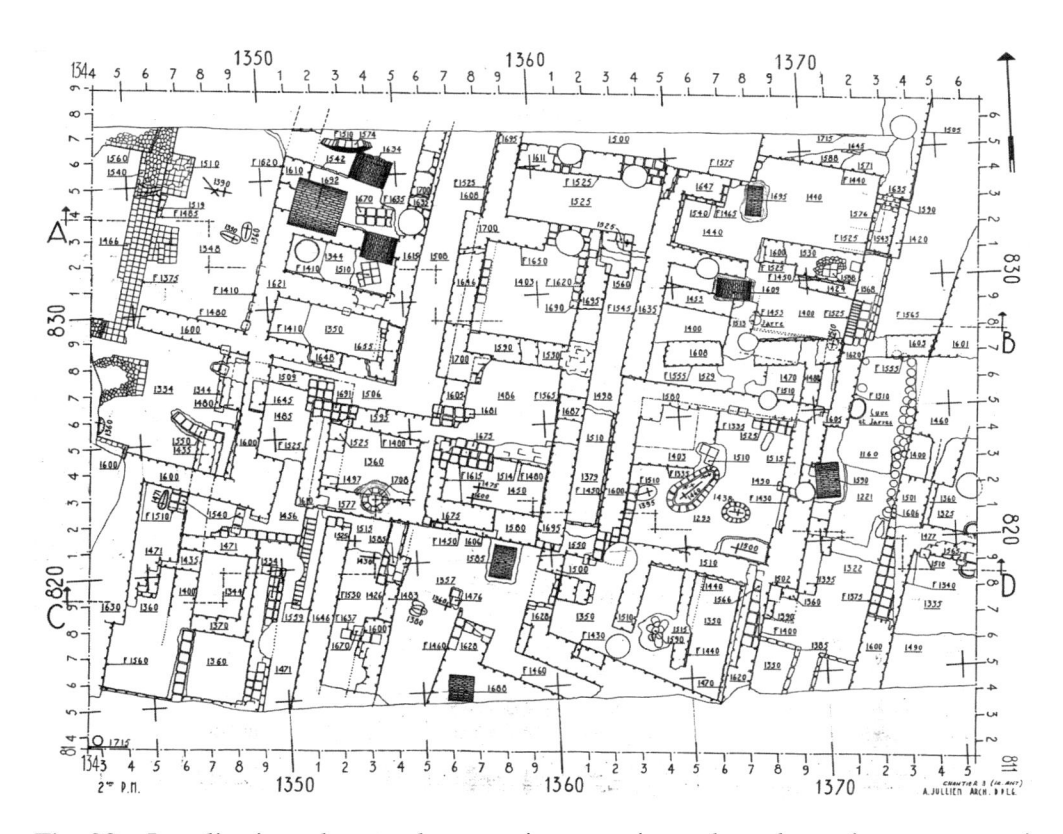

Fig. 28. Localisation des tombes semi-souterraines dont la voûte se trouvait probablement au-dessus du sol (type 3.). Chantier VdA 1, « Nécropole parthe ». Fouilles Ghirshman 1947.

futur Chantier VdA 1 de Ghirshman et non loin de l'emplacement de la future mosquée de Suse (cf. fig. 1). Il était érigé sur une plateforme en briques crues (enterrée ?) sur laquelle murs et voûte étaient soigneusement montés en briques cuites, formant une chambre de 3,55 x 2,70 m, haute de 1,50 m, apparemment pourvue d'une chambre annexe, et non d'un dromos, car l'entrée a été reconnue ailleurs. L'ensemble était entouré par un mur en briques crues. Selon la description générale et du fait de l'absence de mention d'un escalier, il faut comprendre que tout ou une partie au moins du caveau était au-dessus du sol environnant. À l'intérieur, deux longs compartiments (3,55 x 0,64 m) occupaient toute la longueur des murs latéraux ; le sol de ceux-ci, en briques cuites, était couvert d'ossements. Plus haut dans le remplissage de terre, deux squelettes étaient en position allongée, l'un près de l'autre. Le matériel comprend de la céramique seulement, trouvée dans la partie haute du remplissage de terre : « a fine Partho-Roman pottery » et « fragments of Partho-Roman and Sasanian pottery » (Unvala 1928, 89-90). Ces caveaux ne sont attestés que sur la Ville des Artisans.

Les « tombes construites en briques crues avec parfois une voûte en briques cuites » mentionnées par Ghirshman (Journal 10 janvier 1949) semblent être de ce type, mais elles sont apparemment de construction beaucoup moins soignée que la tombe décrite par Unvala. Ghirshman indique également que la voûte en briques cuites qui surmontait la fermeture du caveau (un lit horizontal de briques crues) devait s'élever au dessus du niveau du sol (Ghirshman 1948, 330-331 ; 1949, 197). Cette voûte marquait ainsi l'emplacement de la tombe. Les caveaux de ce type sont, selon Ghirshman (Journal 24 janvier 1949), postérieurs aux tombes à puits et aux tombes à galerie, qu'ils recoupent parfois (Journal 2 janvier 1952), mais antérieurs aux grandes tombes voûtées. Par ailleurs, il note la présence de monnaies — émissions dites des Villes libres — datant du 1er siècle avant J.-C. (Journal 21 janvier 1949).

Ce type de caveaux proches de la surface est attesté par deux autres caveaux fouillés à Gelālak, une des nécropoles proches de Shushtar, à quelque 60 km à l'est de Suse. Les caveaux de Gelālak sont en briques cuites ; ils étaient probablement voûtés, accessibles de plain-pied, donc entièrement hors terre ; c'est ce que démontre, outre l'absence d'escalier, le décor de colonnettes engagées en stuc de part et d'autre de l'entrée. M. Rahbar (1997, figs. 24-25 ; 1999, 93) date ces tombes des 2e et 3e siècles de notre ère à cause de la présence de monnaies élyméennes ; à l'inverse de Ghirshman, Rahbar considère que ces tombes sont postérieures aux tombes souterraines, construites et voûtées.

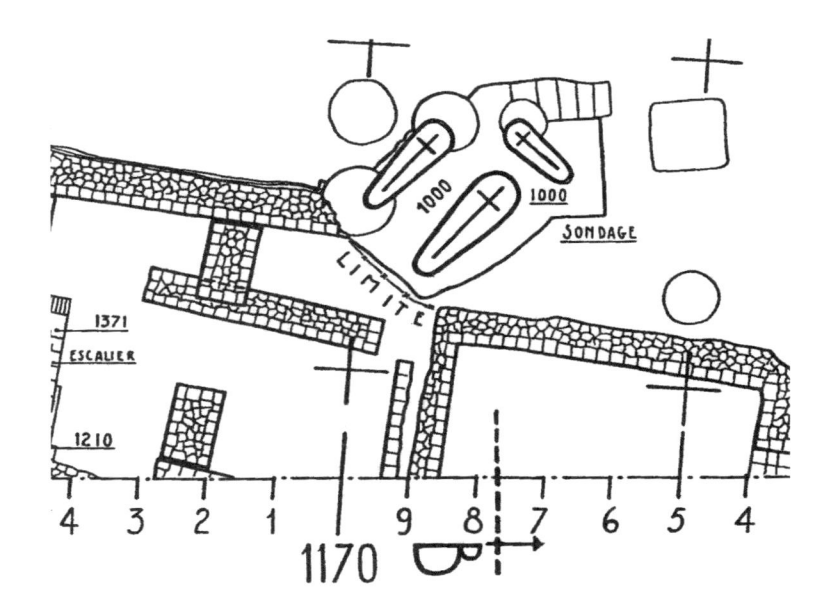

Fig. 29. Tombe non construite, mais à petit escalier d'accès ; tombe probablement peu profonde, située en bordure du tell en VdA 2 (extrait du plan de VdA 2 = Chantier 12).

Type 4. Chambres souterraines
4.1. *Tombes à puits d'accès*

À la Ville Royale, le puits d'accès est circulaire, parfois construit en briques. Il donne sur une chambre située soit au fond du puits, soit décalée latéralement ; celle-ci est creusée dans les couches archéologiques, sans parois construites. Les inhumations sont dans des jarres ou dans des sarcophages. Il est possible que ce type de tombes ait été mis au jour par M. Dieulafoy dans les ruines de l'enceinte achéménide de la Ville Royale (cf. fig. 2).

À la Ville des Artisans, le puits est le plus souvent carré, marqué en surface par un muret formant enclos (dimensions non données). Il donne accès soit à un espace de petites dimensions couvert de briques cuites au-dessus d'un sarcophage — principalement en VdA 1 (cf. figs. 12-13) — soit, à partir d'un escalier (fig. 29), à une ou plusieurs chambres (ou *loculi*) taillées dans le sol vierge, dans lesquelles seront placés des sarcophages subrectangulaires, plus larges vers la tête et aux petits côtés arrondis (type 2.2.1., cf. figs. 20-21) ou encore de forme anthropoïde, avec ou sans couvercle anthropoïde (cf. fig. 22 et Pls. 1-5). Ces derniers sont décrits dans l'inventaire de Ghirshman ci-dessus. À en juger par les plans publiés ou inédits de R. Ghirshman, ces tombes, parfois individuelles, mais plus souvent à inhumations multiples, sont nombreuses à la Ville des Artisans, mais il est en général impossible de les situer en stratigraphie, l'ouverture du puits d'accès ayant le plus souvent disparu.

Ces tombes posent un problème d'utilisation. À lire le Journal de fouilles de R. Ghirshman (en particulier ceux du 26 février 1949 et du 15 décembre 1949) et quelques passages assez elliptiques de ses publications, il semblerait qu'après la première inhumation au fond du puits, ou dans une chambre creusée au fond de celui-ci, on ait longuement utilisé le même emplacement, soit en recreusant à l'intérieur de l'enclos pour atteindre le sarcophage et y déposer un nouveau défunt, soit en déposant autour de l'ouverture du puits un nouveau défunt. Dans la durée, le niveau du sol monte à l'intérieur, comme à l'extérieur de l'enclos, nécessitant la surélévation du muret dont les nouvelles assises ne correspondent pas toujours avec les plus anciennes, ou même sont séparées de celles-ci par une couche de terre. La série de murets superposés d'un même enclos peut ainsi atteindre 4 m de hauteur. Est-ce à ces réutilisations que le fouilleur fait allusion en écrivant que « chacune d'elles comprenait en surface — *et ceci s'est répété sur trois niveaux superposés* (nos italiques) — une sorte d'enclos en briques crues d'où partait un puits ou un escalier » (Ghirshman 1950, 236) ? Les notes de Ghirshman précisent parfois que ce sont des jarres contenant des enfants qui sont ainsi ajoutées. Dans ce dernier cas, ce serait la pratique la plus habituelle pour les enfants. Lorsqu'il y a aussi des sépultures d'adultes en sarcophage, cela pourrait signifier que le premier défunt était le fondateur du tombeau familial. Ce type de tombe mériterait un examen plus approfondi, d'autant plus qu'il pose un problème de chronologie ; Ghirshman y voyait un type ancien, séleucide, à cause du départ de l'enclos à partir de couches profondes, mais aussi à cause de la présence dans plusieurs d'entre elles de couvercles anthropoïdes. On l'a vu, la datation de ce type de couvercle est large, dès l'époque séleucide peut-être, mais elle couvre très probablement une bonne partie de l'époque parthe, mais pas les deux derniers siècles de celle-ci. Toutefois un examen superficiel du mobilier trouvé à l'intérieur de certaines de ces tombes indiquerait une très longue période d'utilisation, de la période séleucide (inscription grecque, statuaire, monnaies, alabastrons) à la période parthe récente incluse, longue occupation dont témoignerait également les multiples reconstructions des enclos. La présence d'objets d'époque parthe récente dans certaines de ces tombes est incontestable, mais en l'absence de données quantitatives nous proposons de ne pas maintenir la construction de ce type jusqu'à une période aussi tardive, mais d'y voir des réutilisations occasionnelles.

4.2. *Tombes à galerie*

D'après les observations de Ghirshman, ces tombes seraient creusées à partir du flanc occidental du tell des Artisans. La galerie, souvent obstruée, est à peu près horizontale, non rectiligne, et conduit à une ou plusieurs chambres, sans forme particulière, taillées dans le substrat naturel. Aucune documentation graphique ou photographique n'est disponible. Le mobilier signalé comprend notamment des amphores importées du monde grec — dont une porte un timbre (Monsieur *et al.* 2011) — et des objets de diverses périodes, parthe incluse. Selon Ghirshman (1949, 196), ces tombes sont les plus anciennes du secteur.

On rattacherait à ce type les « Tombes TC » de Ghirshman « tombes dont l'entrée est construite et les chambres funéraires creusées dans le sol vierge » (Journal, 10 janvier 1949). L'entrée se faisait par un escalier (dont les marches étaient taillées dans le sol) couvert par de petites voûtes successives en briques.

4.3. *Tombes construites, voûtées, à escalier d'accès* (Tombes TV de Ghirshman)

Cinq des six grandes tombes présentées ici (la n° 2 est taillée dans le sol dur, sans revêtement de briques) appartiennent à ce type (voir le Chapitre 4 pour la description et nos commentaires aux pp. 61 sq. et sur les Pl. 6 sq.). Un escalier couvert par une série de petites voûtes, long d'une dizaine de marches donne accès, à 4 m de profondeur environ, à une chambre également voûtée, rarement plusieurs chambres. La chambre comporte en général une banquette sur trois côtés, ou une sorte de compartiment surélevé. Dans plusieurs de ces chambres et sur chaque banquette, un squelette était déposé en connexion anatomique dans un sarcophage ou directement sur la banquette, les ossements plus anciens étant repoussés aux extrémités ; on trouve les deux variantes dans les six grandes tombes. Dans tous les cas, le mobilier est déposé sur les banquettes et plus rarement aussi sur le sol de la chambre.

La présence de chambres avec et sans sarcophage était pour Ghirshman un élément pertinent pour distinguer des pratiques funéraires différentes et établir une chronologie relative ; il considérait que les plus récentes étaient celles qui n'avaient pas de sarcophage. Par ailleurs, Ghirshman a pensé un temps que la présence d'ossements sans ordre était peut-être un indice de l'introduction de pratiques zoroastriennes.

3.2. Pratiques funéraires

Aucun indice certain d'inhumation secondaire et a fortiori de pratique de décharnement intentionnel ne peut être relevé dans les sépultures susiennes des époques post-achéménides. Lorsqu'on signale des ossements sans ordre d'un ou plusieurs individus, rien ne permet d'y voir autre chose que ce que l'on observe habituellement dans les caveaux à inhumations multiples où il fallait libérer une place pour un nouveau défunt. Les os repoussés occupent d'ailleurs rarement un emplacement spécifique comme ce caisson attesté dans l'angle d'un caveau de Suse et à Saleh Davud, à l'est d'Iwan-e-Karkheh (Rahbar 2007, 468, figs. 17-18) ; ils se trouvent toujours dans un secteur inoccupé du sol ou d'une banquette ou encore dans un récipient utilisé à cette fin. Dans ce dernier cas, on pourrait parler d'ossuaire.

Parce que Suse est situé sur le territoire de l'Iran actuel, nombre d'auteurs, dont R. Ghirshman, ont été tentés de retrouver des pratiques mazdéennes dans certaines tombes à partir de l'époque parthe. On a vu que Ghirshman a changé ses interprétations ; il pensait d'abord pouvoir identifier cette pratique dans certaines tombes à escalier où, le plus souvent, un mort était déposé sur la banquette du fond, parfois dans un sarcophage, mais de moins en moins souvent au fil du temps, écrit-il. En revanche, les ossements sans ordre appartenant à un ou plus fréquemment à plusieurs individus se trouvaient sur les banquettes latérales ou dans les sarcophages posés sur celles-ci. Plus tard, Ghirshman reconnaîtra dans ce processus une utilisation très ordinaire d'un caveau de famille ; il aurait pu les comparer aux caveaux voûtés à inhumations multiples des époques médio- et néo-élamite que Mecquenem a fouillés par dizaines à Suse (Mecquenem 1943, fig. 44).

À notre avis, c'est cette interprétation qu'il faut retenir. Ajoutons que s'il y avait eu des pratiques funéraires conformes aux prescriptions mazdéennes à Suse à l'époque parthe, on aurait retrouvé les os de chaque défunt soigneusement réunis dans un espace déterminé et protégé. C'est le principe de *l'astodan*, ostothèque, dont l'Asie centrale offre des centaines d'exemples, sinon des milliers. Il est vrai que quelques exemples de décharnement dans des locaux fermés sont attestés en Asie centrale, mais ces locaux contiennent aussi les *astodans*, les récipients eux-mêmes (Grenet 1984, 229-230) ; de plus, pourquoi faudrait-il admettre que toutes les populations de ces régions centre-asiatiques sont mazdéennes et que tous les individus auraient respecté les prescriptions religieuses à la lettre, comme le rappelle R.N. Frye (1995) ?

On l'a déjà signalé, on trouve apparemment la pratique de la collecte des ossements beaucoup plus près de Suse que de l'Asie centrale, dans la région de Bushir (Rahbar 2007 ; Simpson 2007). Mais il n'est pas sûr qu'on puisse identifier en ce lieu des fosses temporaires pour le décharnement, car cette opération ne se serait pas déroulée en plein air, comme le recommandent les prescriptions mazdéennes du *Dadestan-e denik* ; cet ouvrage rédigé, rappelons-le, après l'époque sassanide, prescrit un lieu en plein air, sec, élevé, loin des habitats, de l'eau et des cultures. En revanche, il est probable que nombre de jarres ont reçu des ossements, non des corps, jouant le rôle d'ostothèques *astodan* (Simpson 2007, 154-156). Bien plus, des cuves quadrangulaires en pierre, dont un des petits côtés est arrondi et qui sont munies d'un couvercle, ont été trouvées dans le même secteur ; elles contenaient des ossements humains. La fonction de ces cuves comme ostothèque est difficilement contestable, du fait de leurs faibles dimensions : 60 cm de longueur au maximum, 36 cm de largeur pour le plus grand, mais le plus souvent 50 x 30 x 25 cm (Mir Fattah 1995, figs. 25-27). Des cuves semblables ont été signalées dès le 19e siècle, comme le rappelle Simpson (2007, 156 et fig. 142). Lorsque leurs inventeurs donnent quelques détails, ils précisent que certaines de ces cuves se trouvaient « sous une voûte », ce qui évoque immanquablement un caveau. En revanche, cela ne semble pas être le cas pour les cuves plus récemment découvertes (Mir Fattah 1995). Quoi qu'il en soit, rien de tel n'a jamais été trouvé à Suse.

En résumé, rien ne permet de parler de pratiques funéraires de type mazdéen à Suse ; la présence de mobilier funéraire serait d'ailleurs peu compatible avec les prescriptions de cette religion. S'il est logique de trouver des lampes à huile dans les caveaux pour y voir clair, la présence de gourdes de pèlerins dans des caveaux et dans d'autres types de tombes est difficile à expliquer, de même que celle des bols, coupes et cruches. Ces récipients sont soit destinés au mort pour son voyage vers l'au-delà, soit utilisés par les proches pour un repas funéraire. Dans la première hypothèse, cette pratique et la croyance correspondante n'ont rien de mazdéen, même si le don d'offrandes périssables est attesté en Asie centrale (Grenet 1984, 38-39), mais cette observation ne prouve pas que les tombes concernées soient conformes aux prescriptions mazdéennes. La seconde hypothèse, celle d'objets utilisés par les proches, ne s'accorde pas non plus avec les pratiques mazdéennes, car les rassemblements et les prières n'ont pas lieu sur le lieu du décharnement, mais ailleurs, souvent dans des locaux spécifiques éloignés du lieu de dépôt des ossements, comme en témoignaient encore récemment les installations des parsis modernes de Yazd ou de Téhéran.

Rappelons qu'aucune étude anthropologique n'a été effectuée sur les squelettes des tombes de Suse. Le processus de décomposition n'a pas été analysé et la disposition des ossements n'est pas décrite ; au mieux, le nombre d'individus a été déterminé.

3.3. Lieux d'inhumation

À l'époque élamite, les caveaux et les autres tombes sont attestés sous les maisons, mais à Suse, cette pratique ne peut pas être vérifiée du fait de l'imprécision des rapports de fouilles de Mecquenem, en dépit de la fouille de centaines de tombes. La même situation vaut pour le 1er millénaire avant J.-C., mais les données sont très imprécises pour l'époque néo-élamite (voir cependant Miroschedji 1981) et elles sont totalement absentes pour l'époque achéménide. On sait que la riche tombe princière achéménide de l'Acropole — avec son sarcophage en bronze déposé dans un caveau — et un autre sarcophage semblable trouvé à côté sont les seules sépultures achéménides attestées à Suse. On ne sait rien de leurs contextes car l'imprécision des rapports de fouille et la présence de la muraille achéménide toute proche ne permettent pas de préciser si ce secteur était habité à cette époque.

La Ville des Artisans dans son ensemble est très faiblement habitée à l'époque parthe, peu habitée également à l'époque séleucide, mais il faut rappeler l'existence du « Village perse-achéménide » et signaler celle d'une maison « hellénistique » aux murs peints, située sur la bordure sud-ouest du tell (Chantier VdA 9) ; on ignore si elle était isolée ou faisait partie d'un ensemble plus large (niveau 4). Cette maison était traversée par des tombes (niveau 3), dont la TV 5, et recouvrait d'autres tombes (niveau 5), dont la TV 6, comme l'indique R. Ghirshman dans son Journal de fouilles (1951-52, 7-9). On peut faire la même observation pour le secteur VdA 2 (Village perse-achéménide) occupé après l'époque achéménide (Ghirshman 1954a ; Stronach 1974). On a l'impression que ce tell était une zone peu habitée avant les grandes constructions (figs. 11 et 12) dont la plupart sont manifestement postérieures ; elle était dédiée aux nécropoles à partir de l'époque séleucide et surtout à l'époque parthe, auxquelles sont sans doute associés très tôt des ateliers d'artisans qui produisaient les objets des dépôts funéraires (poteries, figurines sans doute et, plus tard, vases en verre). Cependant, les murs du niveau architectural inférieur sont parfois coupés par des tombes. Il est difficile de dire s'il y a alternance de périodes de constructions, domestiques ou artisanales, et de périodes de tombes, ou au contraire contemporanéité, ce qui suppose l'aménagement de tombes soit dans les espaces découverts entre des constructions alors occupées, soit sous les maisons en cours d'utilisation. Cette dernière pratique est encore répandue en Mésopotamie à cette époque, même si elle n'est pas généralisée.

Pour les autres quartiers de Suse, nous disposons de quelques indications : à la Ville Royale, les rapports, quoique très imprécis, des grandes fouilles de Mecquenem mentionnent essentiellement des tombes en jarres pour des enfants, beaucoup moins de sarcophages. Sur l'Apadana, les fouilles plus récentes de J. Perrot ont mis au jour 22 tombes en jarres contenant des enfants et seulement 3 tombes d'adultes en pleine terre. Elles datent pour la plupart du 1er s. de notre ère, période qui pourrait correspondre à un abandon partiel de ce secteur. Cependant, certaines tombes d'enfant sont peut-être contemporaines d'habitats, ce qui signifierait qu'ils étaient enterrés sous le sol des salles ou sous celui de la cour (Boucharlat *et al.* 1987, 172-174, 231, fig. 52) [17]. À l'emplacement du Palais du Chaour, partiellement en ruine dès l'époque séleucide, les cinq tombes de l'époque parthe — dont deux enfants dans des jarres — et celle de l'époque sassanide (3e siècle) semblent avoir été creusées dans un secteur alors abandonné (Labrousse et Boucharlat 1974, 66-67, 75, figs. 26-27).

Ainsi, l'époque post-achéménide serait caractérisée par une nouvelle tradition à Suse, celle de séparer le monde des morts de celui des vivants. On n'enterrerait plus sous les maisons, sauf parfois les enfants (Steve, Vallat, Gasche 2002-03, 558). C'est un nouvel usage qui se répand dans le monde oriental sans être généralisé pour autant. À Séleucie du Tigre les deux coutumes sont attestées simultanément jusqu'à la fin de l'occupation du site, vers 230 de notre ère (Yeivin 1933, 37-38 ; Messina 2006, 144-147). De même, à Uruk la pratique des inhumations sous les maisons perdure, mais elle n'est pas systématique semble-t-il (Gasche 1996, 41, n. 21). Dans plusieurs niveaux récents du secteur U/V 18, certainement encore pendant l'époque parthe tardive, les tombes — dont les plus récentes, en sarcophages-pantoufles — sont installées sous les maisons ; les plans montrent en effet que ces tombes en respectent les murs (Finkbeiner 1982, 162 ; *id.* 1992, 479-480, Abb. 4-6 ; *id.* 1993, 5 et fig. 4), mais d'autres les entament.

L'époque parthe est donc à Suse celle où l'on assiste à la naissance de véritables nécropoles. Mais les enfants pouvaient encore être enterrés sous les maisons, ou peut-être à côté de celles-ci. Il est également possible que des secteurs non construits situés dans des zones urbanisées aient reçu des sépultures d'adultes. Par ailleurs, l'existence de nécropoles n'interdit pas la construction, à proximité ou à l'intérieur même, d'ateliers de potiers et de coroplathes — justifiés par les besoins en objets des familles enterrant un proche — mais aussi d'ateliers de verriers, production plus spécialisée et destinée aussi bien aux vivants. Il n'est pas impossible non plus que certains secteurs étaient destinés à l'habitat, mais l'imprécision des rapports de fouilles et des relevés stratigraphiques ne permet pas de trancher la question.

Quoi qu'il en soit, le tell de la Ville des Artisans est si vaste (200 ha au moins) qu'il pouvait abriter à la fois des nécropoles, des zones artisanales et des quartiers d'habitations contemporains des tombes.

---

[17] J. Perrot (comm. pers.) fait observer que la plupart de ces tombes étaient concentrées autour de la statue de Darius, dont on sait qu'elle était encore debout à l'époque parthe, probablement déjà acéphale. Faut-il y voir un lieu symbolique qui aurait attiré des inhumations à cet endroit ? L'hypothèse est fragile car la statue était peut-être visible à certaines époques post-achéménides, mais elle était le plus souvent partiellement noyée dans un mur ; par ailleurs les inhumations de ce secteur sont très majoritairement celles d'enfants dans une jarre.

3.4. Mobilier funéraire

Il est certain qu'une analyse détaillée du mobilier des tombes serait très utile pour préciser les pratiques et les rites funéraires et, par déduction, les croyances auxquelles ils sont associés : présence ou absence, quantité, emplacement et disposition du dépôt, types d'objets, restes de repas, etc. Cette démarche est impossible pour les fouilles antérieures à Ghirshman, puisqu'on ne possède même pas d'inventaires, sauf pour une tombe fouillée par Mecquenem et Unvala près de VdA 9. Quant aux recherches menées par Ghirshman, une analyse est partiellement possible pour certaines tombes de la nécropole située au-dessus du Village perse-achéménide et pour les tombes présentées ici. L'inventaire existe et les objets ont été souvent dessinés, parfois photographiés. Dans quelques cas, l'emplacement des objets est noté sur les relevés ou dans le Journal de fouilles. On verra dans le catalogue des six grandes tombes le matériel que chacune contenait.

3.5. Éléments de chronologie relative et de datation

Pour les fouilles anciennes effectuées sur les trois tells principaux de Suse, les indications disponibles se réduisent à « dans le niveau sassanide » ou « tombes parthes ». Pour les fouilles de Ghirshman, on trouve la mention de deux ou trois « niveaux superposés » de tombes qui, pour la plupart, n'ont pas conservé le sommet de l'ouverture du puits ou de l'escalier, cette partie ayant souvent été détruite par une autre tombe ou des murs postérieurs. La profondeur de la tombe est dans ce cas difficile à déterminer. En revanche, le matériel, lorsqu'il est illustré, donne de bonnes indications chronologiques. La grande majorité des tombes appartiennent à l'époque parthe ancienne ou récente et la quasi-totalité des sépultures individuelles fouillées par la Mission Perrot — y compris celles trouvées au-dessus du Palais du Chaour —, parfois en pleine terre, mais le plus souvent en jarres cylindriques — sauf dans un cas — remontent à la seconde partie de l'époque parthe (Boucharlat et al. 1987, 172-174) ; comme on l'a déjà signalé, une seule d'entre elles, en pleine terre, est de l'époque sassanide (3e siècle).

Le grand nombre de tombes d'époque parthe est intéressant pour la question de l'évolution du peuplement de Suse avant, pendant et après cette période. En effet, les tombes séleucides sont proportionnellement peu fréquentes et les tombes sassanides, tout au moins celles qui sont postérieures au milieu du 3e siècle, semblent totalement absentes ; on pourrait alors émettre l'hypothèse qu'elles étaient de nature moins monumentale et qu'elles n'ont pas été reconnues lors des fouilles anciennes. La pratique du décharnement que certains chercheurs ont voulu voir répandue dans tout l'Iran sassanide, ou même avant, a également été envisagée ; il faudrait alors admettre qu'elle n'était pas suivie de la collecte des ossements et de leur dépôt en un lieu protégé, comme le recommandent les textes zoroastriens ; en effet, à la différence de Bushir, on ne connaît à Suse aucune ostothèque, récipient en pierre ou en céramique destiné à recevoir les os décharnés d'un individu. Cette hypothèse est peu vraisemblable.

Pour l'époque séleucide, la relative rareté des tombes pourrait trouver une explication ; en effet, beaucoup sont peu décrites, notamment les sépultures individuelles et celles des chambres à galerie, mais à priori, rien ne s'oppose à ce que certaines d'entre elles remontent aux 3e et 2e siècles avant J.-C. Lorsqu'elles contiennent des objets de cette période, voire même achéménides, nous n'avons toutefois pas la certitude que ces tombes sont séleucides car, dans certains cas, elles contiennent également des objets plus récents. Une prudence excessive pourrait donc avoir faussé notre approche. Pourtant, une série d'observations faites dans d'autres secteurs de Suse (Ville Royale, Apadana) sur l'architecture et sur le matériel (Martinez-Sève 2002b) montre un peuplement d'abord peu important après les Achéménides. L'habitat sur les tells de Suse, inconnu ou réduit à peu de choses à l'époque achéménide, est encore très faible au début de celle des Séleucides. Il devient plus important au 2e siècle, mais il est encore sans commune mesure avec la densité et l'extension que l'on observe à l'époque parthe (Boucharlat et al. 1987, 234-236 ; Martinez-Sève 2002b, 52-54) ; ainsi, à un peuplement faible correspond nécessairement un nombre de sépultures faible. De plus, une occupation peu dense laisse des espaces pour les inhumations ; plus tard, lorsque ces secteurs seront urbanisés, tombes et nécropoles seront repoussées vers la Ville des Artisans, alors presque vierge de toute occupation. À ce sujet, rappelons que les plus anciennes inscriptions grecques de l'époque

CHAPITRE 3

séleucide remontent à la fin du 3ᵉ siècle (Rougemont 2011) et que c'est sous le règne d'Antiochos III (223-187) que le véritable développement commercial de Suse est attesté (Le Rider 1965, 302 sq. ; Martinez-Sève 2002b, 52-54 en particulier).

Type de sépulture	Chronologie -300 / -200 / -100 / 0 / 100 / 200 / 300
1. Tombe en pleine terre	▬▬▬▬▬▬▬▬▬▬▬▬▬▬▬
2. Tombe en jarre ou sarcophage en pleine terre	
2.1. Jarre	
2.1.1. Jarre cylindrique	▬▬▬▬▬▬▬
2.1.2. Jarre ovoïde	▬▬▬▬▬
2.2. Sarcophage	
2.2.1. Sarcophage aux extrémités arrondies	▬▬▬▬▬▬
2.2.2. Sarcophage anthropoïde	▬▬▬▬▬▬
2.2.3. Sarcophage-pantoufle	▬▬▬▬▬
3. Caveau de surface	▬▬▬▬▬
4. Chambre souterraine	
4.1. Chambre à puits d'accès	▬▬▬▬▬▬
4.2. Chambre à galerie	▬▬▬▬▬▬
4.3. Caveau voûté	▬▬▬▬▬

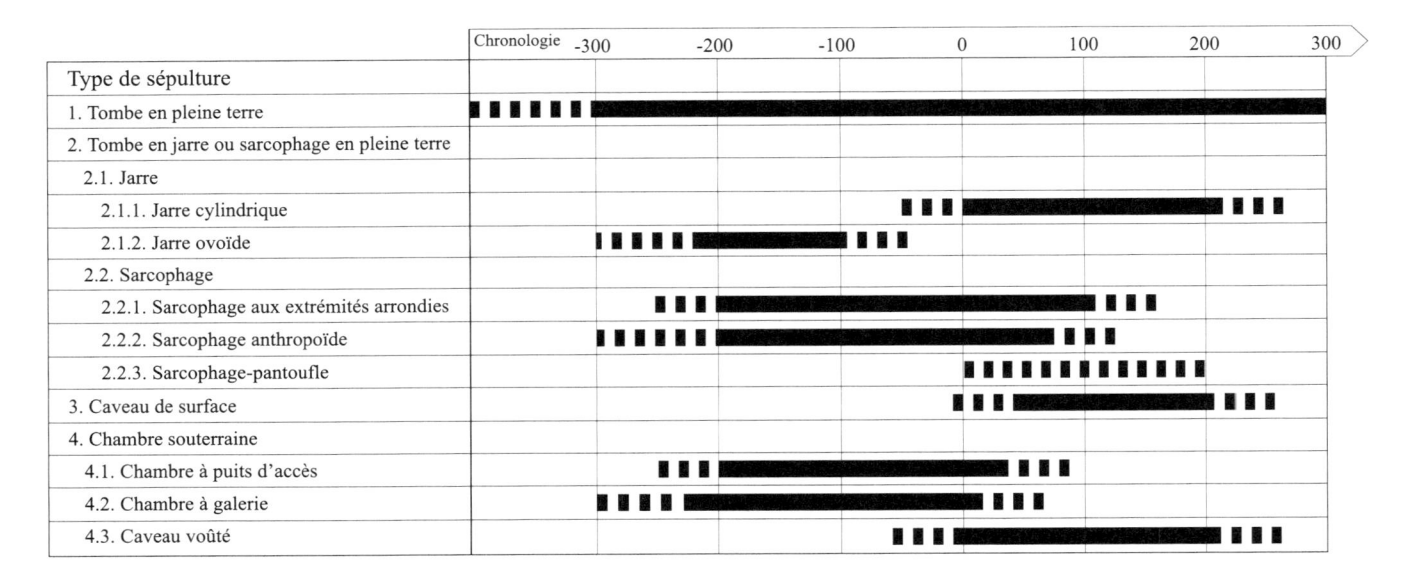

Tableau 1. Chronologie proposée pour l'utilisation des différents modes de sépulture. Les limites *post quem* et *ante quem* sont laissées vagues, faute de données précises. Le type 2.1.3. n'est pas introdui car les informations disponibles ne permettent pas de le dater.

3.6. Répartition des types sur les tells de Suse et aux alentours

Au cours du demi-millénaire après l'époque achéménide on observe un changement dans l'un des aspects des pratiques funéraires : les adultes ne sont plus enterrés sous les habitats. La date du début de ce changement n'est pas connue, faute de tombes achéménides et d'un nombre significatif de sépultures datant avec certitude de l'époque séleucide. On observe néanmoins que cette pratique est généralisée à l'époque parthe, sauf pour des tombes d'enfants. On peut résumer ici quelques observations.

Le tableau ci-dessous montre que les tombes à inhumations multiples ne sont attestées que sur le tell de la Ville des Artisans. Une exception a été reconnue par Dieulafoy sur le flanc sud-est de la Ville Royale où des jarres étaient déposées dans des chambres souterraines, au fond de puits creusés dans les vestiges de la muraille achéménide (fig. 2).

Les tombes en pleine terre et celles en jarres (enfants) ou en sarcophages (avec parfois plusieurs individus) sont plus fréquemment signalées sur la Ville Royale que sur la Ville des Artisans (malheureusement sans détails). Sur ce dernier tell, elles sont en réalité nombreuses, mais ne sont qu'à peine mentionnées, sans doute à cause de l'importance accordée aux tombes à inhumations multiples qui ont reçu toute l'attention de l'archéologue, tant pour leur architecture que pour le mobilier qu'elles contenaient.

En notant seulement la présence ou l'absence d'un type dans un secteur, le tableau ci-après rétablit sans doute une image plus proche de la réalité que ne le laissent entrevoir les rapports de fouilles.

LES TOMBES POST-ACHÉMÉNIDES DE SUSE : ESSAI DE SYNTHÈSE

Type de tombe	Apadana	Acropole	VRA	VR centre	VR Donjon	VdA	Chaour	N. de Suse	S. et E. de Suse
1. Pleine terre	X		X		X	X	X		
2.1. Jarre cylindrique	X		X	X	X	X	X		X
2.2. Jarre ovoïde	X		?	?		X			
Deux jarres	X	X		X		X			X
2.2.1. Sarcophage simple*			X	X	X	X	-		X
Sarcophage baignoire*						2	-		-
2.2.2. Sarcophage anthropoïde*						X	-		X
Sarcophage anthropoïde en pierre								1 ?	3
2.2.3. Sarcophage-pantoufle				X rares		?	-		-
3. Chambre près de la surface						X	-		-
4.1. Chambre à puits					X	X	-		-
4.2. Chambre à galerie ou escalier						X	-		-
4.3. Chambre construite voûtée						X	-		-

* Ces types sont attestés aussi bien dans les tombes en pleine terre que dans les chambres souterraines (types 4.1. et 4.2. ; un seul cas en 4.3.) ; peut-être aussi dans les caveaux de surface (type 3.).

CHAPITRE 4

LES SIX TOMBES À INHUMATIONS MULTIPLES (TV 1 - TV 6)

4.1. Description

4.1.1. Tombe voûtée n° 1 : Chantier Ville des Artisans 2b (Pls. 6 et 12 : a)
(3e campagne : 1948-1949 ; fouillée du 5 au 28 janvier 1949)

Cette tombe se situe dans la partie sud du chantier et elle était creusée en grande partie dans le sol vierge. L'accès se présente comme une série de voûtes successives en brique cuite. L'entrée de la chambre était fermée par trois grandes jarres à fond arrondi ; toutes avaient le col cassé. Elles étaient posées sur les 11e et 12e marches, faites de briques cuites (?).

La tombe comprenait deux *loculi* à droite, un *loculus* à gauche et, au fond, une chambre rectangulaire avec une banquette le long de chacun des trois murs. Un nouveau *loculus* semble avoir été en projet à gauche, à moins que la niche qui en marquerait la place n'ait eu une autre destination.

Le premier *loculus* (M), à droite en descendant, semble avoir été creusé postérieurement à la construction de cette tombe qui, à l'origine, n'en comprenait que deux en vis-à-vis. Ce *loculus* contenait un sarcophage, dans lequel était déposé un individu dont les ossements étaient en désordre.

Le second *loculus* (L), à droite, contenait un sarcophage avec un squelette en position allongée. Le *loculus* P, à gauche de l'escalier, contenait un petit sarcophage avec le squelette d'un enfant/subadulte.

La chambre centrale, de plan rectangulaire, mesurait 2,50 m sur 2,96 m et était haute de 2 m. Les banquettes, le long de trois murs, ont une hauteur de 0,76 m et entre 0,70 et 0,76 m de largeur. Sur la banquette à gauche (N), se trouvait un sarcophage contenant 3 squelettes. Sur la banquette du milieu (K), était posé un sarcophage avec les restes de quatre individus. La banquette de droite (H) portait un sarcophage avec un seul individu. Sur ce sarcophage était placé un autre (I) qui contenait les restes de 3 squelettes. Sur le sol de la chambre était posé un petit sarcophage (O).

Tous les sarcophages de cette tombe avaient la même forme, c'est-à-dire plus large du côté de la tête que du côté des pieds. Au total, cette tombe contenait huit sarcophages ; le nombre d'individus s'élève à quinze. Les squelettes non perturbés montrent que les individus ont été déposés, allongés sur le dos. L'orientation générale de cette tombe est inconnue.

Deux puits d'époque islamique traversaient cette tombe ; l'un a coupé la tête du sarcophage en M, l'autre touchait l'angle droit de deux banquettes de la chambre.

4.1.2. Tombe non construite n° 2 : Chantier Ville des Artisans 2b (Pl. 13)
(3e campagne : 1948-1949 ; fouillée du 22 février au 2 mars 1949)

L'escalier d'entrée de douze marches a été taillé, comme toute la tombe, dans le sol vierge très dur du tell. Elle est en fait la seule des six à ne pas être construite en briques, mais seulement taillée dans le sol. La voûte de l'escalier n'est conservée qu'au-dessus des quatre dernières marches. Au pied de l'escalier, au niveau du sol de la chambre, à droite, une très grande jarre à fond ovoïde était debout, appuyée contre le mur (sans ossements ?).

Face à l'escalier, était taillée une niche dont le long côté était parallèle au vestibule (1,33 x 0,60 m, haut. 1,49 m). Sur une banquette, reposait un squelette. La chambre funéraire, de 2,50 x 1,90 m, s'ouvrait sur la droite et comprenait trois larges niches à banquettes hautes de 27 cm, dont les deux latérales portaient des sarcophages, deux de chaque côté, posés l'un sur l'autre. Le sarcophage inférieur contenait les restes de deux squelettes, dont un complet, en connexion anatomique. Les ossements étaient couverts d'une fine poussière de bois qui provenait d'un couvercle.

Le sarcophage supérieur contenait les restes de trois individus, dont le dernier, en connexion anatomique, était probablement une femme (présence d'un collier, peigne en os, un miroir en bronze et un bracelet).

La niche de gauche était occupée par deux sarcophages posés l'un sur l'autre. Le sarcophage inférieur était de forme anthropoïde et contenait les squelettes de deux morts et était fermé par un couvercle en terre cuite, sur lequel avait été posé le second sarcophage, d'une forme habituelle et qui contenait deux squelettes. Les restes d'un autre squelette se trouvaient sur le sol de cette niche. La niche du milieu ne comportait pas de sarcophage : les ossements de sept individus gisaient en vrac.

Au total il y avait donc quatre sarcophages dans cette tombe. Le nombre d'individus s'élève à dix-huit. L'orientation de la tombe est inconnue.

4.1.3. Tombe voûtée n° 3 : Chantier Ville des Artisans 6 (Pls. 12 : b-d, 17 et 25 : b)
(3e campagne 1948-1949 ; fouillée du 15 février au 17 mars 1949)

Cette tombe était entièrement construite de briques cuites, mais la voûte a été retrouvée effondrée. Par un escalier de onze marches au moins, on accédait à une petite pièce qui faisait fonction de dromos et où se trouvaient déjà quelques vases.

La chambre funéraire était désaxée par rapport à l'entrée. Elle mesurait à l'intérieur 2,60 x 3,26 m et était pourvue de trois banquettes très larges (0,80 à 1 m). Le dernier mort avait été déposé, allongé sur le dos, sur la banquette face à l'entrée, après que les os des occupants précédents aient été repoussés en vrac. La banquette de droite portait les restes de douze individus, la banquette de gauche ceux de douze autres. Le nombre d'individus déposés dans cette chambre s'élevait donc à vingt-cinq. L'orientation de la tombe est inconnue.

4.1.4. Tombe voûtée n° 4 : Chantier Ville des Artisans 2/2c (Pls. 20 et 25 : a)
(5e campagne 1950-1951 ; fouillée du 21 février au 13 mars 1951)

Cette tombe de briques cuites ne contenait plus d'ossements, qui ont probablement été enlevés (ou dispersés ou exposés, écrit Ghirshman), à l'époque islamique, lors de la construction d'une maison qui a détruit le mur de fond de la chambre funéraire.

L'entrée, au nord, comprend un escalier de sept marches ; dans ce même secteur, près de l'accès à la chambre funéraire, le mur du caveau a été partiellement coupé par un mur d'époque islamique.

Dans la chambre funéraire rectangulaire (ca. 3,50 m x 3,25 m), se trouvaient trois banquettes. Plusieurs objets ont été trouvés ; en particulier douze *unguentaria* à haut col étaient déposés sur l'escalier.

Un second escalier se trouvait à l'ouest du premier ; il devait appartenir à une tombe plus ancienne largement détruite lors de la construction de la Tombe 4.

LES SIX TOMBES À INHUMATIONS MULTIPLES (TV 1 - TV 6)

4.1.5. Tombe voûtée n° 5 : Chantier Ville des Artisans 9 (Pls. 26 et 30 : a-c).
(6e campagne 1951-1952 ; fouillée du 31 déc. 1951 au 6 janvier 1952)

Cette tombe était localisée à l'extrémité sud-ouest de la Ville des Artisans et la fosse de construction a été taillée dans les restes des maisons du quartier daté par Ghirshman de l'époque séleucide, dont la « villa hellénistique » aux fresques.

Bâtie en bordure du tell, sa partie supérieure et son entrée ne sont pas conservées. Ses murs sont construits avec des briques cuites cassées remployées, mais les marches de l'escalier, le sol et les banquettes sont en briques entières. Son escalier débouchait, tout comme celui de la Tombe voûtée n° 3, dans une petite pièce faisant office d'entrée, pavée de briques cassées. La chambre funéraire était disposée en longueur et mesure 2,80 x 2,10 m. Elle comprenait trois banquettes dont les deux latérales étaient bordées de briques entières posées de chant pour maintenir les ossements. Selon Ghirshman, on y déposait en vrac les ossements après leur transfert de l'unique sarcophage posé sur la banquette du milieu qu'on vidait pour faire place à un nouveau mort.

Dans l'angle droit de la pièce s'élevait un autel en briques cuites, enduit de plâtre ; contre la banquette de droite était réservé un creux assez profond pour y déposer peut-être des objets destinés au culte. Un petit vase de terre cuite à glaçure d'un bleu passé au blanc sale, à deux anses et à panse godronnée (GS-2505), fut le seul objet trouvé sur la banquette de droite, parmi quelques ossements sans ordre. Toute la poterie de cette tombe était dispersée sur le sol de la chambre, à l'exception de quelques céramiques trouvées sur la banquette gauche. L'entrée se trouvait au NNE.

4.1.6. Tombe voûtée n° 6 : Chantier Ville des Artisans 9 (Pl. 34)
(6e campagne 1951-1952 ; fouillée du 22 février au 13 mars 1952)

La chambre funéraire se présentait en largeur par rapport à l'axe de l'accès, qui comprenait une entrée en haut, un escalier et un petit dromos carré. La chambre funéraire rectangulaire mesurait environ 1,90 m x 3,25 m. Elle comprenait trois banquettes dont les deux latérales occupaient toute la longueur des murs latéraux de la chambre, à la différence des tombes précédentes, et encadraient ainsi la banquette du milieu. Sur cette dernière gisaient les restes de trois individus ; les squelettes de deux d'entre eux, allongés et intacts, semblent avoir été ceux des derniers occupants ; pour leur faire de la place, les ossements du précédent ont été simplement repoussés. La banquette de droite ne portait que les ossements en vrac de deux squelettes. Quant à la banquette de gauche, elle avait été traversée par un puits islamique, dont on ignore les dégâts qu'il a pu faire dans cette tombe, mais tout porte à croire que celle-ci a été pillée. Il n'y a que peu d'objets rescapés du pillage. L'entrée était au SSO.

4.2. Caractéristiques architecturales et comparaisons

Les six tombes présentées ici forment une série, mais elles ne sont pas identiques. Ce sont les tombes les plus remarquables à Suse pour l'époque parthe, par leur monumentalité, le choix des matériaux et les aménagements. La plupart des autres tombes à inhumations multiples sont soit des chambres creusées dans le sol vierge ou dans des couches archéologiques, soit des constructions en briques crues, proches de la surface. Rappelons d'abord que ces tombes à inhumations multiples, ne sont pas groupées dans l'espace, tant s'en faut, mais réparties en trois secteurs (VdA 2, 6 et 9), distants de plus de 200 m les uns des autres (fig. 1). En ce qui concerne leur position par rapport à d'autres types de sépultures, il faudrait savoir quelles autres tombes étaient aménagées à proximité et à la même époque. Nous ne sommes pas en mesure de répondre à cette question, car nous ne disposons pas d'une vue par niveau, donc par période. On ne saurait incriminer systématiquement le fouilleur car l'ouverture de ces tombes, et surtout celle de bien d'autres, n'était pas toujours conservée, détruite par d'autres tombes ou, plus souvent, par l'installation de murs d'habitat, qui seraient à dater entre l'époque parthe et l'époque islamique.

En dépit de ces incertitudes, nous pouvons dire que les grandes tombes voûtées ne représentent pas un secteur réservé sur le tell des Artisans. En revanche, d'après la chronologie du matériel, il apparaît qu'elles appartiennent à une époque relativement limitée, les deux premiers siècles de l'ère chrétienne, éventuellement une partie du 3e siècle, d'après notre étude du matériel (cf. ci-dessous). Une période d'utilisation aussi réduite peut surprendre, lorsqu'on pense que ce type de tombes construites n'est pas une grande nouveauté à Suse. Les caveaux à inhumations multiples de l'époque médio-élamite et plus encore les plus grands caveaux de l'époque néo-élamite présentent bien des similitudes avec les caveaux parthes : dimensions, mode de construction, puits d'accès et banquettes (Mecquenem 1943, figs. 41 et 44). P. Amiet (1967, 480 et fig. 361) illustre et décrit ainsi un caveau néo-élamite : 4,90 x 2,40 m, hauteur 2,20 m, avec puits carré d'accès. Il est entièrement en briques cuites avec une voûte montée en tranches inclinées. Il contenait cinq squelettes. Plus modeste, parce que construit en briques crues, le caveau néo-élamite fouillé par P. de Miroschedji (1981, 25-27, figs. 30-32, Pls. VIII-IX) à la Ville Royale II, est décrit avec précision, tant pour l'architecture que pour le matériel qu'il contenait ; là encore, on n'observe pas de différences importantes d'aménagement avec nos caveaux parthes. Il est regrettable et inexplicable qu'il y ait un hiatus dans les données, puisque nous n'avons pas d'exemples de tombes à inhumations multiples à Suse entre le 7e siècle avant J.-C., date du caveau de la Ville Royale II, et les derniers siècles avant l'ère chrétienne. Encore moins explicable, il n'y a que très peu de tombes à Suse durant ce demi-millénaire. On ne dispose pour l'époque achéménide que de l'unique tombe « princière » de l'Acropole, un caveau voûté, qui contenait non pas un, mais deux sarcophages en bronze (Mecquenem 1922, 118, n. 1 ; Amiet 1988, 134-135). Pour l'époque séleucide, il y avait peut-être des tombes sur la Ville Royale, et plus sûrement sur le tell des Artisans, des tombes individuelles et certaines tombes à puits ou à galeries, mais en nombre bien inférieur à celui des tombes parthes. Cette différence quantitative est sans doute le reflet du peuplement moindre de Suse à l'époque séleucide.

4.2.1. Architecture et aménagements intérieurs

Les six caveaux à inhumations multiples de l'époque parthe offrent plusieurs caractéristiques communes : toutes sont souterraines, munies d'un escalier d'accès de 6 à 14 marches (par ex. Pl. 6) et, en bas de celui-ci, un petit vestibule presque carré, sauf dans la Tombe n° 1, qui est seulement un passage profond. Leurs murs et leur couverture sont construits en briques cuites, à l'exception de la Tombe n° 2, qui est entièrement taillée dans le sol naturel et qui est par ailleurs beaucoup plus petite que les autres [18]. Pour les autres, escalier, vestibule et chambre sont voûtées en briques cuites (Pl. 17). Les marches des escaliers sont taillées dans le sol, ou parfois construites en briques cuites (Tombes 3, 5 et 6). La hauteur de la chambre sous la voûte est égale ou supérieure à 2 m (hauteur restituée atteignant 2,50 m pour les Tombes 4 et 5), sauf pour la Tombe n° 2, qui n'a que 1,50 m.

Toutes les chambres comportent trois banquettes sur les côtés et au fond, face à l'escalier. La hauteur de ces banquettes est de l'ordre de 0,25 à 0,35 m, sauf dans la Tombe n° 1, où elles sont particulièrement hautes (0,76 m).

Au-delà de ces ressemblances, chacun de ces caveaux présente des particularités, dont certaines concernent les banquettes ; elles sont à prendre en considération pour tenter de reconstituer les pratiques funéraires. On observe d'abord une grande diversité dans les dimensions des chambres qu'il est utile de résumer ici ; la première dimension donnée est celle de la paroi du fond, face à l'entrée :

Tombe n° 1 : 2,50 x 2,96 m

Tombe n° 2 : 1,90 x 2,50 m

Tombe n° 3 : 3,26 x 2,60 m

Tombe n° 4 : 3,35 x 3,50 m

Tombe n° 5 : 2,10 x 2,80 m

Tombe n° 6 : 3,25 x 1,90 m

---

[18] Cette tombe est comparée par Ghirshman aux tombes à puits (notre type 3.1.) qui, elles aussi, sont simplement taillées dans le sol naturel, sans murs de briques.

LES SIX TOMBES À INHUMATIONS MULTIPLES (TV 1 - TV 6)

Les dimensions des côtés sont a priori suffisantes pour déposer sur chaque banquette un corps allongé, et même un sarcophage ; la Tombe n° 2 est un cas limite et il se trouve que la banquette du fond (long. 1,90 m) ne porte pas de sarcophage, tandis que chacune des deux autres en a reçu deux, empilés l'un sur l'autre. Il est probable alors que, si le plan général et l'aménagement de trois banquettes sont la règle, leur utilisation peut varier.

Ces banquettes le long des murs sont soit des plateformes (Tombes n°s 1, 2 et 3), soit une sorte de caisson allongé, créé par le rebord surélevé en briques cuites (Pls. 20, 26 et 30). On pourrait en conclure que les premières sont destinées à porter un sarcophage, les autres à recevoir directement un individu ou bien à servir de réceptacle à ossements, mais leur utilisation est plus complexe. Ainsi, dans la Tombe n° 2, la banquette du fond est trop courte pour recevoir un sarcophage, du moins pour un adulte ; dans la Tombe n° 3, les banquettes plates, toutes très larges (1 m), ont servi à recevoir un mort pour celle du fond, à rassembler les ossements de douze individus pour chacune des deux autres (Pl. 17). Dans la Tombe n° 5, les banquettes-caissons servent, pour celles du fond, à recevoir un sarcophage, tandis que les caissons latéraux sont utilisés pour le stockage des ossements de morts antérieurs (Pl. 30). Dans la Tombe n° 6, le caisson du fond a reçu trois individus, dont deux squelettes complets ; l'un des caissons latéraux contient les ossements en désordre de deux individus, l'autre était perturbé par un puits postérieur (Pl. 34).

La banquette surélevant le mort ou le dépôt des ossements est la règle dans les chambres, mais elle n'est pas systématique dans les *loculi* ou niches supplémentaires que comportent certaines tombes. Ainsi, dans les trois *loculi* de la Tombe n° 1, le sarcophage est posé directement sur le sol.

En conclusion, l'architecture elle-même, la présence ou non d'une banquette et l'aménagement de celle-ci ne suffisent pas à déterminer la pratique funéraire d'une manière précise. Notons cependant que l'abondance des ossements, qui représentent un nombre considérable d'individus (ceux-ci ont été comptés a minima, probablement par les crânes) trouve une correspondance avec l'architecture : les six tombes sont conçues dès leur construction comme des caveaux collectifs, en prévision d'une durée longue d'utilisation, à la différence des tombes à puits d'accès dont les chambres, lorsqu'elles sont plusieurs pour la même tombe, sont creusées au fur et à mesure des besoins.

Les tombes à chambre souterraine, munie de banquettes, qui ont servi à porter des sarcophages ou directement le corps d'un défunt ou des ossements, ne sont pas une particularité de Suse. Dans la même région, ce type de tombe est bien attesté dans la région de Shushtar, à 60 km environ à l'est de Suse dans la nécropole de Dostova (Sarfaraz 1969-70, 12-13 et fig.) et dans celle voisine de Gelālak, fouillé par M. Rahbar. Trois de ces caveaux en briques cuites fouillés par ce dernier appartiennent à notre groupe (Rahbar 1997 ; 1999, 92-93 ; 2007, figs. 15-16). Le caveau n° 1 est enfoui, mais comme l'escalier est de six marches seulement pour une hauteur sous voûte de 2,20 m, il est probable qu'il n'était que semi-enterré. Construit en briques cuites, il possède une chambre de 2/2,70 m x 3/3,50 m, pourvue de trois banquettes, hautes de 0,90 m, qui chacune a reçu un sarcophage en céramique à glaçure portant un décor moulé en relief. Certains d'entre eux contenaient plusieurs squelettes. Une particularité est à signaler : les banquettes ne sont pas pleines mais creuses (Rahbar 1997, fig. 7) ; au-dessous de chaque banquette, un arc crée un espace vide, qui a reçu plusieurs corps en connexion anatomique ; en un cas, on en compte jusqu'à sept. Par ailleurs, des ossements en tas ont été retrouvés sur les banquettes à côté des sarcophages. De plus, dans un angle de ce même caveau, un caisson de 0,40 m de côté environ était rempli d'ossements en désordre. À signaler encore, une petite niche au-dessus de la banquette du fond, dans laquelle se trouvait un vase à glaçure et, au-dessus d'une autre banquette, une console en brique cuite qui portait un buste féminin.

Deux autres caveaux présentent le même dispositif de banquettes au-dessus d'arcs ; sur celles-ci sont posés des sarcophages à glaçure décorés, de forme ovale, ou quadrangulaire ou encore avec un petit côté droit et l'autre arrondi, les trois formes coexistant dans le même caveau (Rahbar 1997, figs. 15-23). Le fouilleur date ces caveaux des 1er et 2e siècles de l'ère chrétienne ; ils sont (légèrement ?) antérieurs à une série de caveaux voûtés non souterrains (notre type 3.), sans banquette, dans lesquels les sarcophages sont posés à même le sol.

C'est un monument semblable que le même fouilleur, M. Rahbar a mis au jour à Saleh Davud, près de Iwan-e Karkheh, à 20 km au nord de Suse : escalier d'accès, entrée étroite sur un côté, banquette sur les trois autres côtés, portant des sarcophages, caisson-ossuaire dans un angle (Rahbar 2007, 468, figs. 17-18).

De tels caveaux ne sont pas attestés sur le Plateau iranien. En revanche, en Mésopotamie, ce type de monuments funéraires est bien présent. L'architecture elle-même n'est pas nouvelle et Assur néo-assyrienne en a livré nombre d'exemples, comme l'avait évoqué R. Ghirshman (Haller 1954).

En Mésopotamie centrale, à Séleucie du Tigre, des caveaux voûtés à inhumations multiples sont bien attestés dans les niveaux parthes, mais pas après la fin du 2e s. de notre ère (Level II des fouilles américaines), peut-être pour des raisons économiques, car en même temps disparaissent les sarcophages tandis que la tradition des caveaux continue à Ctésiphon, sur l'autre rive du Tigre (Yeivin 1933, 35). D'autres caveaux sont connus par les fouilles italiennes de Séleucie ; parmi les plus grands, l'un mesure 3,75 x 2,60 m et 2,20 m sous la voûte, accessible par un escalier de cinq marches ; il contenait deux sarcophages trouvés presque vides, placés dans un des caissons latéraux. À cette tombe monumentale, sont associées deux tombes en caisson de briques cuites couvertes par des briques disposées en bâtière ; l'un des caissons contenait sept individus, l'autre huit individus. D'après la stratigraphie, le caveau appartient au niveau I et surtout au niveau II des fouilles italiennes, soit à dater entre le milieu du 1er et le début du 3e siècle de notre ère (Messina 2006, 172-173, figs. 209-212, Pls. XV-XVIII). Un autre caveau, du même type, avait en plus un coffre dans un angle et l'ensemble était rempli d'ossements (Negro Ponzi 1971, 25, fig. 9). Deux caveaux du même secteur, toujours à trois caissons, ont une niche dans la paroi du fond, comme celui de Gelālak (Graziosi 1968-69, 58, figs. 49-51). Plus ancien peut-être, un caveau est plus étroit, 1,20 m, sans caissons latéraux, mais pourvu d'une fosse au centre, elle-même recouverte de briques cuites, peut-être pour l'inhumation primitive (Messina 2006, 173, figs. 213-214, Pls. XIX-XXI). Deux sarcophages à glaçure bleue occupaient toute la largeur ; l'un est décoré de petites colonnes (*id.*, Pls. XXII-XXIII).

Proche de Séleucie, Ctésiphon offre un beau caveau souterrain à escalier d'accès au fond d'un puits. Construit en briques cuites, il mesure 3,60 x 3,49 m à l'extérieur et 3,25 x 2,38 m à l'intérieur. Il compte deux caissons latéraux, un autre au fond, tous trois mesurant environ 2,40 x 0,60 m et 0, 44 m de profondeur. Dans le sol de l'espace central est aménagé un quatrième compartiment de mêmes dimensions. Le caveau contenait quelque quarante squelettes et le mobilier, retrouvé à l'extérieur, est datable, par des monnaies (Vologases III) et des verres de la première moitié du 2e s. de notre ère (Hauser 1993, 333-336, 418-420, figs. 2-4, Pl. 125).

En Mésopotamie centrale, la grande vogue des caveaux souterrains construits est donc la période parthe, excluant cependant presque toute la période ancienne (fin 2e et une partie du 1er siècle avant J.-C.), mais incluant une partie du 3e siècle après J.-C. L'architecture est relativement homogène ; en revanche les aménagements sont surtout des caissons, ou du moins des espaces latéraux dont la limite est marquée par un rebord, un élément qui ne se retrouve que partiellement à Suse, où plusieurs caveaux sont munis de simples plateformes sans bordure. Quelques exemples, assez rares, montrent un caisson dans un angle, destiné à recueillir les ossements plus anciens. Le plus souvent ce sont les banquettes ou les caissons, voire les sarcophages qui font office d'ossuaire.

Les caveaux d'époque parthe ne semblent guère concerner la Mésopotamie méridionale ; ainsi les caveaux voûtées, en briques crues ou cuites d'Ur ne semblent pas postérieurs à la période achéménide ou peu après (Woolley 1962, 53).

À noter que Suse n'offre pas d'exemple de caveau à lit funéraire surélevé placé au centre, comme ceux trouvés à proximité de Frehat Nufeji près d'Uruk, datés de l'époque séleucide (Boehmer, Pedde, Salje 1995, Pls. 189 sq.). On ne trouve non plus de caveau à fosse, comme dans la tombe fouillée en 1862 par Henri Pacifique Delaporte à Babylone, et restée méconnue jusqu'à la publication de N. Chevalier (2008). C'est une vaste salle souterraine (10,40 x 5,90 m), voûtée en briques cuites néo-babylonienne remployées, dans laquelle cinq fosses de 2,25 x 0,70 m et 0,75 m de profondeur et une sixième plus petite sont disposées en une rangée. Elles sont fermées par une toiture en bâtière en terre cuite. Cinq d'entre elles contenaient un squelette allongé sur le dos, accompagné d'un riche mobilier, bijoux, cachets, lacrimatoires en albâtre et en verre, statuettes, etc., un matériel qui date de la seconde moitié de l'époque parthe, soit 1er-2e siècle après J.-C. (Chevalier 2008, 64-69 et figures ; Invernizzi 2008, 255-258, figs. 237-264).

4.2.2. Pratiques funéraires

Les caveaux de Suse contiennent ou non des sarcophages ; celui-ci est rarement fermé par un couvercle, mais dans certains cas, il peut être en bois, comme en témoigneraient des fragments et la présence de clous en fer. Par leurs aménagements, ces caveaux de Suse et des autres sites portent tous les signes des pratiques des caveaux de famille, dans lesquels le dépôt de nouveaux défunts nécessite de repousser les restes des précédents. On ne reconnaît aucun trait qui puisse faire penser à des rites mazdéens, pas même à une influence de ceux-ci. De plus, l'architecture des tombes de Suse, les aménagements intérieurs et leur diversité, le matériel enfin, varié et en quantité inégale, sont largement comparables à ceux que l'on observe dans les nécropoles contemporaines de Mésopotamie centrale, dans lesquelles nul n'a reconnu de pratiques qui, de près ou de loin, rappelleraient les prescriptions du mazdéisme. Seul l'usage de disposer les corps en position allongée, qui devient la règle à l'époque parthe, sauf pour les enfants, a fait penser à une influence extérieure à la Mésopotamie, peut-être iranienne, plus précisément du sud-ouest de l'Iran où ce changement a eu lieu avant l'époque parthe. On a vu cependant que les sarcophages existaient ailleurs en Iran dès l'époque séleucide à Persépolis (Persepolis Spring Cemetery), et sans doute à Hamadan, nécropole de Sang-i Shir.

Dans le matériel, on a signalé la présence de nombreuses lampes (Pls. 10 et 15), qui paraissent plutôt utilitaires pour les vivants que symboliques pour les défunts, car elles sont présentes dans les caveaux et rarement dans les tombes en pleine terre. Comme à Suse, TV 1 et 2, l'un des deux caveaux de Ctésiphon compte 27 lampes sur 47 objets, l'autre 18 sur 27 objets (Hauser 1993, 337, Pls. 126 et 127). Mais il est alors difficile d'expliquer l'absence de lampes, ou leur grande rareté, dans d'autres tombes souterraines à inhumations multiples qui devaient tout autant faire l'objet de visites.

La question se pose en revanche pour les gourdes de pèlerins, très nombreuses dans TV 1 et 4 (Pls. 9 et 22), mais absentes ou rares dans les autres et rarement signalées en grand nombre dans les nécropoles de Mésopotamie. S'agit-il d'offrir un objet utile au défunt pour son voyage ? Dans ce cas, cette croyance n'aurait cours que pour certaines populations.

Les *unguentaria* constituent une série d'objets dont l'interprétation peut être discutée entre l'usage pour les vivants et celui pour les morts ; il reste que, là encore, leur présence n'est attestée que dans deux seulement des grandes tombes de Suse, TV 4 et 5 (Pls. 23 et 27).

Il n'y a pas d'indices de repas funéraire dans ces grandes tombes à inhumations multiples. Ghirshman signale, il est vrai, des restes d'animaux et ailleurs des objets liés à la cuisine ou à la consommation de mets comme des couteaux en fer, mais seulement pour les tombes à puits d'accès. Ces objets peuvent être aussi bien des témoins de repas funéraires, que des dépôts destinés au mort. Dans toutes les hypothèses, leur absence dans les six caveaux est remarquable par rapport aux autres tombes.

Une seule tombe, TV 5, contenait un petit autel (Pl. 26), ou bien un socle, il est difficile de le déterminer. L'usage de déposer une statue ou buste dans la niche qui face à l'entrée est attestée à Gelālak ; sur d'autres sites, la niche existe mais elle a été trouvée vide. Le socle de TV 5 peut aussi bien avoir été un brûle-parfum ou un petit autel à libations. Nous n'avons pas plus d'informations.

CHAPITRE 4

4.3. MOBILIER FUNÉRAIRE

4.3.1. Céramique

Les vases trouvés dans les six tombes se comptent par dizaines, dépassant 170 objets entiers ou suffisamment bien conservés pour permettre la restitution de la forme complète. Il n'est pas étonnant que cette céramique de tombes soit nettement différente de celle que l'on trouve habituellement dans les habitats, qu'il s'agisse des formes (abondance des gourdes de pèlerins, des lampes et des vases lacrimaires) et des catégories, avec une surreprésentation de la céramique à glaçure et même de la céramique fine de type *eggshell*. Le matériel du caveau fouillé par Mecquenem et Unvala, décrit plus haut (cf. pp. 18-19), montre des proportions comparables à celles de nos tombes à inhumations multiples (11 vases sans glaçure, 32 avec glaçure et 24 lampes). À l'inverse, aucune de ces grandes tombes n'a livré de céramique de cuisine, ni de jarres de stockage (lesquelles sont toutefois réutilisées pour inhumer des enfants). Les comparaisons très générales que ces poteries permettent de faire avec celles des autres secteurs de Suse, où furent essentiellement fouillés des habitats, ne pourront pas porter sur les proportions de telle ou telle forme ou de telle ou telle catégorie de céramique, mais seulement sur l'occurrence des formes pour proposer des dates.

Pour les comparaisons avec les sites autres que Suse, nous avons choisi des poteries provenant de préférence de nécropoles. En effet, ce ne sont pas tant les données chronologiques qui nous intéressent — certaines de ces fouilles étant aussi anciennes ou plus anciennes que celles de Suse, et donc souvent insuffisamment documentées — mais l'occurrence et la fréquence de certains types de vases qui montrent que leur présence dans les tombes ne relève pas du hasard.

Le tableau qui suit est un bref rappel de la chronologie et de la terminologie comparée que nous avons proposées naguère :

Suse ensemble (Haerinck 1983)	Apadana-Ville Royale (Boucharlat *et al.* 1987) [19]
Phase ancienne (250 - 150 avant J.-C.)	Niveaux 5 f-5 e
Phase moyenne (150 - 0	Niveaux 5 d - début 5 c
Phase récente (0 - 250)	Niveaux 5 c - 5a-b (partiellement)

Le matériel des grandes tombes présenté ici appartient aux phases moyenne et récente de Haerinck (1983), le plus souvent à la phase récente.

4.3.1.1. *Céramique commune*

Le répertoire des formes est assez limité : coupelles, petites coupes, petits pots à fond pointu, cruches (Tombes 4 et 5) et jarres à deux anses (Tombe 3).

- Petites coupes à rainures intérieures (Tombe 4, Pl. 21 : GS-3237a), connues en 5a-5b et plus tard (époque sassanide) (Boucharlat *et al.* 1987, fig. 71 ; voir aussi Miroschedji 1987, fig. 33 : 3).
- Pot godronné sur fond pointu (Tombe 4, Pl. 21 : GS-2338a et b, et 4), Boucharlat *et al.* 1987, Tab. 22 et fig. 67 : 11-12, fig. 71 : 12-14 ; Miroschedji 1987, fig. 27 : 5-6. Phase récente.
- Pot godronné, mais sur fond plat ou base annulaire (Tombes 1 et 5, Pl. 8 : GS-597b, Pl. 27 : GS-2505), Boucharlat *et al.* 1987, Tab. 22, figs. 62 : 2-3, 64 : 1-3, peut-être dès le niveau 5d, mais existe encore en 5c et plus tard ; Miroschedji 1987, figs. 7-14, parthe récent ; Haerinck 1983, fig. 7 : 2-6. phase récente.
- Pot godronné, mais à large fond (Tombes 3, 4 et 5).

---

[19] On trouvera ces mêmes tableaux dans Boucharlat 1993, Tables 3-12.

- Pot à paroi et col godronnés et lèvre étalée horizontale (Tombe 4, Pl. 21 : GS-2335).
- *Unguentaria* (Tombe 4, Pl. 23 : GS-2342 ; Tombe 5, Pl. 27). Totalement absents dans l'habitat. C'est la raison pour laquelle ils n'apparaissent pas dans Haerinck (1983) et Boucharlat *et al.* (1987), cette dernière étude étant exclusivement fondée sur du matériel en provenance d'habitat. Pour les très petits vases à col ou goulot étroit, qui rappelleraient les *unguentaria* par leur très faible dimension (moins de 10 cm de hauteur), on évoquera une série de la période séleucide qui montre des formes très différentes (Haerinck 1983, fig. 1 : 9-12 ; Boucharlat *et al.* 1987, fig. 60 : 9). Ils se rapprochent du type dit biconique qui, dans le monde méditerranéen hellénique, apparaît avant l'époque hellénistique et perdure jusqu'au 1er siècle avant J.-C. Le type « bulbeux », auquel appartiennent les nôtres, est daté dans le monde grec et au Levant depuis la fin du 1er siècle avant au 1er siècle après J.-C., mais il continue d'être attesté sporadiquement jusqu'au 3e siècle. Le changement serait du à l'apparition de la technique du verre soufflé au milieu du 1er siècle avant J.-C. en Méditerranée (Anderson-Stojanovic 1987). Quel que soit le décalage chronologique que supposerait la distance géographique pour la diffusion de ce nouveau type, les vases des tombes de Suse doivent être datés au plus tôt de la fin du 1er siècle avant J.-C. et jusqu'à la fin de la période parthe. On peut réduire cette fourchette, en excluant la période la plus ancienne, car c'est à partir de la fin du 1er siècle de notre ère que le vase est moins ovoïde, plus piriforme, ayant même son diamètre maximum vers le fond (*id.* 113 ; Andersen 2007, 27-35 et 60, pour les vases en verre, les imitations en terre cuite étant pratiquement absentes). Les séries de Suse appartiennent bien à cette variante.
- Les lampes, très nombreuses dans les Tombes 1 et 2, n'offrent pas une grande diversité des formes (Pls. 10 et 15). Pour une raison qui reste à préciser, l'usage de cet objet était probablement à la fois funéraire, religieux et domestique, mais il n'apparaît pas, ou très peu, dans l'habitat avant la période parthe moyenne (VRA VI ou V, Haerinck 1983, fig. 9 : 26-29 ou Boucharlat *et al.* 1987, fig. 64 : 4 et 6, niveau 5c). Ces lampes se distinguent aisément de celles de l'époque sassanide (tardive ?) et de l'époque islamique qui, le plus souvent, sont sans col et dont le bec est en général réduit à un simple orifice dans le vase ; elles possèdent parfois une petite anse (pour Suse, voir Miroschedji 1987, fig. 35 : 2 et fig. 36 : 1-2, 10e-11e siècles).

4.3.1.2. *Céramique fine (eggshell)*
- Coupes très ouvertes, toutes sur fond arrondi ; le profil est très différent de celui des bols surtout, de ceux des quelques coupes profondes et des gobelets qui sont toutes des formes caractéristiques de l'*eggshell* des époques achéménide et séleucide, peut-être encore au début de l'époque parthe (Boucharlat *et al.* 1987, Tab. 17 et fig. 58 : 1-5 ; Miroschedji 1987, fig. 19 : 1-4, séleucide et fig. 24 : 5-7, parthe). Les coupes trouvées en TV 1, TV 2, TV 4 et TV 5 (Pls. 7, 14, 21 et 27) apparaissent peut-être déjà à cette dernière époque, mais elles caractérisent surtout la période parthe récente (5c-5a) et sans doute même au-delà (Boucharlat *et al.* 1987, Tab. 17, figs. 67 : 4, 71 : 3-4 ; Haerinck 1983, fig. 5 : 1-2, Phase moyenne et récente). Il faut noter que les grandes tombes offrent une diversité remarquable qui ne se limite pas aux coupes à lèvre amincie ; celle-ci peut aussi être arrondie ou en biseau ou au-dessus d'un épaississement rentrant ou non.

4.3.1.3. *Céramique à glaçure*
- Les petits flacons à deux anses sont peu nombreux dans l'habitat. Ils paraissent plus souvent utilisés dans un contexte religieux et funéraire [20]. Alors qu'ils sont plutôt globulaires et munis d'anses véritables — parfois développées vers le haut à la période séleucide — le profil est plus piriforme à l'époque parthe et les anses sont très petites (Boucharlat *et al.* 1987, Tab 22 ; Miroschedji 1987, fig. 33 : 8-9), comme ceux de la

---

[20] Parmi les flacons qu'illustre Haerinck pour les différentes phases anciennes (1983, fig. 3 : 6-18, fig. 6 : 8-14), les uns proviennent de Masjid-i Solaiman et Bard-e Neshandeh, un autre de la nécropole de Dostova, quelques-uns de Choga Mish parthe, dans un contexte de tombes en pleine terre (Delougaz, Kantor 1996, 8, Pl. 70 : B-C). Dans l'habitat du secteur de la Porte de Darius, trois des quatre exemplaires trouvés gisaient sur un même sol (Boucharlat *et al.* 1987, fig. 65 : 3-5).

TV 3 et TV 5 (Pl. 18 : GS-734 et 730 et Pl. 27, en bas).

De même, les vases fermés à une ou deux anses sur fond plat ou en disque (Pl. 28, Pl. 31 : c-d, Pl. 32) sont peu présents dans l'habitat. Les rares comparaisons que l'on peut établir se rapportent à la phase récente (Haerinck 1983, fig. 8 : 9-11 ; Boucharlat *et al.* 1987, Tab. 23). Il en est de même pour les cruches dont le diamètre maximum est très bas et qui reposent sur un large fond plat ou sur une base annulaire (Haerinck 1983, fig. 8 : 8 ; Boucharlat *et al.* 1987, fig. 64 : 9).

- Les gourdes de pèlerins trouvées en grand nombre dans les Tombes 1 (Pl. 9) et 4 (Pl. 22), et dans une moindre mesure dans la Tombe 2, sont toutes du même type : deux disques plats tournés sont assemblés par une bande plate. Les deux disques et surtout le profil très caréné de la liaison sont caractéristiques de la période parthe, mais les exemples aux disques légèrement bombés perdurent. Ces gourdes se distinguent aisément de celles de l'époque achéménide et même séleucide dont une ou les deux faces sont bombées, souvent dissymétriques et dont la liaison entre les deux faces est arrondie ou anguleuse (Haerinck 1983, fig. 4 ; celles de la fig. 12 : 16-20, sans provenance stratigraphique, sont à attribuer aux phases moyenne et récente de la période parthe).

- Pour les amphores à deux trous (Pl. 35 : GS-2895), voir Haerinck (1980b) qui montre que la datation s'étend sur une longue période, époque parthe incluse.

- Les lampes à glaçure, peu nombreuses dans les tombes par rapport aux exemplaires en céramique commune, présentent les mêmes formes assez simples de ces dernières.

Ces comparaisons avec des ensembles de céramiques provenant d'autres secteurs de Suse, relativement bien calés en chronologie, avaient pour but premier d'identifier la période d'utilisation des six grandes tombes de Suse. Avec la confirmation qu'apportent certaines séries d'autres objets, et notamment les verres, elles assurent la date de nos tombes aux 1er - 2e siècles de notre ère, sans exclure tout ou partie du 3e siècle, début d'une époque mal connue à Suse.

Ces comparaisons ont également permis de montrer que les types de vases trouvés dans les tombes étaient, pour plusieurs d'entre eux, spécifiques du contexte funéraire ou du moins beaucoup plus abondants dans les tombes que dans l'habitat. Les lampes, les *unguentaria* et les gourdes de pèlerins en sont les exemples les plus remarquables ; ces trois types sont rares dans l'habitat où l'on trouve en général un exemplaire dans un contexte donné, tandis qu'une des grandes tombes peut en livrer plusieurs, parfois plus d'une dizaine. Cette spécificité concerne aussi les vases fermés à une ou deux anses en céramique à glaçure.

Sur les sites proches de Suse, on retrouve certaines de ces caractéristiques dans des nécropoles comme celles de Shushtar, à Dostova, fouillées dans les années soixante-dix du siècle dernier (Sarfaraz 1969-70), ou dans celle de Gelālak découverte plus récemment (Rahbar 1999 et 2007). Bard-e Neshandeh et Masjid-i Solaiman, lieux de culte d'époque séleucide et surtout parthe, confirment la date, mais aussi la spécificité de certaines formes comme les petits flacons à deux anses et les gourdes de pèlerins (Ghirshman 1976, Pls. XL, CXIX-CXXIII, Pls. 4-5 et 73).

Au-delà de la région de Suse, et pour s'en tenir uniquement à la Mésopotamie centrale et méridionale, la céramique parthe de Séleucie du Tigre et d'Uruk confirme à la fois la chronologie et les usages spécifiques de certains types de récipients. Ces parallèles sont aussi remarquables que ceux que l'on a pu faire pour les modes d'inhumation et pour l'architecture des tombes construites.

Séleucie du Tigre offre un très riche corpus de céramique, qui a servi de référence depuis les fouilles américaines avant la Seconde Guerre mondiale, puis italiennes dans les années soixante du 20e siècle. On relève l'abondance des lampes et des flacons à glaçure avec deux anses (Debevoise 1934, 251-297, surtout aux 1er-2e siècle de notre ère) ainsi que les jarres (à une anse) sur large fond plat ; les gourdes aux faces bombées ou plates commenceraient dès le début de cette époque (*id.*, figs. 298-304).

Longtemps méconnues, les périodes préislamiques dans le golfe Persique ont fait l'objet de nombreuses études qui font aujourd'hui de cette région une des mieux connues du Moyen-Orient. Il est utile de rappeler ici que la majorité, sinon la totalité de la céramique à glaçure trouvée sur les sites le long de la côte arabe du golfe Persique, est de provenance mésopotamienne. Ces importations sont attestées non seulement dans la partie nord-ouest du Golfe, mais plus encore sur le site côtier d'ed-Dur, Emirat d'Umm al-Qaiwain (EAU), d'après les analyses effectuées sur la pâte et la glaçure (De Paepe, Rutten, Vrydaghs, Haerinck 2003, 212, 221-221, 224)

Le matériel de plusieurs nécropoles de l'île de Bahrain, fouillées au début de ce siècle, a été récemment publié (Andersen 2007) ; il fournit un bon exemple du catalogue des formes produites entre 200 avant et 450 après J.-C. Une première constatation rapproche ce matériel funéraire de celui de Suse ; l'importance de la céramique à glaçure est dominante au cours des Phases II (50 avant-50 après J.-C.) et III (50-150 après) de Bahrain. En revanche, les nécropoles de l'île offrent un assemblage beaucoup plus large de formes ouvertes — bols et coupes — que Suse, et relativement moins de formes fermées, comme les cruches et les jarres. Pour les vases en verres, très nombreux et variés, les tombes de Bahrain semblent plus riches que celles de Suse à la même époque, avec sans doute plus de matériel importé.

Les gourdes paraissent très rares en comparaison du grand nombre trouvé à Suse (Andersen 2007, 178-179), mais il est intéressant de noter que la majorité provient de la Phase III (50 avant - 150 après J.-C.) ; un exemplaire a les faces bombées, mais d'autres sont plus aplaties, comme celles de Suse et de bien d'autres sites.

Une absence remarquable dans les nécropoles de Bahrain est celle des lampes, à moins qu'elles n'aient pas été étudiées. Si cette absence était confirmée, elle indiquerait que ces objets ont bien un usage fonctionnel dans les tombes souterraines de Suse, car à Bahrain elles ne le sont pas.

À Failaka (Koweit), le matériel de la forteresse, finement étudié par L. Hannestad, confirme *a contrario* la datation de la céramique des tombes de Suse à l'époque parthe ; en effet, les comparaisons sont peu nombreuses avec ce matériel surtout séleucide (milieu 3e - fin du 2e siècle avant JC) et, pour un petit groupe, du tournant de notre ère (Période II). Elles ne concernent que les petits flacons à anses, dont la panse est plus bombée à Failaka (Hannestad 1983, Pl. 29), et une seule gourde de pèlerin aux faces plates, tardive, se différenciant très bien des exemples bombés antérieurs (*id.*, Pls. 31-33).

4.3.2. Perles

Plusieurs perles (Pl. 16 : GS-725), appartenant probablement à un collier, ont été découvertes dans la TV 2, dans le sarcophage supérieur de la niche de droite qui contenait les ossements de trois individus. Ces perles ont été trouvées autour du cou du dernier squelette, probablement celui d'une femme en raison des objets qui l'accompagnait (un peigne, un miroir et un bracelet). Le collier était constitué de douze perles en ambre (selon Ghirshman), cornaline et agate.

La TV 6 ne contenait qu'une perle très légère en coquillage ou en corail, de couleur rouge groseille (Pl. 35 : GS-2898).

4.3.3. Objets en os

4.3.3.1. *Divers*

Outre un *peigne* en os cassé (Pl. 16 : GS-726), trouvé sur le sarcophage supérieur à droite de la TV 2, une *épingle* en os, longue de 9 cm, provient de la TV 3 (Pl. 19 : GS-739b).

4.3.3.2. *Trois figurines de femmes nues en os*

Elles proviennent de deux tombes (TV 3, Pl. 19 : GS-698 et TV 5 : Pl. 29 : GS-2492 et GS-2493 (incomplète), Pl. 30 : d). Ce type de figurines est bien connu à Suse. Sur la Ville des Artisans, R. Ghirshman a trouvé pas moins de treize figurines (Boucharlat, Haerinck 1994) dans différents types de tombes d'époque parthe. Deux groupes sont reconnus, le premier est sculpté dans un os long ; le second est utilisé comme une plaquette.

Dans le premier groupe (type A de Boucharlat, Haerinck 1994), le devant de la figurine est exécuté sur la face légèrement bombée de l'os. Les détails du corps sont incisés de façon rudimentaire. Ce type mesure entre 9 et 15 cm de haut ; les bras, faits séparément, sont largement écartés et ne sont pas mobiles. Certaines de ces figurines portent parfois des traces de peinture.

Les figurines de TV 3 et TV 5 appartiennent au deuxième groupe (types B et C de Boucharlat, Haerinck 1994), ici avec une représentation très schématisée (type B). Celle de TV 3 (GS-698) est sur plaquette et présente les mêmes caractéristiques de schématisation du corps que le groupe A, mais on ne reconnaît plus la forme de l'os. Le visage et les seins sont légèrement en relief et les autres détails sont incisés. Les seins et les hanches sont représentés avec plus de relief que sur les autres figurines. Les bras, faits séparément, manquent. La plaquette de TV 3 a apparemment été découverte sous la tombe.

Les deux autres figurines de la TV 5 (GS-2492 et 2493) sont également des plaquettes, mais elles sont plus réalistes (type C) ; la chevelure est tressée en turban, les hanches sont prononcées, les jambes serrées et les bras sont fixes ou mobiles. Lorsqu'ils sont fixes, ils sont ramenés sous la poitrine et les seins ne sont pas indiqués. D'autres sous-groupes existent également.

Ces figurines aux formes assez molles ont été fabriquées par des artisans qui ont voulu souligner certaines formes spécifiques de la femme. Leur élaboration n'a pas été dictée par la forme de l'os. Le dos des plaquettes est travaillé et fait ressortir les cuisses.

Ces figurines en os ne sont pas seulement attestées à Suse où de nombreux exemplaires proviennent d'ailleurs de tombes individuelles qui, parfois, pouvaient en contenir plusieurs ; elles sont également fréquentes en Mésopotamie méridionale et centrale, aussi bien dans le contexte de l'habitat que dans celui des tombes. Dans l'étude consacrée à ces objets découverts à Suse par R. Ghirshman, nous avions essayé de préciser leur distribution, leur fonction et leur datation (Boucharlat, Haerinck 1994). En Iran, ces figurines sont attestées à Masdjid-i Sulaiman, dans le Grand Temple, couloir NW (Ghirshman 1976, Pl. 40 : GMIS-332, Pl. CII : 5). En Mésopotamie, des figurines identiques sont connues à Uruk, Nippur, Babylone, Séleucie/Ctésiphon, Tell Haidar et Nuzi/Yorgan Tépé. La présence la plus occidentale a été notée en Syrie, notamment à Tell Sheikh Hamad, sur le Khabour (Novak, Oettel, Witzel 2000, 73-7 ; type A : fin 1er s. av. J.-C. - 1er siècle de notre ère). Un exemplaire unique a été découvert à Bahrain (Lombard 1999, 180, n° 267).

Les circonstances de découverte semblent indiquer que ces figurines avaient une fonction aussi bien pour les vivants que pour les morts, enfants ou adultes. Elles ont pu être de simples jouets, ou plutôt s'inscrire dans le cadre de croyances populaires et magiques. Quant à leur date, ces figurines proviennent toutes d'un contexte parthe et ne sont donc pas sassanides comme le suggérait R. de Mecquenem (1934, 219-220) pour Suse. Aucune de ces figurines ne semble provenir d'un contexte séleucide. Les figurines du type A seraient à situer entre la deuxième moitié du 2e siècle av. J.C. et le début du 2e siècle de notre ère. Le type C, correspondant aux représentations les plus réalistes, serait à dater entre le 1er siècle de notre ère, ou la 2e moitié de ce siècle, et la fin du 2e siècle.

4.3.4. Objets en terre cuite

4.3.4.1. *Figurine*

L'inventaire ne mentionne qu'un seul fragment de figurine en terre cuite, faite dans un moule simple (Pl. 23 : GS-2341 de la TV 4). Il s'agit d'une statuette de femme nue aux bras allongés le long du corps, d'un type attribué à l'époque séleuco-parthe à Suse (Martinez-Sève 2002a, 312-327, 708). Ce type appartient à l'iconographie orientale.

LES SIX TOMBES À INHUMATIONS MULTIPLES (TV 1 - TV 6)

4.3.4.2. Pseudo-tablettes

Un objet en terre cuite de forme quadrangulaire a été découvert dans la TV 1, *loculus* O, sur le sol de la chambre ; il porte sur les six faces une imitation de l'écriture cunéiforme (Pl. 11 : GS-609). Cet objet curieux n'est pas unique ; deux autres exemples ont été trouvés dans les Tombes 30 et 31, apparemment un peu plus anciennes, dans la même nécropole de la Ville des Artisans.

4.3.5. Objets en pierre

4.3.5.1. Plat

Du 1er sarcophage à droite de la TV 1 proviennent deux fragments d'un plat en albâtre (Pl. 11 : GS-593a : H. 2,4 cm ; diam. 15 cm).

4.3.5.2. Alabastra

Dans la TV 1, deux alabastra ont été trouvés ensemble dans le premier sarcophage à droite avec les deux fragments du plat que nous venons de mentionner. L'un est un petit alabastron à col mouluré en pierre grise (Pl. 11 : GS-590 ; H. 7 cm). Un exemplaire identique a également été trouvé à Suse dans un niveau séleucide (Boucharlat *et al.* 1987, 299, fig. 80 : 4). Du même sarcophage provient un autre alabastron à col cassé, également en pierre grise (Pl. 11 : GS-591). Ce type de flacon ou bouteille généralement en albâtre est habituellement attribué à l'époque achéménide, époque qui vit la diffusion des modèles égyptiens. Nombre d'entre eux sont assurément de cette période, comme l'indiquent les inscriptions royales dans une ou plusieurs des trois langues en écriture cunéiforme de l'empire ou même en hiéroglyphes que portent plusieurs vases, à Suse et à Persépolis. Objets assez luxueux, ils ont pu être conservés longtemps, ou bien imités après l'époque achéménide. C'est ce que montre la collection d'alabastra d'Uruk, dont une grande partie provient des niveaux séleucides et parthes (Strommenger 1967, 40-41, Taf. 52-53, 1-4). De même, à Aï Khanum, à l'époque hellénistique (3e et première moitié du 2e siècle avant J.-C.), des séries d'alabastra relèvent de la production locale et d'importations (par ex. ceux de la Trésorerie, cf. Rapin 1992, 157-160, 329, Pl. 72).

4.3.6. Objets en cuivre/bronze

4.3.6.1. Miroir

Un miroir en bronze (Pl. 16 : GS-723 ; H. 22 cm ; diamètre 12,6 cm) provient du sarcophage supérieur abritant les ossements de trois individus dans la TV 2. Il appartient sans doute au dernier corps enseveli, probablement une femme qui portait un collier, un peigne et un bracelet. Le miroir comprend un disque circulaire et un manche en forme de femme nue debout sur un petit socle, une main étant posée sur la hanche. L'autre bras soutient un disque décoré de cercles concentriques. Celui-ci repose sur la tête où il est maintenu par un élément conique (chevelure ?).

Ce miroir appartient à un type qui ne semble être connu qu'en Iran du sud-ouest. Il en existe deux variantes : la première représente une femme nue, en position d'atlante, qui soutient un miroir circulaire ; dans la seconde, la femme toujours nue, pose une main sur la hanche. C'est à cette dernière variante, qui semble être la plus courante, qu'appartient le miroir présenté ici. À notre connaissance, ce type de miroir n'est jusqu'à maintenant connu qu'à Suse (voir aussi de Mecquenem 1934, 222, fig. 69) et à Masdjid-i Sulaiman (Ghirshman 1976, 82, Pl. CIV : 1-4 et 14 ; Pl. 42 : GMIS-234 ; Pl. 57 : GMIS-306, GMIS-237 et GMIS-253).

4.3.6.2. *Plaquettes de serrure*

De la TV 1 (Pl. 11 : GS-608) proviennent une plaquette en bronze longue de 6 cm, large de 5,5 cm, ainsi qu'une clef (?) en fer. Il s'agit d'une fermeture de coffret avec ouverture pour la clef et, aux quatre coins, des clous pour la fixer sur le bois. Deux beaux exemples de coffrets en bois proviennent d'un sarcophage trouvé près de la ville actuelle de Mangalia, en Roumanie (Cat. exposition 1994, 204, n° 80.23 et 2006, n° 80.13). L'ensemble des objets trouvés dans ce sarcophage daterait du milieu du 2e siècle de notre ère.

On peut citer plusieurs objets identiques ou semblables trouvés dans les fouilles, notamment d'ed-Dur aux Emirats Arabes Unis (Haerinck 1996, 71, n° 10 = exemple carré ; *id*. 2001, Pl. 96 : 33, Pl. 121 = exemple circulaire) et d'Aï Khanoum en Afghanistan (Francfort 1984, 63, n° 26 ; Pl. 23, Pl. XXV ; Guillaume, Rougeulle 1987, 30, Pl. 12 : 5-6, Pl. VIII : 4, 5 ; 0564, 0572 ; 0562, 0568, 0575, 0577, aussi bien en bronze qu'en fer). D'autres plaquettes auraient été trouvées à Delos (Grèce) et à Salamine (Chypre), ainsi qu'à Begram et Taxila.

De la TV 4 proviennent plusieurs plaques en fer (non illustrées) qui ornaient probablement un coffret. Une plaquette avait un trou pour la clef.

4.3.6.3. *Anneau et bracelet en bronze*

De la TV 3 provient un simple *anneau* (Pl. 19 : GS-739a) (diam. 2,3 cm).

Un *bracelet* (torsadé ?) (Pl. 16 : GS-718) a été trouvé dans la TV 2. Il appartient au dernier squelette enterré dans le sarcophage supérieur de la niche de droite. Comme on l'a mentionné, ce squelette est probablement celui d'une femme car il était accompagné d'un collier de perles, d'un peigne en os ainsi que d'un miroir en bronze.

4.3.6.4. *Monnaies*

Quatre monnaies seulement ont été trouvées, dont une dans la TV 3 et trois dans la TV 5 (non illustrées). Celle de la Tombe TV 3 est décrite par Roman Ghirshman comme une piécette en bronze attribuable à Orode II, roi d'Élymaïde, à ne pas confondre avec le roi parthe Orode qui régna durant la seconde moitié du 1er siècle avant J.-C. Des trois monnaies trouvées dans TV 5, Ghirshman mentionne que l'une d'entre elles était identique à celle trouvée dans la TV 3. Si l'on suit la chronologie de G. Le Rider (1965, 426-429) le roi élyméen Orode II aurait régné au 1er siècle de n. ère, mais il faut rappeler que la chronologie des rois élyméens est loin d'être établie avec certitude. Néanmoins, si on accepte la date proposée par G. Le Rider, on dispose d'un élément de datation pour les tombes qui ne contredit pas les conclusions que l'on peut tirer des autres objets.

4.3.7. Objets en fer

4.3.7.1. *Anneaux, tiges et clous*

Sur le sol de la Tombe TV 5 gisaient trois anneaux en fer avec tige d'attache qui portent des traces de bois (Pl. 29 : GS-2495a et 2496a et b). R. Ghirshman a suggéré qu'ils appartenaient probablement à un couvercle. De plus, différents clous, parfois à tête bombée mais de sections différentes, une tige aplatie ainsi que d'autres fragments en fer ont également été trouvés sur le sol de la même tombe.

De la Tombe TV 2 proviennent 27 clous en fer de section carrée et à tête bombée (Pl. 16 : GS-717). Ils proviennent de la niche localisée à droite du sarcophage inférieur. R. Ghirshman suggère qu'ils appartiennent à un couvercle en bois, car il a constaté que les deux squelettes de ce sarcophage étaient couverts d'une fine poussière.

LES SIX TOMBES À INHUMATIONS MULTIPLES (TV 1 - TV 6)

4.3.7.2. Couteau

Un simple couteau (Pl. 29 : GS-2495b) provient du sol de la TV 5. Il est intéressant d'observer que les 6 tombes fouillées ne contenaient pas d'armes.

4.3.7.3. Plaquettes en fer

Plusieurs de ces plaquettes (non illustrées, pas de n° de fouilles) ont été trouvées dans la TV 4 ; elles ornaient probablement un coffret. Une plaquette avait un trou pour la clef. Pour cette dernière, voir aussi 4.3.6.2.

4.3.8. Objets en verre

Plusieurs vases en verre soufflé proviennent des TV 2, TV 4 et TV 5.

4.3.8.1. Bouteille piriforme

Verre bleu irisé (Haut. 11,6 cm) (Pl. 16 : GS-724), trouvé dans la niche au milieu de la TV 2, près du sarcophage de droite. Ce type de bouteille est très commun dans le monde romain et oriental (e.a. Dura Europos, Séleucie du Tigre, ed-Dur...) ; il est daté essentiellement du second quart du 1er siècle de notre ère et du début du 2e (Isings 1957, 24, forme 28a ; Whitehouse 1998, 29, fig. 7, Pls. 1 : c et 8 ; Andersen 2007, 27-34).

4.3.8.2. Bouteille à panse godronnée en verre jaune

(TV 4, sol, Pl. 23 : GS-2344 ; Haut. 9,4 cm). Des amphorisques à panse identique, mais à deux anses ont été découverts à Bahrain (Andersen 2007, 44, Type 14) ; cette production est attestée à partir de la deuxième moitié du 1er siècle de notre ère. Le type est également bien représenté dans d'autres régions.

4.3.8.3. Lacrimaires

Deux exemplaires de forme très élancée proviennent de la TV 5 (cf. Pl. 29 : GS-2477, verre opaque ; haut. 13,8 cm et GS-2498, verre jaune clair) ; 1er ou 2e siècle de notre ère (Isings 1957, 42, form 28b ; Hauser 1993, 359-362, nos 42-43, Taf. 136 : d.

Un grand nombre a été trouvé à Dura Europos ; le type est aussi présent à Uruk, Telloh, Babylone, Ctésiphon, Nippur, Nuzi... Des lacrimaires en terre cuite de forme semblable ont été trouvés en grand nombre dans les Tombes TV 4 et TV 5 (voir ci-dessus p. 69).

4.3.8.4. « Amphoriskos » (jarre globulaire à deux anses)

Verre opaque devenu noir (Pl. 29 : GS-2476 ; Pl. 30 : c. Haut. 10,2 cm) ; provient également de TV 5. Il existe un grand nombre de jarres semblables, notamment à Dura-Europos, Assur, Uruk et Bahrain, mais aussi à ed-Dur (Emirats Arabes Unis), toujours avec des anses moins prononcées que sur l'exemplaire de Suse (Whitehouse 1998, 34-35 n° 78 ; Andersen 2007, 41-42). Une datation au 1er siècle de notre ère est très probable.

4.3.9. Objet en fritte/faïence

4.3.9.1. *Œil Oudjat*

Cet œil Oudjat (Pl. 11 : GS-607) a été trouvé dans un sarcophage (d'enfant ?) déposé sur le sol de la chambre de la TV 1(*locus* O). Cette amulette en fritte verte ou bleue est très courante en Égypte où elle est surtout symbole de plénitude physique et de guérison. Au Proche-Orient ce type d'amulette est attesté aux périodes achéménide, séleucide et parthe (Haerinck 1989, 460, 470, fig. 2 : 7 avec références aux sites e.a. de Deve Hüyük, Kamid-al Loz, Til Barsib, Tell Rifa'at, Nippur, Djönü, Ghalekuti et Persépolis). Plusieurs exemples ont également été découverts par Ghirshman (1954a, 69, Pl. XVII : 14 et Pl. LIII) dans le Village perse-achéménide. Unique dans le matériel des six tombes, cet objet est probablement une récupération.

4.4. Conclusion

Les grandes tombes : un type de sépulture de l'élite aux 1er et 2e siècles de notre ère

L'absence de données stratigraphiques, la rareté des données chronologiques internes des tombes et les comparaisons possibles ne permettent guère d'établir la chronologie relative entre les six tombes. R. Ghirshman avait suggéré dans son manuscrit d'attribuer les Tombes 1 et 2 à la période ancienne de l'époque parthe [21] et les nos 3 et 5 à la fin de cette époque. La Tombe 6 était donnée comme récente à cause de l'absence de sarcophage. Enfin la Tombe 4 serait également plus récente que les Tombes 1 et 2. Pour le fouilleur, les six tombes datent donc de la période parthe.

À côté de cette chronologie relative, fondée sur l'architecture et sur une évolution qui verrait la raréfaction puis la disparition des sarcophages, et plus tôt encore, la quasi-disparition des sarcophages anthropoïdes, le mobilier funéraire confirme la période d'utilisation proposée par le fouilleur, les deux ou trois premiers siècles de l'ère chrétienne. Le matériel ne permet pas d'affiner la chronologie interne et il n'est pas sûr qu'un tel objectif soit pertinent ; en effet, si nos tombes rentrent toutes dans cette fourchette de deux siècles à deux siècles et demi, cela ne dépasse peut-être pas de beaucoup le laps de temps qui sépare la date de construction de chacune d'elle et celle de leur abandon. Caveaux familiaux ou bien ceux d'un groupe social donné, ils ont probablement été en usage sur plusieurs générations ; dans ce cas, le mobilier funéraire que chacun contenait peut recouvrir plusieurs décennies, voire plus d'un siècle, à l'instar des inhumations dans des caveaux familiaux de notre époque contemporaine. Il reste que, au cas par cas, des objets peuvent être datés plus précisément, comme les monnaies ou les verres. De tels objets sont datés ou datables, mais leur valeur, celle des verres surtout, permet de penser qu'ils ont pu être conservés assez longtemps avant d'être déposés dans la tombe avec un défunt, ou encore qu'ils sont repris dans la tombe et réutilisés pour un nouveau défunt. Ces objets ne sont donc que des repères chronologiques ponctuels de chronologie absolue. En accord avec cette datation large, nous ne voyons pas la possibilité d'établir une date plus précise pour chaque tombe car, selon notre analyse, elles se situent toutes dans la fourchette 1er - 2e siècle de notre ère, avec la possibilité de déborder sur le 3e siècle (y compris après 224, date traditionnelle du début de la période sassanide), cette dernière période et les siècles suivants étant très mal connus à Suse et sur la plupart des sites mésopotamiens.

La seconde partie de l'époque parthe verrait alors se développer un genre bien défini d'architecture funéraire à Suse et dans sa région (Shushtar, Iwan-e Karkheh), non exclusif des autres, bien au contraire. Il ne correspond pas à un ensemble de pratiques ou de rites particuliers — et en aucun cas mazdéens — car il est l'équivalent des caveaux familiaux de bien d'autres époques, dont la nôtre, et déjà à la période élamite à Suse même.

---

[21] Cette dernière est la seule à contenir un sarcophage de forme anthropoïde, mais sans couvercle ; ce serait un indice d'ancienneté par rapport aux autres.

LES SIX TOMBES À INHUMATIONS MULTIPLES (TV 1 - TV 6)

Il est certain que les sépultures en pleine terre ou en deux jarres, ou en une jarre pour les enfants, et très rarement à Suse même, en sarcophage, se poursuivent pendant ces mêmes siècles. Une question se pose quant à l'usage d'autres types de tombes à inhumations multiples en même temps que celui des caveaux voûtés. Il semble que l'on puisse dater les premières tombes à chambre taillée dans le sol, accessibles par un puits (type 4.1.) d'une période antérieure à l'époque parthe récente, à cause de la présence fréquente de sarcophages anthropoïdes à couvercle figuratif dans ces tombes seulement, alors que ces sarcophages sont presque totalement absents dans les six grandes tombes (un seul cas de forme anthropoïde, sans couvercle, dans la Tombe voûtée n° 2). En revanche, les observations de Ghirshman laissent penser que les tombes en briques crues, semi-enterrées, mais dont la superstructure était probablement visible en surface (notre type 3.), sont parmi les plus récentes ; elles sont datées du 1er siècle avant J.-C. par Ghirshman, alors qu'à Shushtar Gelālak, elles sont datées des 2e et 3e siècle de l'ère chrétienne (cf. p. 22). Dans tous les cas, il y aurait alors au même moment deux, voire trois, types de tombes à inhumations multiples, les grandes tombes, les tombes à puits qui commencent avant celles-ci, et les caveaux de surface. Si ces derniers sont un peu plus récents, ce qui serait le cas à Gelālak près de Shushtar, il y aurait de nouveau, deux types contemporains, ces caveaux de surface et les tombes voûtées. Cette contemporanéité, dont nous ne pouvons pas apprécier la durée, peut traduire des différences de pratiques de groupes distincts, ethniques peut-être, mais certainement aussi une différence sociale, fondée sur la richesse, car les tombes voûtées représentent un vrai projet, celui d'un groupe ou d'une famille, qui nécessite un plan, puis un travail de creusement et surtout de construction qui sont beaucoup plus considérables que dans les deux autres types, le plus simple, les tombes à puits, pouvant même être creusé à l'occasion d'un décès.

À titre d'hypothèse, on conclura que les tombes voûtées représentent les caveaux de riches familles, parmi d'autres types de sépultures multiples, plus simples et plus nombreuses, et de sépultures individuelles (surtout pour les enfants) pour la majorité de la population. Ces caveaux voûtés étaient-ils nombreux à Suse ? Ils paraissent limités à la Ville des Artisans et, sur ce tell, où R. Ghirshman les a recherchés avec persévérance pendant six campagnes, ils ne semblent pas très nombreux et paraissent concentrés, écrit-il, à la bordure occidentale du tell, là où J.M. Unvala en avait découvert d'autres entre 1927 et 1934. Un coup d'œil sur le plan de Suse invite cependant à nuancer ce constat, car les fouilles très importantes de Ghirshman ne sont jamais, pour la plupart d'entre elles, que des sondages à l'échelle du tell.

Une autre question non moins importante reste sans réponse claire : la relation entre ces tombes monumentales et les tombes en général, ainsi que la relation entre ces caveaux et l'habitat. Il semble qu'à la période post-achéménide ancienne (et séleucide) il y ait peu d'habitats sur la Ville des Artisans, mais déjà des tombes. À la période parthe ancienne (2e-1er siècle avant J.-C.) et récente (1er-2e siècle de notre ère), la question de la relation entre l'architecture domestique et les tombes n'est pas résolue, malgré nos efforts pour lire les relevés, plans et coupes de R. Ghirshman. En revanche les ateliers de potiers, et probablement les ateliers de coroplathes, peut-être même de verriers, sont bien attestés, des activités qui ne cesseront pas avec l'époque parthe (des ateliers d'époque sassanide sont également mentionnés), tandis que s'établiront certainement des habitats. Ces ateliers, comme ceux de beaucoup de sites antiques, ont toutes les raisons de s'installer à proximité des cimetières : ils y trouvent plus de place qu'au cœur des villes et ils sont à proximité d'une clientèle de choix.

TABLEAUX

TABLEAUX

Tombe voûtée n° 1

LOCUS	SARCOPHAGES SQUELETTES	CÉRAMIQUE	N° GS	PL.	OBJETS	N° GS	PL.
entrée (11e-12e marches)	-	- 3 grandes jarres à fond arrondi et col cassé fermaient la tombe	-	-	-	-	-
escalier (dernières marches)	-	- petite gourde, glaçure grise - lampe à bec, terre gris-noire	600 600a	9 10	-	-	-
loc. M (1er à droite en descendant)	grand sarcophage avec un adulte	- 8 lampes à bec (7 gris-noir ; 1 rosée) - 1 petite cruche, glaçure grise (incomplet) - 4 coupes, dont une à glaçure	592a-h 593b 594a-d	10 8 7	- alabastron (pierre grise ; col mouluré) - alabastron (pierre grise ; col cassé) - 2 fragments d'une coupe en albâtre	590 591 593a	11 11 11
loc. P (second loc. à gauche)	sarcophage d'enfant	- gourde, glaçure grise, col bleu - 2 petites gourdes, glaçure grise - petite cruche jaune, panse godronnée - lampe à bec gris-noir	595 596 & 596a 597b 597a	9 9 9 8 10	-	-	-
loc. L (2e sarcophage à droite)	sarcophage avec un adulte	- 3 gourdes, glaçure grise - écuelle, rose	598 598b	9 7	-	-	-
loc. N (2e sarcophage à gauche, chambre du fond)	sarcophage avec 3 squelettes	- 5 gourdes, glaçure grise (2 en bon état) - coupe, verdâtre fine - lampe à bec, terre noire	599 599a 599b -	9 9 7 -	-	-	-
loc. K banquette du milieu	sarcophage avec 4 squelettes	- 3 gourdes, glaçure grise (2 en bon état) - lampe à bec, grise, bec noirci - 2 écuelles écrasées	601 601a 601b -	9 9 10 -	-	-	-
loc. I chambre du fond banquette à droite	sarcophage supérieur avec 3 squelettes	- 3 gourdes, glaçure grise - 3 lampes à bec, gris-noir - 5 écuelles en céramique fine, grise ou verdâtre	602 et 602 a+b 603 a-c 603d-h	9 9 10 7	-	-	-
loc. H banquette à droite	sarcophage avec un seul mort allongé	- 3 gourdes, glaçure grise - 8 écuelles en céramique très fine	604 a-c 604 a-c	9 7	-	-	-
loc. O sur le sol de la chambre	Sarcophage avec enfant allongé sur le dos	- 5 gourdes, glaçure grise - 6 lampes à bec, gris-noir - petit vase à fond pointu, panse godronnée, jaune	605 a-e 606 a-f 606 g	9 10 8	- oudjat en fritte/faïence - fermeture de coffret (?) et clef (?) en fer - tablette en terre cuite, couverte sur les 6 côtés avec une imitation d'écriture cunéiforme	607 608 609	11 11 11
sol de la chambre du fond	-	- 2 gourdes, glaçure grise - cruche, glaçure bleue, large anse rubanée - fragment de jarre, glaçure verte	610 a-b 611 612	9 8 8	-	-	-

TABLEAUX

Tombe voûtée n° 2

LOCUS	SARCOPHAGES SQUELETTES	CÉRAMIQUE	N° GS	PL.	OBJETS	N° GS	PL.
sol du tombeau, sur petite banquette, à droite	-	- très grande jarre ovoïde	-	-	-	-	-
face à l'escalier : dans un *loculus*	un squelette	- 2 gourdes, glaçure bleu passé - plusieurs écuelles	-	-	-	-	-
niche à droite	2 sarcophages : inférieur : avec couvercle de bois à 27 clous en fer (2 squelettes couverts d'une fine poussière) ;	-	-	-	- 27 clous en fer de section carrée, à tête bombée	717	16
	supérieur : 3 squelettes (le dernier est celui d'une femme portant collier, peigne, miroir et bracelet)	-	-	-	- collier de perles en agate, cornaline et ambre (selon Ghirshman) ; pendentif : une grande agate - peigne en os (à droite) - miroir en bronze au manche en forme de femme nue - bracelet en bronze, fait de 2 tiges	725 726 723 718	16 16 16 16
niche du milieu	7 squelettes en vrac	-	-	-	- flacon en verre	724	16
niche de gauche	5 squelettes ; 2 sarcophages - le sarcophage infér., de forme anthropoïde, contient 2 squelettes ; couvercle en terre cuite - sarcophage supérieur avec 2 squelettes - 1 squelette sur le sol de la niche	-	-	-	-	-	-
		- 5 gourdes à glaçure bleu passé - 10 écuelles en céramique fine - 13 lampes à bec en majorité abandonnées vers l'angle intérieur de la niche de droite ; terres gris-noir ; deux autres lampes ont été abandonnées sur la seconde et la quatrième marche	722 719 a-i 720 a-l 721	14 14 15 15	-	-	-

TABLEAUX

Tombe voûtée n° 3

LOCUS	SARCOPHAGES SQUELETTES	CÉRAMIQUE	N° GS	PL.	OBJETS	N° GS	PL.
à l'entrée, à droite de la petite pièce qui faisait fonction de dromos		- cruche, grise - lampe, glaçure blanchâtre, bec noirci	731 727	18 19	-	-	-
à droite et alignés contre le mur		- cruche, glaçure claire avec des traces de bleu - cruche, glaçure argentée - cruche, glaçure argentée	730 728 729	18 18 18	-	-	-
angle gauche, chambre funéraire et sur le sol		- cruche, glaçure blanchâtre - jarre à deux anses, panse et col godronnés, brune	732 733	18 18	-	-	-
banquette de gauche	au moins 12 squelettes	- 1 cruche - 1 lampe	-	-	-	-	-
banquette face à l'entrée	1 mort allongé sur le dos		-	-	-	-	-
devant le dernier mort allongé sur la banquette du fond		- flacon, glaçure verte	734	18	-	-	-
banquette de gauche	12 squelettes	- jarre à deux anses, panse et col godronnés ; brune - cruche, glaçure de couleur ivoire - cruche, glaçure blanchâtre - cruche - 2 lampes à bec ; terre gris-noir	737 735 736 738 a-b	18 18 18 19	- anneau en bronze - épingle, incomplète, en os - piècette en bronze attribuée à Orode II, roi d'Élymaïde	739 739b -	19 19 -
sous la tombe TV 3		-	-	-	- figurine en os sculpté	698	19

83

TABLEAUX

Tombe voûtée N° 4 (pas d'ossements)

CÉRAMIQUE	N° GS	PL.	OBJECTS	N° GS	PL.
- 2 écuelles, céramique commune	2337 a-b	21	- fragment de figurine en terre cuite grise de femme nue aux bras allongés le longs du corps	2341	23
- 2 petits vases à fond pointu ; céramique commune	2338 a-b	21	- petit flacon en verre jaune soufflé ; panse godronnée	2344	23
- cruche, céramique commune	2335	21	- plusieurs plaques en fer, qui probablement ornaient un coffret ; une avec un trou pour la clef	-	-
- fragment de cruche	2334a	21			
- 2 cols de cruches	2334b-c	21			
- fragment de cruche	2334 d	21			
- 3 lampes à bec, gris-noir	2339 2340 a-b	21 21			
- écuelle en céramique fine	2336	21			
- cruches, glaçure marron foncé	2345 a-c	21			
- 12 *unguentaria* à glaçure vert-jaune/gris-blanc	2342 a-l	23			
- 14 gourdes à glaçure bleu passé au gris ; marques de pernette	2343 a-n	22			

TABLEAUX

Tombe voûtée n° 5

LOCUS	SQUELETTES	CÉRAMIQUE	N° GS	PL.	OBJETS	N° GS	PL.
creux dans la banquette de droite		- flacon, glaçure bleu passé au blanc sale	2505	27	-	-	-
banquette de gauche		- jarre, jaune commune - cruche, glaçure bleu passé au blanc - cruche, glaçure chocolat - lampe, glaçure passée au jaune-vert	2502 2499 2500 2503	28 28 28 27	- flacon avec 2 anses coudées ; verre opaque presque noir - *unguentarium* de forme élancée, verre opaque - fond d'un *unguentarium*, pâte de verre jaune clair (mêlés aux ossements, sur la banquette)	2476 2477 2498	29 29 29
posés contre la banquette de gauche		- cruche, glaçure bleu passé au blanc - cruche, glaçure bleu passé au blanc - cruche, glaçure bleu passé au gris	2487 2488 2489	28 28 28	-	-	-
banquette de fond	1 sarcophage						
sol de la chambre		- cruche, cér. commune verdâtre - coupe rougeâtre - 3 coupes en céramique fine jaune - coupe en céramique fine jaune	2490 2491 2494a-c 2494d	28 27 27 27	- 2 figurines en os, dont une incomplète - trois anneaux en fer à tiges d'attache qui portent des traces de bois, probablement d'un couvercle de sarcophage - tige en fer aplatie - couteau en fer - clous et divers fragments en fer	2492 2493 2496a 2496b 2495a 2496c 2495b 2497	29 29 29 29 29 29 29
					- 3 monnaies (une du roi Orode II, d'Élymaïde) (identique à celle trouvée dans la TV 3)	-	-
		- vase de forme cylindrique, glaçure bleu - cruche, glaçure bleu passé au blanc sale - cruche à anse torsadé, glaçure brun - cruche, glaçure bleu pâle - cruche, glaçure bleu pâle - vase à 2 anses, glaçure bleu passé au blanc sale	2478 2483 2484 2485 2501 2482	27 28 28 28 28 27			
		- 7 *unguentaria*, glaçure passée au jaune (sur le sol)	2480 2504 2479a-b 2481a-c	27 27 27 27			

TABLEAUX

Tombe voûtée n° 6

LOCUS	CÉRAMIQUE	N° GS	PL.	OBJETS	N° GS	PL.
- banquette de fond : 3 squelettes, dont 2 intacts et allongés - banquette de droite : ossements en vrac de 2 squelettes - banquette de gauche : rien	- fragment de vase à deux anses, céramique gris-clair	2897	35	- perle en coquillage	2898	35
	- coupe à omphalos marqué, jaune	2899	35			
	- coupe à omphalos marqué, rosé	2900	35			
	- cruche avec deux goulots à la base ; glaçure grise ; le col manque	2895	35			

BIBLIOGRAPHIE

AMIET, P., 1967 : *Elam*, Auvers-sur Oise.
— 1988 : *Suse. 6000 ans d'histoire*. Paris.
ANDERSEN, S.F., 2007 : *The Tylos Period Burials in Bahrain* I. *The Glass and Pottery Vessels*, Manama-Aarhus.
ANDERSON-STOJANOVIĆ, V.R., 1987 : « The Chronology and Function of Ceramic Unguentaria », *AJA* 91/1, 105-122.
AZARNOUSH, M., 1975 : « Excavations at the Cemetery of Sang-e Sir area » in BAGHERZADEH, F. (Ed.), *Proceedings of the IIIrd Annual Symposium on Archaeological Research in Iran*, Tehran, 51-72.
— 1979 : « Deux saisons de fouilles à la nécropole de "Sang-e Šir" Hamadan », *Akten des VII. Internationalen Kongresses für iranische Kunst und Archäologie* (= *AMI*, Ergänzungsband 6), 281-286.
— 1981 : « Excavations at Kangavar », *Archäologische Mitteilungen aus Iran* 14, 69-94.
BOEHMER, R.M., PEDDE, F., SALJE, B., 1995 : *Uruk. Die Gräber*, (= *Ausgrabungen in Uruk-Warka, Endberichte* 10), Mainz am Rhein.
BOUCHARLAT, R. (avec la collaboration de J. Perrot et D. Ladiray), 1987 : « Les niveaux post-achéménides à Suse, secteur nord. Fouilles de l'Apadana-Est et de la Ville Royale-Ouest (1973-1978) », *Cahiers de la Délégation Archéologique Française en Iran* 15, 145-311.
— 1991 : « Pratiques funéraires à l'époque sassanide dans le sud de l'Iran », in BERNARD, P., GRENET, F. (éds.), *Histoire et Cultes de l'Asie Centrale préislamique. Sources écrites et documents archéologiques. Actes du Colloque international du CNRS (Paris, 22-28 novembre 1988)*, Paris, 71-82.
— 1993 : « Pottery in Susa During the Seleucid, Parthian and Early Sasanian Periods », in FINKBEINER, U. (Hrsg.), *Materialien zur Archäologie der Seleukiden- und Partherzeit im südlichen Babylonien und im Golfgebiet. Ergebnisse der Symposien 1987 und 1989 in Blaubeuren*, Tübingen, 41-57.
BOUCHARLAT, R., HAERINCK, E., 1994 : « Das Ewig-Weibliche. Figurines en os d'époque parthe de Suse », *Iranica Antiqua* XXIX, 185-199.
BOUCHARLAT, R., LABROUSSE, A., 1979 : « Le palais d'Artaxerxès II sur la rive droite du Chaour à Suse », *Cahiers de la Délégation Archéologique Française en Iran* 10, 21-136.
CAT. EXPOSITION, 1994 : *Goldhelm, Schwert und Silberschätze. Reichtümer aus 6000 Jahren Rumänischer Vergangenheit. Ausstellung 29 Jan. bis 17 April 1994*, Frankfurt am Main.
CHEVALIER, N., 2008 : « Henri Pacifique Delaporte (1862) et Babylone », *Les dossiers d'archéologie*, Hors série 14 (mars 2008), 64-69.
CURTIS, J., 1976 : « Parthian Gold from Nineveh », *The British Museum Yearbook 1. The Classical Tradition*, 47-66.
— 1979 : « Loftus' Parthian Cemetery at Warka », *Akten des VII. Internationalen Kongresses für iranische Kunst und Archäologie*, (= *AMI*, Ergänzungsband 6), 309-317.
— 1983 : « Late Assyrian Bronze Coffins », *Anatolian Studies* XXXIII, 85-95.
— 1995 : « Gold Face-Masks in the Ancient Near East », in CAMPBELL, S., GREEN, A. (Eds.), *The Archaeology of Death in the Ancient Near East*, (= *Oxbow Monographs* 51), 226-231.

— 2008 : « The bronze coffins from Nimrud », in Curtis, J., McCall, H., Collon, D., Gailani Werr, L. (Eds.) : *New Light on Nimrud. Proceedings of the Nimrud Conference 11th-13th March 2002*, London, 163-169.

Debevoise, N.C., 1934 : *The Parthian Pottery from Seleucia on the Tigris* (= University of Michigan Studies, Humanistic Series XXXII), Ann Arbor.

Delougaz, P., Kantor, H.J. (Edited by A. Alizadeh), 1996 : *Choga Mish I. The First Five Seasons of Excavations 1961-1971* (= Oriental Institute Publications 101), Chicago.

De Paepe, P., Rutten, K., Vrydaghs, L., Haerinck, E., 2003 : « A Petrographic, Chemical and Phytolith Analysis of Late Pre-Islamic Ceramics from ed-Dur (Umm al-Qaiwain, U.A.E.) », in Potts, D., al Naboodah, H., Hellyer, P. (Eds.), *Archaeology in the United Arab Emirates, Proceedings of the First International Conference on the Archaeology of the U.A.E.*, 207-228.

Dieulafoy, M., 1893 : *L'acropole de Suse, d'après les fouilles exécutées en 1884, 1885, 1886*, Paris.

Elayi, J., 1988 : « Les sarcophages phéniciens d'époque perse », *Iranica Antiqua* XXIII, 27-322.

Finkbeiner, U., 1982 : « Seleukidische und parthische Gräber in Uruk », *Baghdader Mitteilungen* 13, 155-162.

— 1992 : « Keramik der seleukischen und parthischen Zeit aus den Grabungen in Uruk-Warka. II. Teil : Die Grabungen im bereich des Gareus-Tempels und in den Arealen U/V18 », *Baghdader Mitteilungen* 23, 473-580.

— 1993 : « Uruk–Warka. Fundstellen der Keramik der Seleukiden- und Partherzeit », in Finkbeiner, U. (Hrsg.), *Materialen zur Archäologie der Seleukiden- und Partherzeit im südlichen Babylonien und im Golfgebiet. Ergebnisse der Symposien 1987 und 1989 in Blaubeuren*, Tübingen, 3-16.

Francfort, H.-P., 1984 : *Le sanctuaire du Temple à niches indentées. 2 : Les Trouvailles* (= Fouilles d'Aï Khanoum III = Mémoires de la Délégation Archéologique Française en Afghanistan XXVII), Paris.

Frede, S., 2000 : *Die phönizischen anthropoiden Sarkophage* (2 vol.), Mainz am Rhein.

Frye, R.N., 1995 : « The Fate of Zoroastrians in Eastern Iran », in Gyselen, R. (ed.), *Au carrefour des religions. Mélanges offerts à Philippe Gignoux* (= Res Orientales VII), Bures-sur-Yvette, 67-72.

Gasche, H., 1996 : « Les tombes achéménides tardives et séleucides de Tell ed-Dēr, Abū Qubūr et Mahmūdīyah », *Northern Akkad Project Reports* 10, 39-84.

— 2002 : « Une résidence parthe dans le quartier nord de la Ville Royale de Suse », *Akkadica* 123, 183-190.

Ghirshman, R., 1947 : « Une saison de fouille à Suse (campagne d'hiver 1946-47) », *Comptes Rendus de l'Académie des Inscriptions et Belles-Lettres*, 444-449.

— 1947-48 : « Une mosquée de Suse du début de l'Hégire », *Bulletin d'études orientales* 12, 77-79.

— 1948 : « Campagne de fouilles à Suse en 1947-48 », *Comptes Rendus de l'Académie des Inscriptions et Belles-Lettres*, 328-336.

— 1949 : « Fouilles de Suse, campagne de 1848-1949 », *Comptes Rendus de l'Académie des Inscriptions et Belles-Lettres*, 69-74.

— 1950 : « Fouilles de Suse, campagne 1949-1950 », *Comptes Rendus de l'Académie des Inscriptions et Belles-Lettres*, 233-238.

— 1951 : « Campagne de fouilles à Suse en 1950-1951 », *Comptes Rendus de l'Académie des Inscriptions et Belles-Lettres*, 293-301.

— 1952a : « Recherches archéologiques dans la Susiane », *Comptes Rendus de l'Académie des Inscriptions et Belles-Lettres*, 282-287.

— 1952b : « Cinq campagnes de fouilles à Suse, 1946-1951 », *Revue d'Assyriologie et d'Archéologie Orientale* XLVI, 1-18.

— 1954a : *Village perse-achéménide*, (= Mémoires de la Mission Archéologique en Iran XXXVI), Paris.

— 1954b : « Travaux de la Mission archéologique française en Susiane », *Ars Orientalis* I, 173-174.

— 1954c : *Persia from the Earliest Times to the Islamic Conquest*, London [traduction de *L'Iran des origines à l'Islam*, Paris, 1951].

BIBLIOGRAPHIE

— 1976 : *Terrasses sacrées de Bard-e Néchandeh et de Masdjid-i Solaiman. L'Iran du sud-ouest du VIIIe s. av. notre ère au Ve s. de notre ère.* (= Mémoires de la Délégation Archéologique en Iran XLV), Paris.

GRAZIANI, G., 1968-69 : « Excavations in Squares CLXXI, 54/55/56/64/65/66 (Porticoed Street) », *Mesopotamia* III-IV, 43-55.

GRENET, F., 1984 : *Les pratiques funéraires dans l'Asie centrale sédentaire de la conquête grecque à l'islamisation*, Paris.

GUILLAUME, O., ROUGEULLE, A., 1987 : *Les petits objets* (= Fouilles d'Aï Khanoum VIII = Mémoires de la Délégation Archéologique Française en Afghanistan XXXI), Paris.

HAERINCK, E., 1980a : « Les tombes et les objets du sondage sur l'enceinte de Abū Ḥabbah », *Tell ed-Dēr* 3, Leuven, 53-79.

— 1980b : « Twinspouted Vessels and Their Distribution in the Near East from the Achaemenian to the Sasanian Periods », *Iran* XVIII, 43-54.

— 1983 : *La céramique en Iran pendant la période parthe (ca. 250 av. J.C. à ca. 225 après J.C.) : Typologie, chronologie et distribution* (= Iranica Antiqua Suppl. II), Gent.

— 1989 : « The Achaemenid (Iron Age IV) period in Gilan, Iran », *in* DE MEYER L., HAERINCK, E. (éds.), *Archaeologia Iranica et Orientalis. Miscellanea in honorem Louis Vanden Berghe*, Gent, 455-474.

— 1996 : « The Seventh and Eight Belgian Archaeological Expeditions to ed-Dur (Umm al-Qaiwain) », *Arabian Archaeology and Epigraphy* 7, 69-74.

— 2001 : *The Tombs* (= Excavations at ed-Dur, Umm al-Qaiwain, United Arab Emirates II), Leuven.

HALLER, A. VON, 1954 : *Die Gräber und Grüfte von Assur* (= WVDOG 65), Berlin.

HANNESTAD, L., 1983 : *The Hellenistic Pottery of Failaka* (2 vol.) (= Ikaros. The Hellenistic Settlements 2, = Jutland Archaeological Society Publications XVI/2), Aarhus.

HAUSER, St. R., 1993 : « Eine Arsakidenzeitliche Nekropole in Ktesiphon », *Baghdader Mitteilungen* 24, 325-420.

HENNEQUIN, L., 1939 : « Trois sarcophages anthropoïdes en poterie trouvés à Tell-Douweir (Palestine) », *Mélanges syriens offerts à Monsieur René Dussaud* (Tome II), Paris, 965-974.

HESSE, A., 1973 : « Cachets à figuration animale des briques de Suse », *Cahiers de la Délégation Archéologique Française en Iran* 3, 81-91.

HUFF, D., 1988 : « Zum Problem zoroastrischer Grabanlagen in Fars. I. Gräber », *Archaeologische Mitteilungen aus Iran* 21, 145-176.

— 2004 : « Archaeological Evidence of Zoroastrian Funerary Practices », *in* STAUSBERG, M. (Ed.), *Zoroastrian Rituals in Context*, Leiden, Boston.

INGEN, W. VAN, 1939 : *Figurines from Seleucia on the Tigris*, Ann Arbor.

INVERNIZZI, A., 1967 : « The Excavation at Tell 'Umar », *Mesopotamia* II, 9-32.

— 2008 : « Les dominations grecque et parthe, 331 av. J.-C. - fin du 1er siècle apr. J.-C. », *in* ANDRÉ-SALVINI, B. (sous la dir. de), *Babylone. À Babylone d'hier et d'aujourd'hui*, Paris, 251-292.

ISINGS, C., 1957 : *Roman Glass From Dated Finds* (= Archaeologica Traiectina II), Groningen, Djakarta.

KÖNIG, F.W., 1972 : *Die Persika des Ktesias von Knidos*, Graz.

LABROUSSE, A., BOUCHARLAT, R., 1974 : « La fouille du palais du Chaour à Suse en 1970 et 1971 », *Cahiers de la Délégation Archéologique Française en Iran* 2, 61-167.

LAMPRE, G., 1900 : « Tranchées au Tell de la citadelle. Tranchées 7 et 7a », *Mémoires de la Délégation en Perse* I, Paris, 100-110.

LE RIDER, G., 1965 : *Suse sous les Séleucides et les Parthes. Les trouvailles monétaires et l'histoire de la ville* (= Mémoires de la Mission Archéologique en Iran XXXVIII), Paris.

LOFTUS, W.K., 1857 : *Travels and Researches in Chaldea and Susiana with an Account of Excavations at Warka, the "Erech" of Nimrod and Shush "Shushan the Palace of Esther" in 1851-1852*, London.

LOMBARD, P., 1999 : « L'os et l'ivoire », *in* LOMBARD, P. (éd.), *Catalogue de l'exposition : Bahraïn. La civilisation des deux mers, De Dilmoun à Tylos*, Paris, 178-180.

BIBLIOGRAPHIE

MARTINEZ-SÈVE, L., 2002a : *Les figurines de Suse de l'époque néo-élamite à l'époque sassanide* (2 vol.), Paris.
— 2002b : « La ville de Suse à l'époque hellénistique », *Revue Archéologique*, 31-54.
McCOWN, D., HAINES, R.C., BIGGS, R.D., 1978 : *Nippur II. The North Temple and Sounding E* (= *Oriental Institute Publications* 97), Chicago.
McCOWN, D., HAINES, R.C., HANSEN, D.B, 1967 : *Nippur I. Temple of Enlil, Scribal Quarter and Soundings* (= *Oriental Institute Publications* 78), Chicago.
MECQUENEM, R. DE, 1922 : « Fouilles de Suse. Campagnes des années 1914-1921-1922 », *Revue d'Assyriologie* 19/3, 109-140.
— 1929-30 : « Les derniers résultats des fouilles de Suse », *Arts Asiatiques* VI, 73-88.
— 1934 : « Fouilles de Suse 1929-1933 (sur l'Acropole et la Ville Royale) », *Mémoires de la Mission Archéologique de Perse* XXV, Paris, 177-237.
— 1938 : « The Achaemenid and Later Remains at Susa », in POPE, A.U., *A Survey of Persian Art* I, 321-329.
— 1943 : « Fouilles de Suse 1933-1938 », *Mémoires de la Mission Archéologique en Iran* XXIX, Paris, 3-161.
— 1943-44 : « Notes sur les modalités funéraires susiennes et leur chronologie », *Vivre et Penser*, 133-142.
MIR FATTAH, S.A.A., 1995 : « Gurestan-e Shoqab [Cimetière de Shoqab] », *Asar* 25, 25-61.
MIROSCHEDJI, P. DE, 1981 : « Fouilles du Chantier Ville Royale II à Suse (1975-1977) I. Les niveaux élamites », *Cahiers de la Délégation Archéologique Française en Iran* 12, 9-136.
— 1987 (avec la coll. de N. Desse-Berset et M. Kervran) : « Fouilles du Chantier Ville Royale II à Suse (1975-1977). II. Niveaux d'époque achéménide, parthe et islamique », *Cahiers de la Délégation Archéologique Française en Iran* 15, 11-243.
MESSINA, V., 2006 : *Seleucia al Tigri. L'edificio degli Archivi. Lo scavo e le fasi architettoniche*, (= *Monografie di Mesopotamia* VIII), Firenze.
MODI, J.J., 1889 : « Quelques observations sur les ossuaires rapportés de Perse par M. Dieulafoy et déposés au Musée du Louvre », *Comptes Rendus de l'Académie des Inscriptions et Belles-Lettres*, 369-374.
MONSIEUR, P., BOUCHARLAT, R., HAERINCK, E., 2011 : « Amphores grecques timbrées découvertes à Suse (SO-Iran) », *Iranica Antiqua* XLVI, 161-192.
MORGAN, J. DE, 1900 : *Recherches archéologiques* (= *Mémoires de la Délégation en Perse* I), Paris.
— 1905 : « Découverte d'une sépulture achéménide à Suse », *Mémoires de la Délégation en Perse* VIII, 29-58.
NEGRO PONZI, M.M., 1971 : « The Excavation in the Agora (s.c. Porticoed Street) », *Mesopotamia* VII, 17-25.
NOVAK, M., OETTEL, A., WITZEL, C., 2000 : *Der Parthisch-Römische Friedhof von Tall Seh Hamad/Magdela*, Berlin.
POTTS, D.T, 2006 : « Disposal of the Dead in Planquadrat U/V XVIII at Uruk : A Parthian Enigma ? », *Baghdader Mitteilungen* 37, 267-278.
RAHBAR, M., 1994 : « Kāvoshhā-ye bāstānshenāsī dar Gelālak, Shushtar », *Yadnāmeh-ye gerdhamāyi bāstānshenāsī, Shush*, Tehran, 175-187.
— 1999 : « Shushtar. Les tombeaux d'époque parthe de Gelalak », *Dossiers d'Archéologie* 243, 90-93.
— 2007 : « A Tower of Silence of the Sasanian Period at Bandiyan : Some Observations About *Dakhmas* in Zoroastrian Religion », in CRIBB, J., HERRMANN, G. (Eds.), *After Alexander. Central Asia before Islam* (= *Proceedings of the British Academy* 133), London, 455-473.
RAPIN, C., 1992 : *La trésorerie du palais hellénistique d'Aï Khanoum. L'apogée et la chute du royaume grec de Bactriane* (= *Fouilles d'Aï Khanoum* VIII = *Mémoires de la Délégation Archéologique Française en Afghanistan* XXXIII), Paris.
RAWLINSON, H.C., 1839 : « Notes on a March from Zoháb, at the Foot of Zagros, Along the Mountains to Khúzistán (Susiana), and from Thence Through the Province of Luristan to Kirmánsháh, in the Year 1836 », *Journal of the Royal Geographic Society* 9, 26-116.

BIBLIOGRAPHIE

REUTHER, O., 1926 : *Die Innenstadt von Babylon (Merkes)* (= *WVDOG* 47), Leipzig.

ROSEN-AYALON, M., 1974 : *La poterie islamique* (= *Mémoire de la Délégation Archéologique en Iran* L), Paris.

ROUGEMONT, G., 2011 : *Inscriptions grecques d'Iran et d'Asie centrale, avec des contributions de P. Bernard, Corpus Inscriptionum Iranicarum*, Part II, London.

SARFARAZ, A.A., 1969-70 : « Le site historique de Dastova dans la région de Choushtar [Shahr-e tārīkhī Dostova dar Shushtar] », *Bāstān Chenāssī va Honar-e Iran*, 4, 12-13 (en français) et 72-79 (en persan).

SCHMIDT, E.F., 1957 : *Persepolis 2. Contents of the Treasury and Other Discoveries* (= *Oriental Institute Publications* 69), Chicago.

SIMPSON, StJ., 2007 : « Bushir and Beyond : Some Early Archaeological Discoveries in Iran », in ERRINGTON, E., SARKHOSH CURTIS, V. (Eds.), *From Persepolis to the Punjab : 19th Century Discoveries,* London, 153-164.

SPYCKET, A., 1992 : *Les figurines de Suse* I. *Les figurines humaines. IVe-IIe millénaires av. J.C.,* (= *Mémoires de la Délégation Archéologique en Iran* LII), Paris.

STEVE, M-J., GASCHE, H., DE MEYER, L., 1980 : « La Susiane au deuxième millénaire : à propos d'une interprétation des fouilles de Suse », *Iranica Antiqua* XV, 49-154.

STEVE, M-J., VALLAT, F., GASCHE, H., 2002-2003 : « Suse », *Supplément au Dictionnaire de la Bible*, Fasc. 73-74, Paris, 359-652.

STROMMENGER, E., 1964 : « Grabformen in Babylon », *Baghdader Mitteilungen* 3, 157-173.

— 1967 : *Gefässe aus Uruk von der Neubabylonischen Zeit bis zu den Sasaniden,* (= *Ausgrabungen der Deutschen Forschungsemeinschaft in Uruk-Warka* 7), Berlin.

STRONACH, D., 1974 : « Achaemenid Village I at Susa and the Persian Migration to Fars », *Iraq* XXXVI, 239-248.

TOLL, N., 1943 : *The Green Glazed Pottery* (= *The Excavations at Dura-Europos Conducted by Yale University and the French Academy of Inscriptions and Letters. Final Report* IV, Part I, Fas. 1), New Haven.

— 1946 : *The Excavations at Dura-Europos. Preliminary Report on the Ninth Season of Work,* New Haven.

UNVALA, J.M., 1928 : « Ancient Sites in Susiana », *Revue d'Assyriologie et d'Archéologie Orientale* XXV, 83-93.

— 1929a : « Fouilles à Suse en 1929 », *Revue d'Assyriologie et d'Archéologie Orientale* XXVII, 133-142.

— 1929b : « Excavations at Susa in 1929 », *Journal of the K.R. Cama Oriental Institute* 17, 64-73.

— 1934 : « Tessères et médaillons frustes », *Mémoires de la Mission Archéologique de Perse* XXV, 239-244.

WATERMAN, L., 1931 : *Preliminary Report upon the Excavations at Tel Umar,* Ann Arbor.

WHITEHOUSE, D., 1998 : *The Glass Vessels* (= *Excavations at ed-Dur, Umm al-Qaiwain, United Arab Emirates* I), Leuven.

WOOLLEY, L., 1962 : *The Neo-Babylonian and Persian Periods* (= *Ur Excavations* IX), London.

YEIVIN, S., 1933 : « The Tombs Found at Seleucia (Seasons 1929-30 and 1931-32) », in WATERMAN, L., *Second Preliminary Report upon the Excavations at Tel Umar, Iraq,* Ann Arbor, 33-64.

PLANCHES

Pl. 1

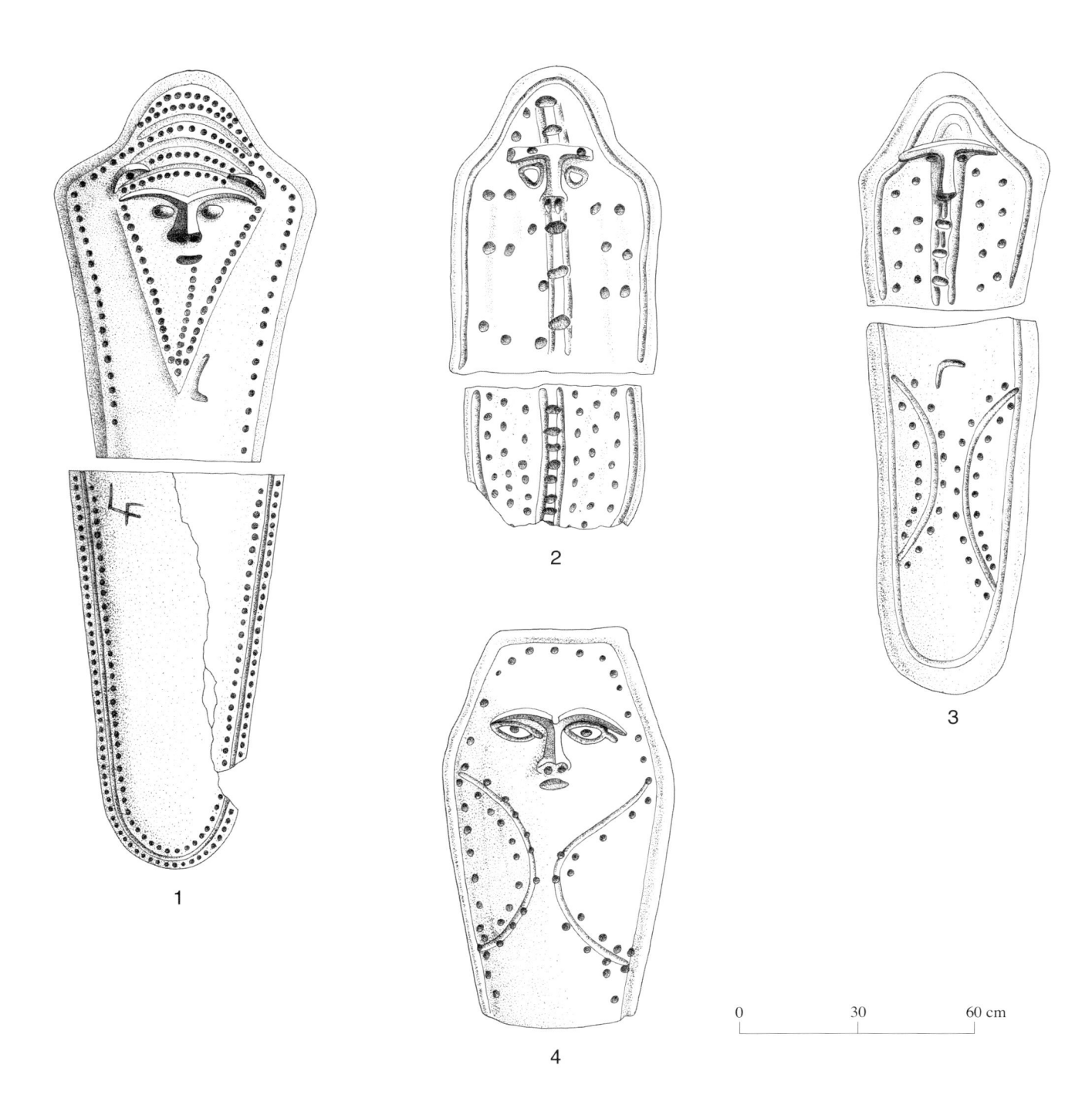

Dessins de couvercles de sarcophages anthropoïdes.
1. GS-4945a et b : couvercle anthropoïde de sarcophage en deux parties de sections très bombées. La partie inférieure porte une lettre (?). Terre cuite rosée. L. 104 cm et 105 cm ; larg. 53 cm et 57 cm (Tombe 35 creusée dans le sol vierge ; voir aussi Pl. 4 : 2).
2. GS-4946a et b : couvercle anthropoïde de sarcophage en deux parties de sections planes. Terre cuite rosée. Nez et sourcils en relief ; vêtement incisé et points imprimés. Long. 81 cm et 49 cm ; larg. 52 et 44 cm (Tombe 13 ; voir aussi Pl. 4 : 3).
3. GS-4947a et b : couvercle de sarcophage anthropoïde en deux parties de sections bombées. Terre cuite rosée. Sourcils et nez en relief ; vêtement indiqué par des lignes incisées et des points imprimés. Long. 65 cm et 97 cm ; larg. 48 cm et 44 cm (Tombe 12 ; voir aussi Pl. 4 : 4).
4. GS-4948 : partie supérieure d'un couvercle de sarcophage anthropoïde de section bombée. Décor en relief et en points imprimés. Long. 107 cm ; larg. 59 cm (Tombe 7 ; voir aussi Pl. 4 : 5).

Pl. 2

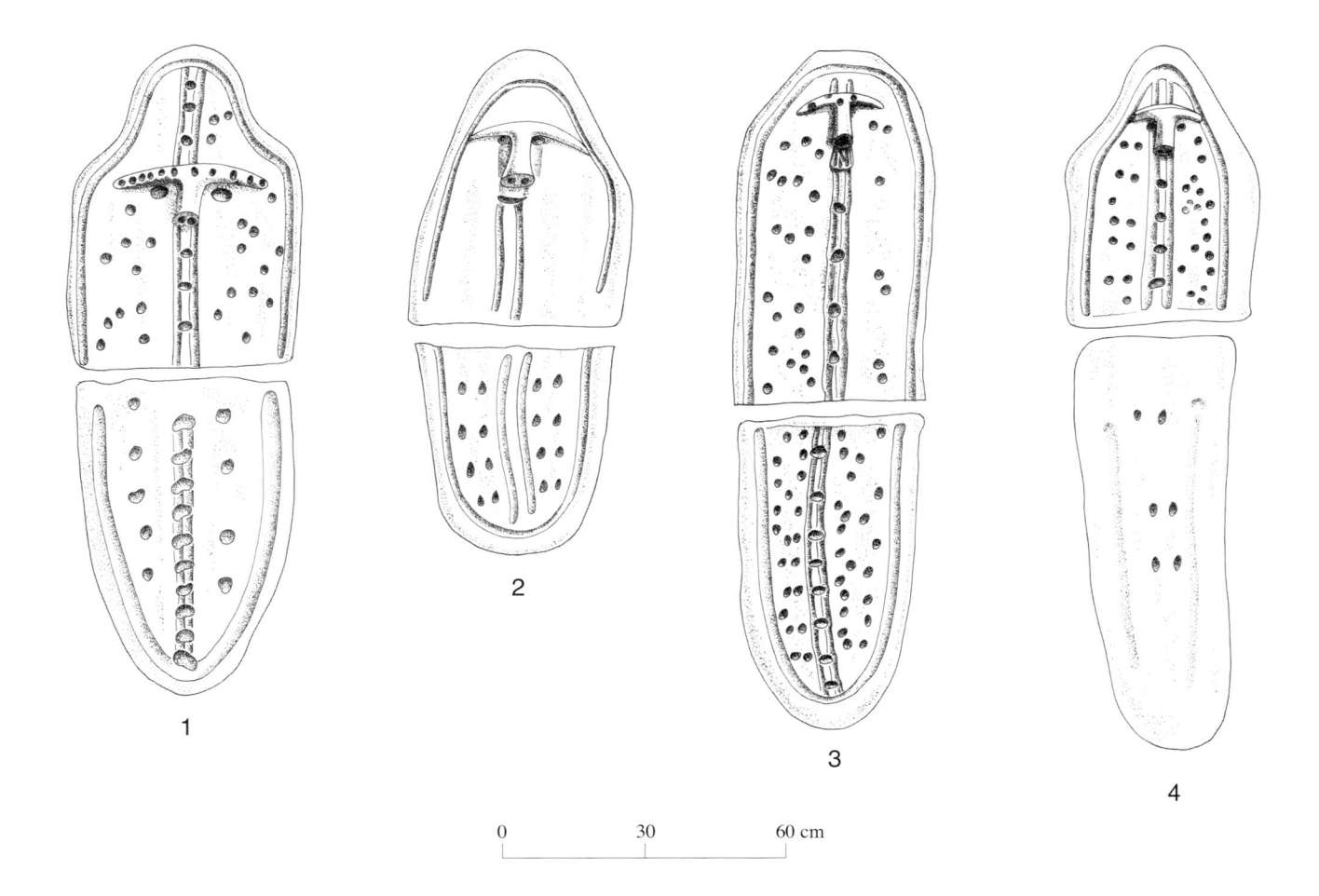

Dessins de couvercles de sarcophages anthropoïdes.
1. GS-4949a et b : couvercle de sarcophage anthropoïde en deux parties de sections planes. Terre cuite rosée. Nez et sourcils en relief. Long. 69 cm. et 69 cm ; larg. 46 cm et 45 cm. (Tombe 31 ; voir aussi Pl. 5 : 5).
2. GS-4950a et b : couvercle de sarcophage anthropoïde en deux parties de sections planes. Terre rosée. Nez et sourcils en relief. Long. 60 cm et 45 cm ; larg. 46 cm et 42 cm (Tombe 24 ; voir aussi Pl. 5 : 4)
3. GS-4951a et b : couvercle plat de sarcophage anthropoïde en deux parties de sections planes. Nez et sourcils en relief. Terre rosée. Vêtement indiqué avec des lignes incisées et des points imprimés. Long. 81 cm et 70 cm, larg. 40 cm et 38 cm (Tombe 26 ; voir aussi Pl. 5 : 2).
4. GS-4952a et b : couvercle de sarcophage anthropoïde en deux parties de sections planes. Nez et sourcils en relief. Terre rosée. Vêtement indiqué par des lignes incisées et des points imprimés. Long. 61 cm et 90 cm ; larg. 42 cm et 35 cm (Tombe 21 ; voir aussi Pl. 5 : 3).

Pl. 3

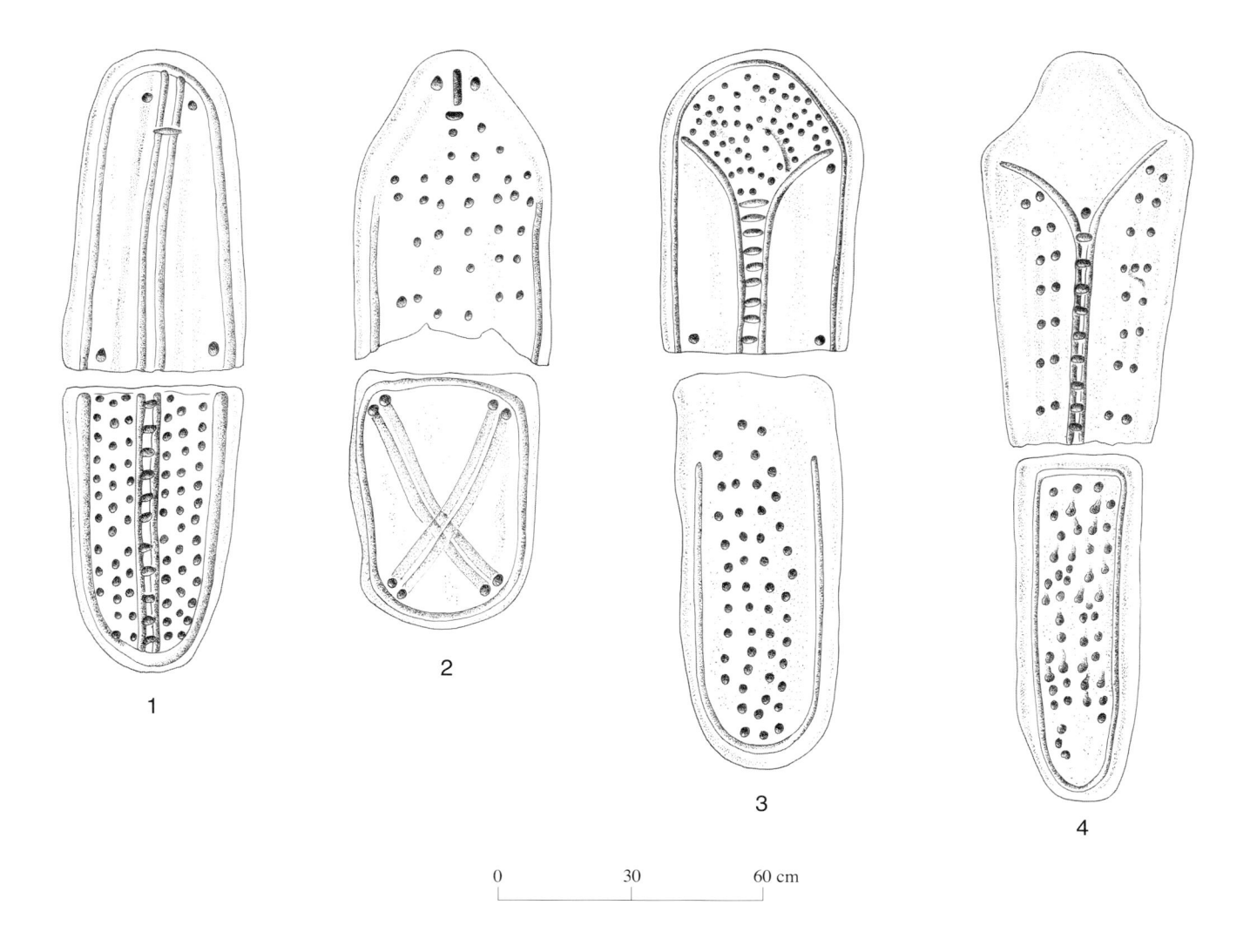

Dessins de couvercles de sarcophages anthropoïdes.
1. GS-4953a et b : couvercle de sarcophage anthropoïde en deux parties de sections planes. Terre rosée. La bouche, le nez et les yeux sont exprimés par des creux ; vêtement orné. (Tombe 46).
2. GS-4954a et b : couvercle de sarcophage anthropoïde en deux parties de sections planes. Terre rosée. Les yeux, le nez et la bouche sont profondément imprimés et le vêtement est indiqué par des points. Long. 73 cm et 61 cm ; larg. 43 cm et 42 cm. Partie inférieure du couvercle : lignes doubles incisées qui se croisent (Tombe 49) (voir aussi Pl. 5 : 6).
3. GS-4955a et b : couvercle de sarcophage anthropoïde en deux parties de sections planes. Les traits du visage ne sont pas indiqués, mais le vêtement est sommairement représenté. La partie inférieure du couvercle est décorée de petites cupules imprimées avec un doigt avant la cuisson. (Tombe 41).
4. GS-4956a et b : couvercle de sarcophage anthropoïde en deux parties de sections planes. Terre rosée. Sur la partie supérieure on distingue les épaules et l'emplacement de la tête, mais le visage n'est pas représenté. La partie inférieure du couvercle est décorée de cupules imprimées avec un doigt avant la cuisson. (Tombe 44).

Pl. 4

Photographies de couvercles de sarcophages anthropoïdes.
1. cuve glaçurée trouvée par Ghirshman : voir fig. 12. Tombe/chambre funeraire 37 sur le plan de la Ville des Artisans : Chantier 12, niveau 4.
2. GS-4945 (Tombe 35).
3. GS-4946 (Tombe 13).
4. GS-4947 (Tombe 12).
5. GS-4948 (Tombe 7).

Pl. 5

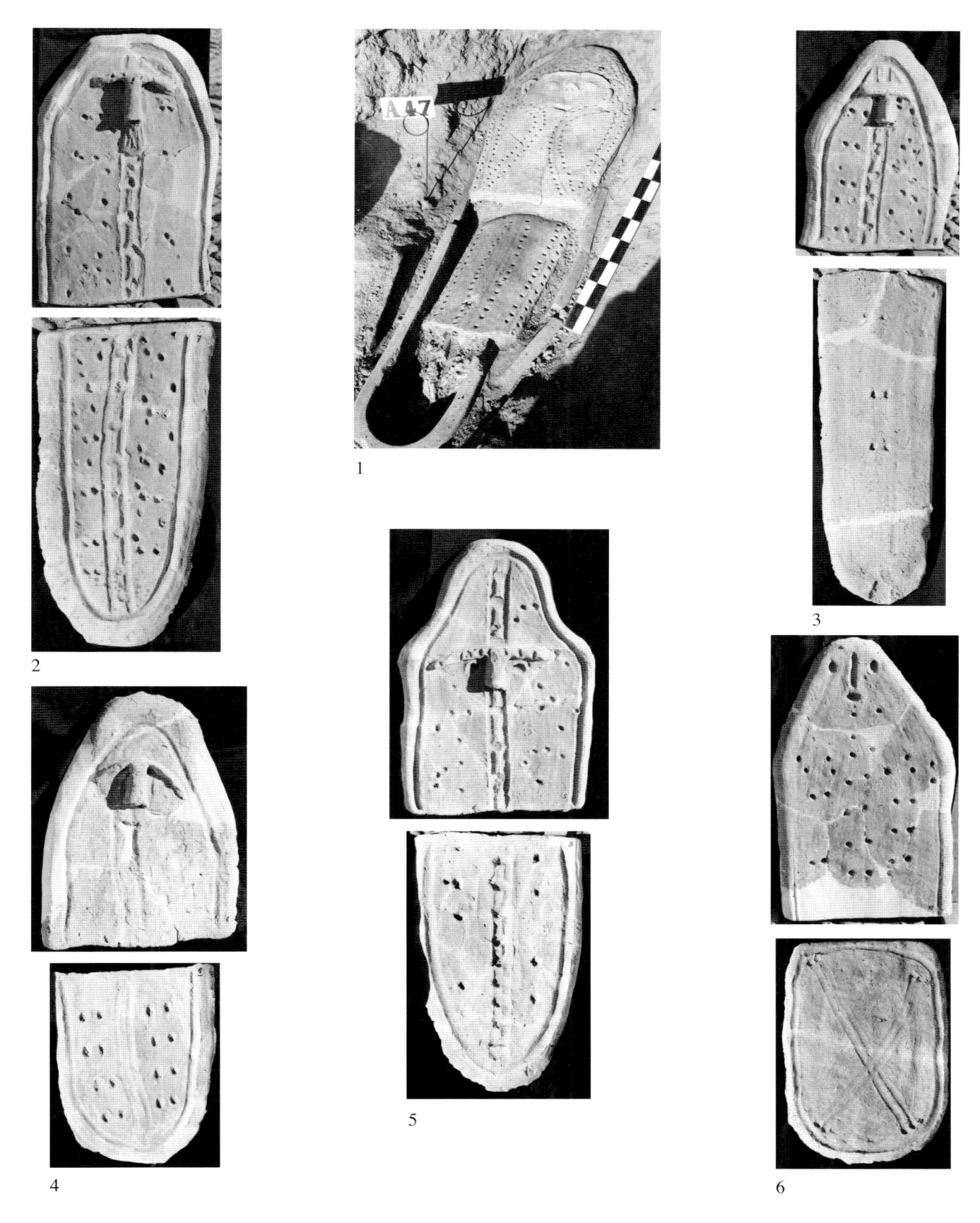

Photographies de couvercles de sarcophages anthropoïdes.
1. GS-4944 (Tombe 47).
2. GS-4951 (Tombe 26).
3. GS-4952 (Tombe 21).
4. GS-4950 (Tombe 24).
5. GS-4949 (Tombe 31).
6. GS-4954 (Tombe 49).

Pl. 6 Plan de la Tombe voûtée 1 (Chantier Ville des Artisans 2b) (Pls. 6-11, 12a).
(3ᵉ campagne : 1948-1949, fouillée du 5 au 28 janvier 1949)

Cette tombe se situe dans la partie sud du chantier et elle était creusée en grande partie dans le sol vierge. L'accès se présente comme une série de voûtes successives en brique cuite. L'entrée de la chambre était fermée par trois grandes jarres à fond arrondi ; toutes avaient le col cassé. Elles étaient posées sur les 11ᵉ et 12ᵉ marches, faites de briques cuites (?).

La tombe comprenait deux *loculi* à droite, un *loculus* à gauche et, au fond, une chambre rectangulaire avec une banquette le long de chacun des trois murs. Un nouveau *loculus* semble avoir été en projet à gauche, à moins que la niche qui en marquerait la place n'ait eu une autre destination.

Le premier *loculus* (M), à droite en descendant, semble avoir été creusé postérieurement à la construction de cette tombe qui, à l'origine, n'en comprenait que deux en vis-à-vis. Ce *loculus* contenait un sarcophage, dans lequel était déposé un individu dont les ossements étaient en désordre.

Le second *loculus* (L), à droite, contenait un sarcophage avec un squelette en position allongée. Le *loculus* P, à gauche de l'escalier, contenait un petit sarcophage avec le squelette d'un enfant/subadulte.

La chambre centrale, de plan rectangulaire, mesurait 2,50 m sur 2,96 m et était haute de 2 m. Les banquettes, le long de trois murs, ont une hauteur de 0,76 m et entre 0,70 et 0,76 m de largeur. Sur la banquette à gauche (N), se trouvait un sarcophage contenant 3 squelettes. Sur la banquette du milieu (K), était posé un sarcophage avec les restes de quatre individus. La banquette de droite (H) portait un sarcophage avec un seul individu. Sur ce sarcophage était placé un autre (I) qui contenait les restes de 3 squelettes. Sur le sol de la chambre était posé un petit sarcophage (O).

Tous les sarcophages de cette tombe avaient la même forme, c'est-à-dire plus large du côté de la tête que du côté des pieds. Au total, cette tombe contenait huit sarcophages ; le nombre d'individus s'élève à quinze. Les squelettes non perturbés montrent que les individus ont été déposés, allongés sur le dos. L'orientation générale de cette tombe est inconnue.

Deux puits d'époque islamique traversaient cette tombe ; l'un a coupé la tête du sarcophage en M, l'autre touchait l'angle droit de deux banquettes de la chambre.

Pl. 6

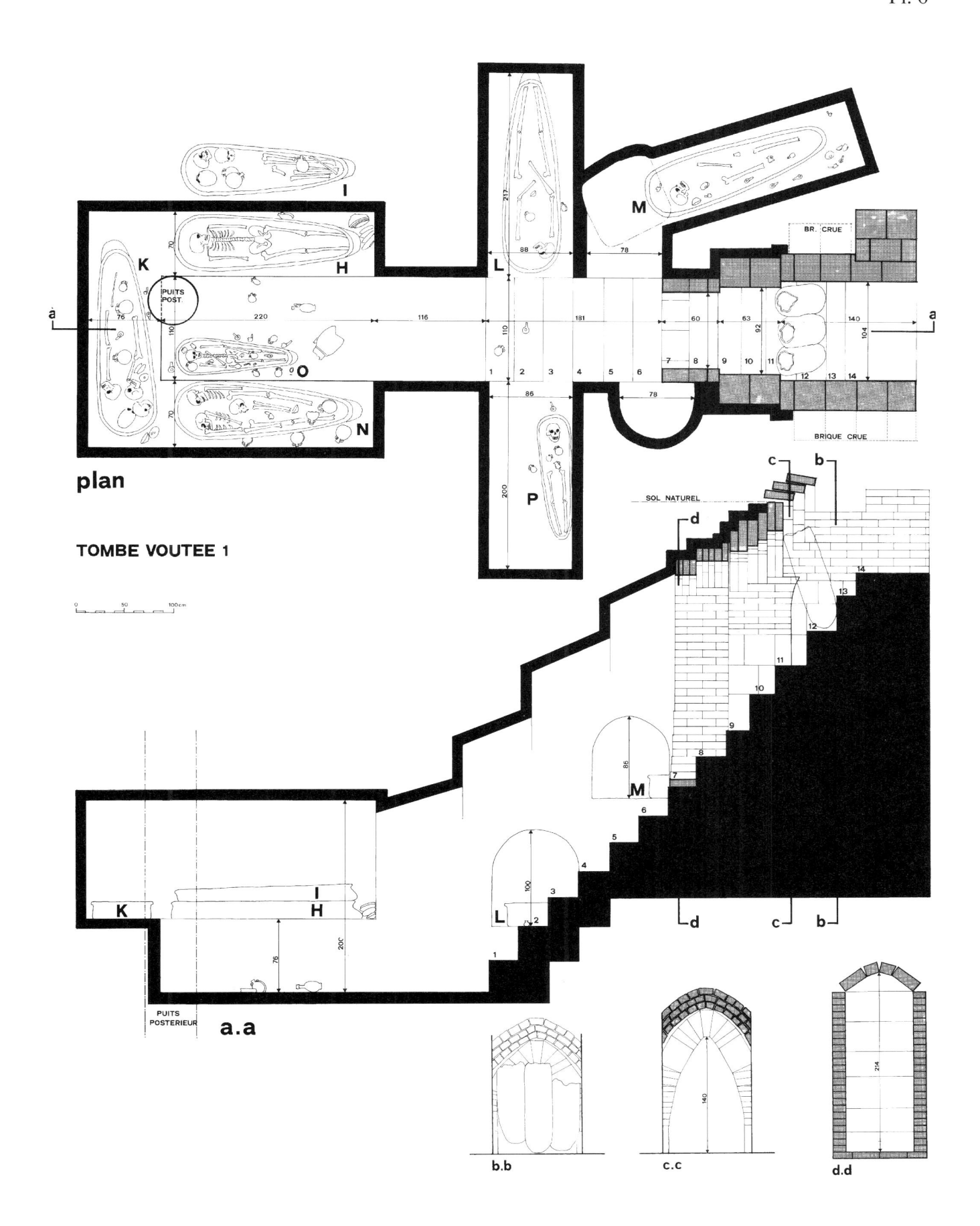

plan

TOMBE VOUTEE 1

a.a

b.b c.c d.d

Pl. 7

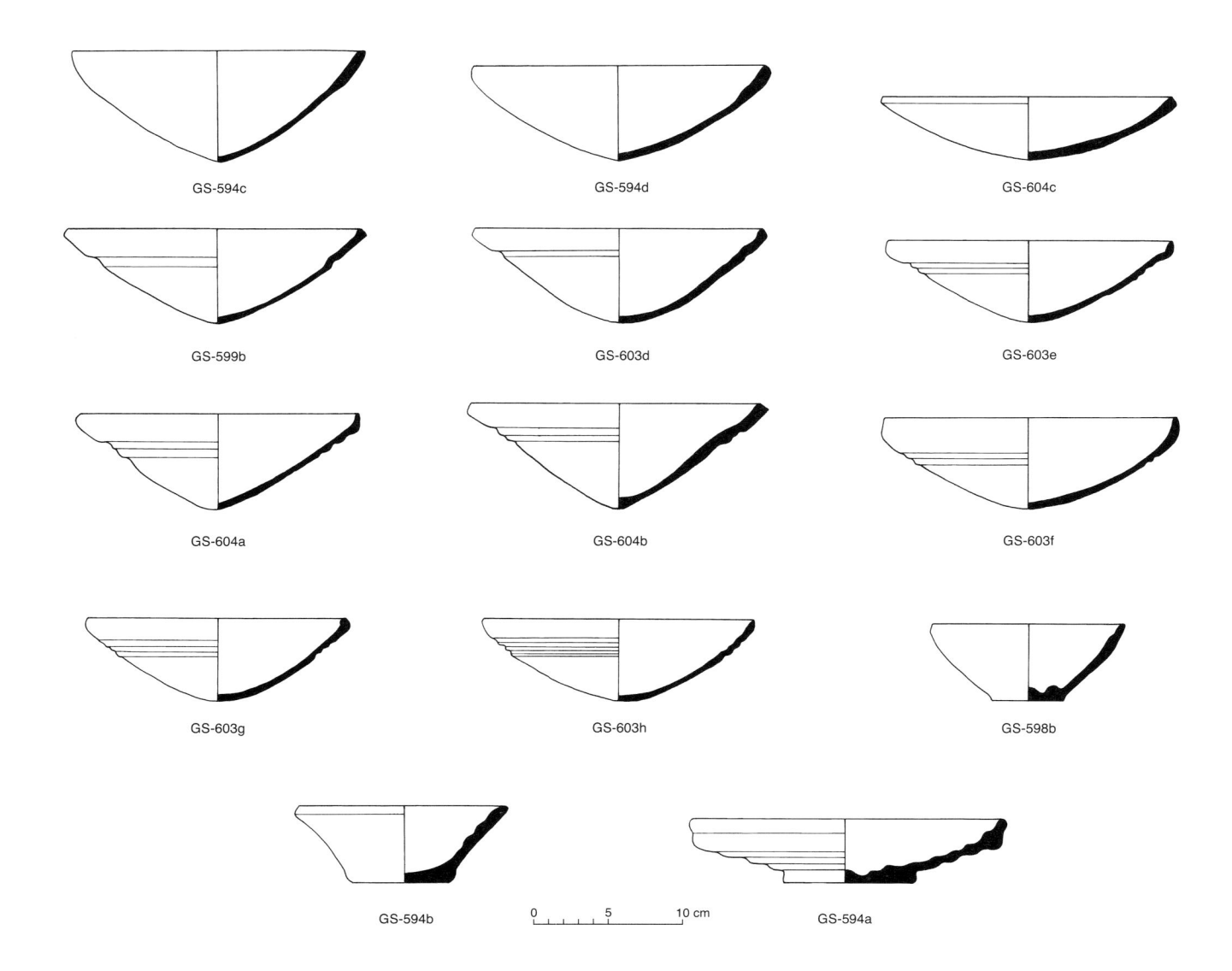

Céramique de la Tombe voûtée 1.
Céramique fine (eggshell)
GS-594c-d : deux écuelles ; grise (*loc.* M).
GS-598b : écuelle ; rose (*loc.* L).
GS-599b : écuelle (*loc.* N).
GS-603d-h : cinq écuelles ; cercles incisés (Loc. I).
GS-604a-c : trois écuelles ; grise, très fine (Loc. H).
Céramique commune
GS-594b : grise (*loc.* M).
Céramique à glaçure
GS-594a : coupe (*loc.* M).

Pl. 8

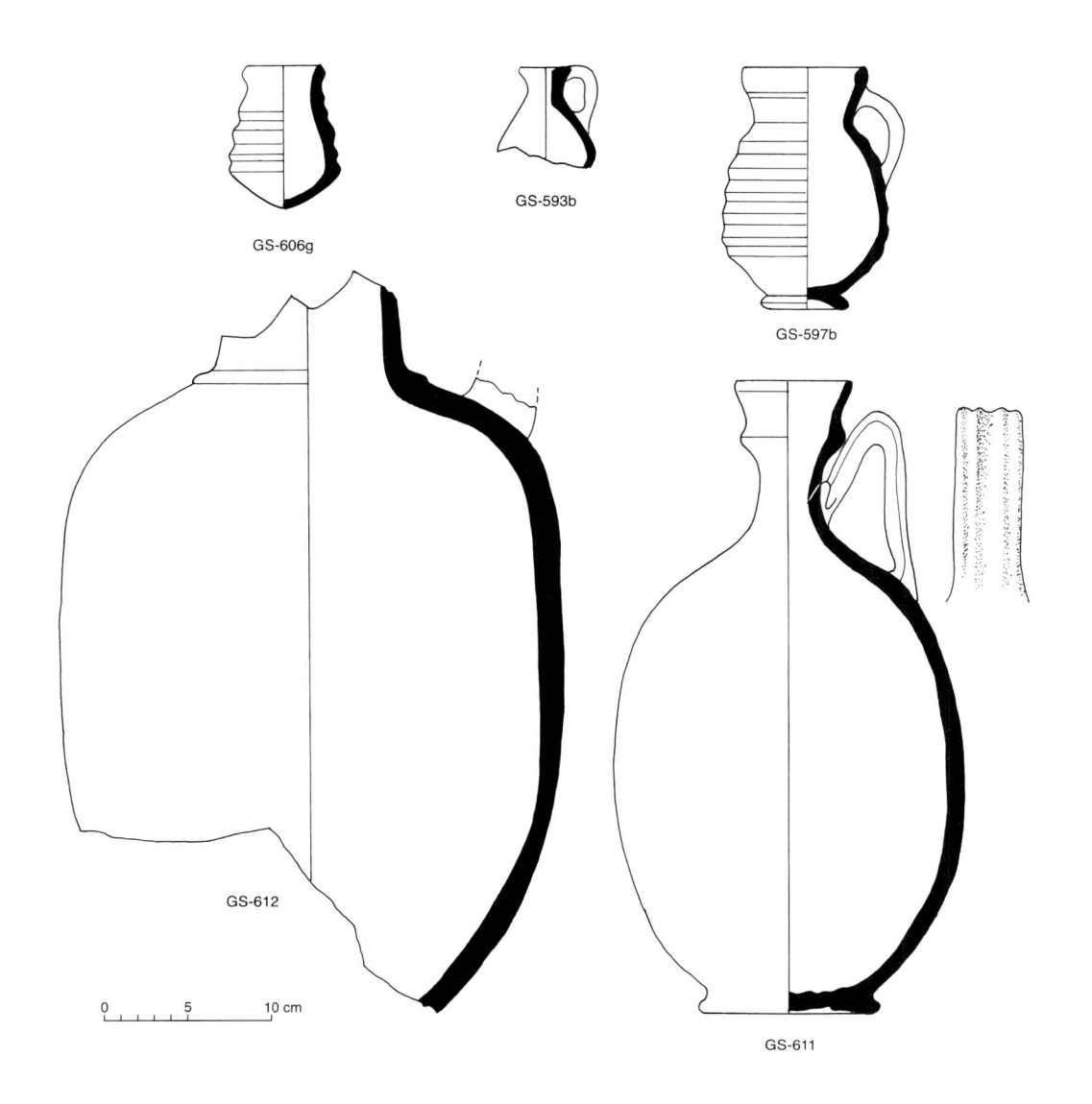

Céramique de la Tombe voûtée 1.

Céramique commune

GS-606g : petit vase à fond pointu ; panse godronnée ; jaune (*loc*. O).

GS-597b : petite cruche ; jaune ; panse godronnée (*loc*. P).

Céramique à glaçure

GS-593b : petite cruche incomplète ; glaçure grise (*loc*. M).

GS-611 : cruche à anse rubanée ; glaçure bleue (sol de la chambre du fond).

GS-612 : cruche à glaçure verte (sol de la chambre du fond).

Pl. 9

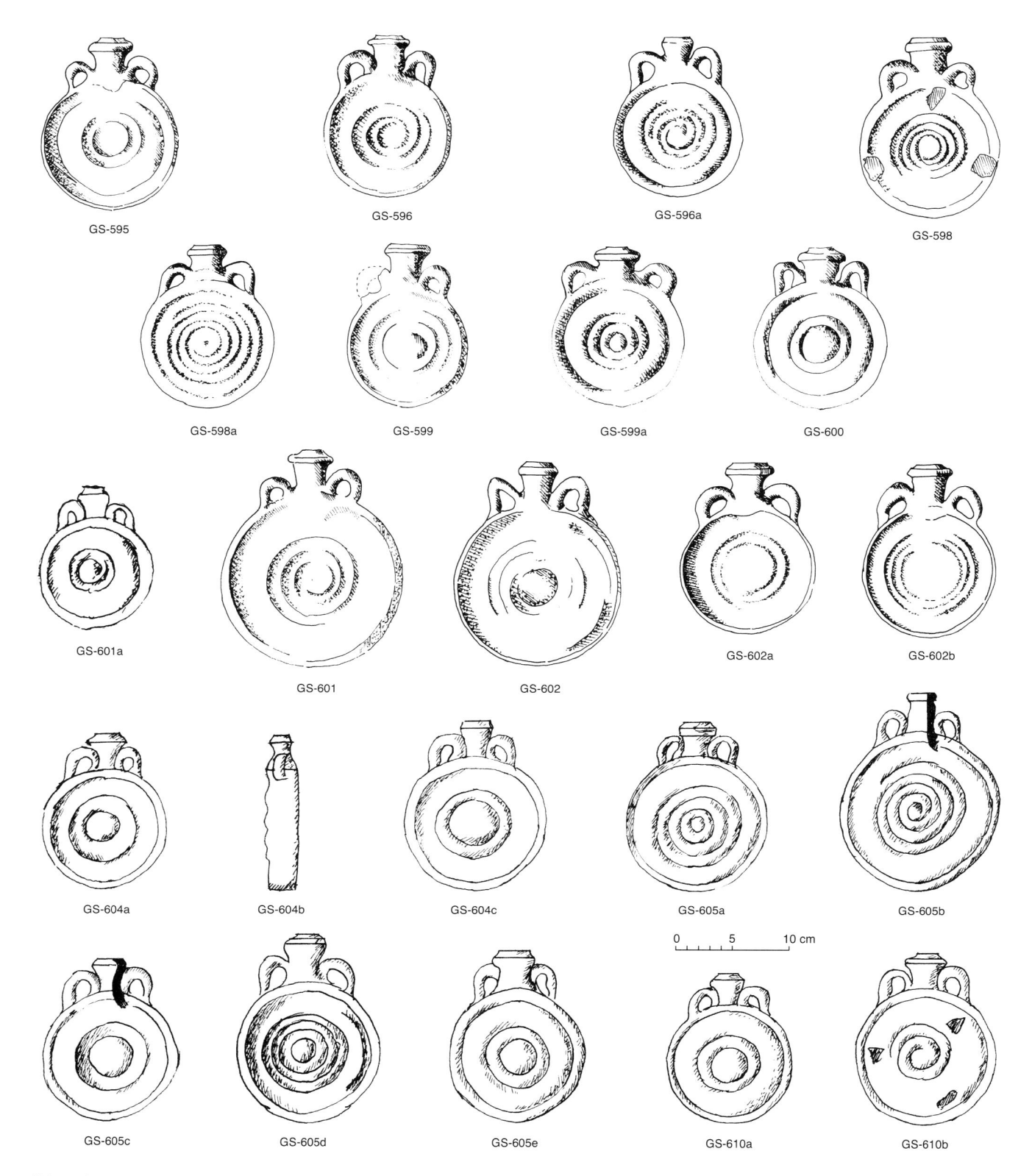

Céramique de la Tombe voûtée 1.
Céramique à glaçure (gourdes)
GS-595 : glaçure grise, col bleu (*loc.* P).
GS-596, 596a : glaçure grise (*loc.* P).
GS-598, 598a : glaçure grise (*loc.* L).
GS-599, 599a : glaçure grise (*loc.* N).
GS-600 : glaçure grise (escalier).
GS-601, 601a : glaçure grise (*loc.* K).

GS-602, 602a, 602b : glaçure grise (*loc.* I).
GS-604a-c : trois gourdes ; glaçure grise (*loc.* H).
GS-605a-e : cinq gourdes ; glaçure grise (*loc.* O).
GS-610a-b : deux gourdes ; glaçure grise (sol de la chambre du fond).

Pl. 10

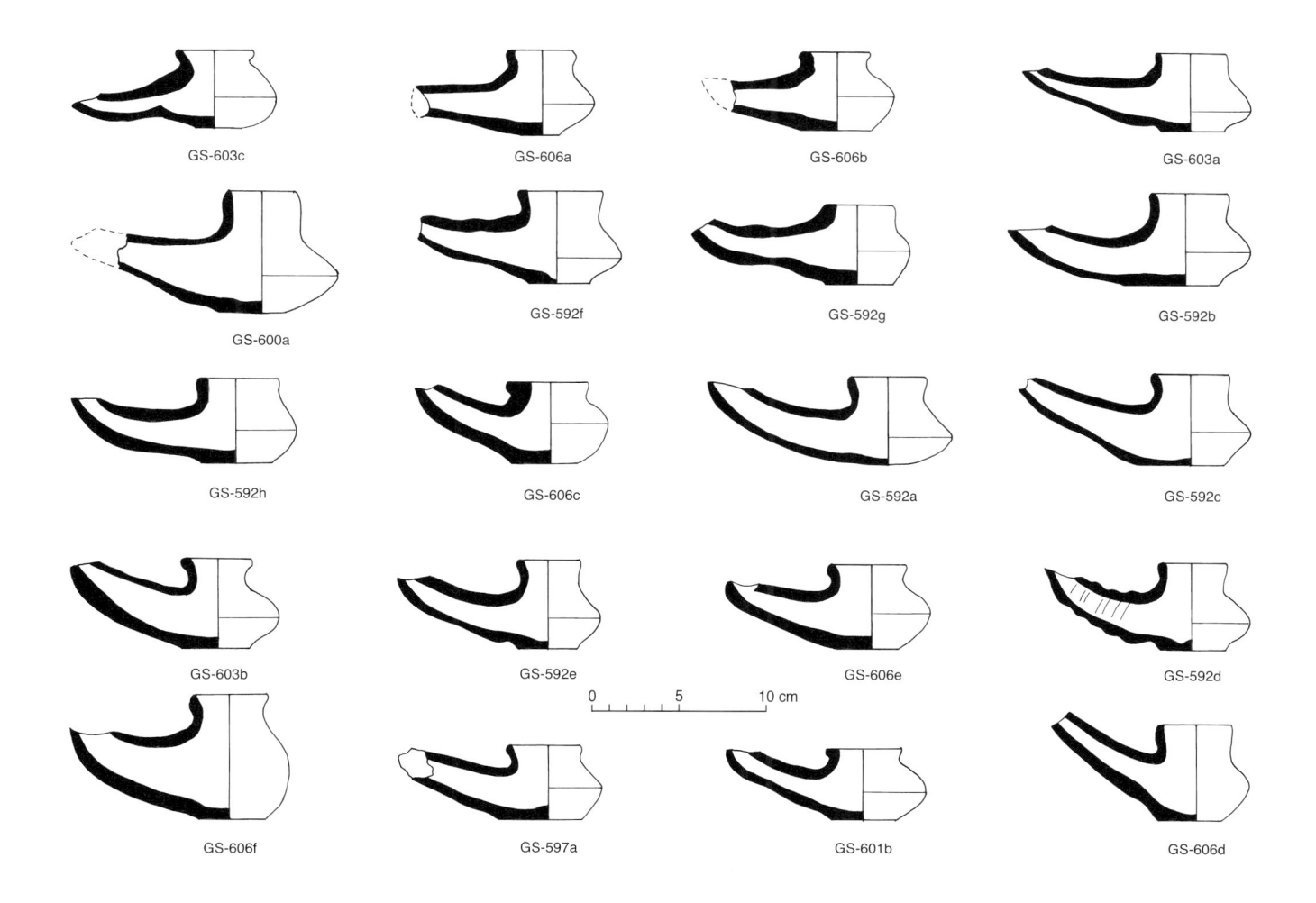

Céramique de la Tombe voûtée 1.

Céramique commune

GS-592a-h : huit lampes (sept gris-noir ; une rosée) (*loc*. M).

GS-597a : lampe à bec ; gris-noir (*loc*. P).

GS-600a : lampe ; gris-noir (escalier).

GS-601b : lampe ; terre grise, bec noirci (*loc*. K).

GS-603a-c : trois lampes ; gris-noir (*loc*. I).

GS-606a-f : six lampes ; gris-noir (*loc*. O).

Pl. 11

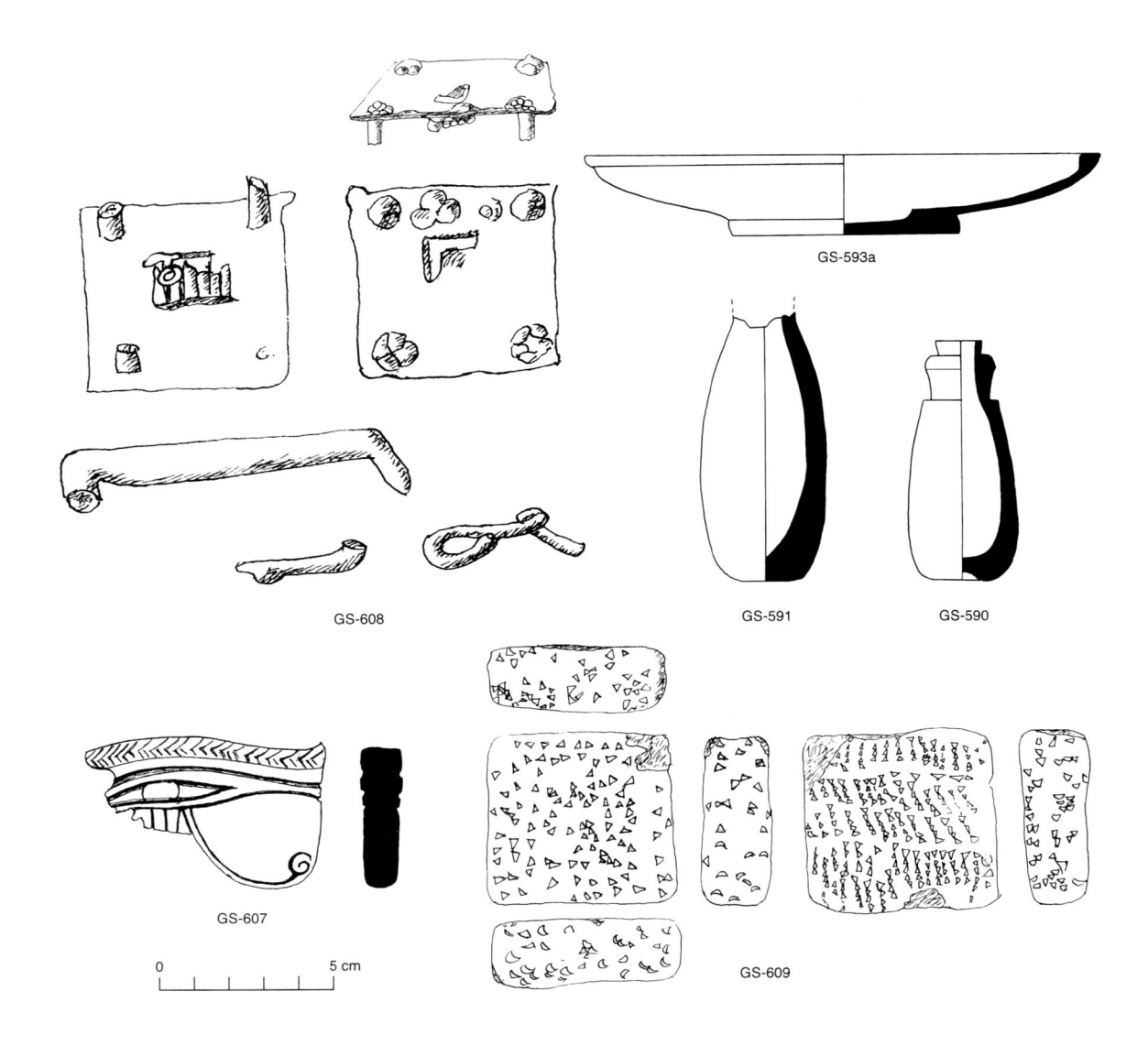

Objets de la Tombe voûtée 1.

GS-608 : fermeture de coffret (?) et clef en fer (*loc*. O).

GS-590 : petit alabastron ; pierre grise ; col mouluré (*loc*. M).

GS-591 : petit alabastron ; pierre grise ; col cassé (*loc*. M).

GS-593a : fragment de coupe en albâtre (*loc*. M).

GS-607 : oudjat en fritte/fayence bleue ou verte (?) (*loc*. O).

GS-609 : tablette en terre cuite couverte de clous imitant l'écriture cunéiforme. Long. 5,5 cm ; larg. 5,5 cm ; épais. 2cm.

Pl. 12

Photographies des Tombes voûtées 1 et 3.
a. Tombe voûtée 1.
b. Tombe voûtée 3.
c. Tombe voûtée 3.
d. Tombe voûtée 3.

Pl. 13   Plan de la Tombe voûtée 2 (Chantier Ville des Artisans 2b (Pls. 13-16).
(3ᵉ campagne : 1948-1949 ; fouillée du 22 février au 2 mars 1949)

L'escalier d'entrée de douze marches a été taillé, comme toute la tombe, dans le sol vierge très dur du tell. Elle est en fait la seule des six à ne pas être construite en briques, mais seulement taillée dans le sol. La voûte de l'escalier n'est conservée qu'au-dessus des quatre dernières marches. Au pied de l'escalier, au niveau du sol de la chambre, à droite, une très grande jarre à fond ovoïde était debout, appuyée contre le mur (vide d'ossements ?).

Face à l'escalier, était taillée une niche dont le long côté était parallèle au vestibule (1,33 x 0,60 m, haut. 1,49 m). Sur une banquette, reposait un squelette. La chambre funéraire, de 2,50 x 1,90 m, s'ouvrait sur la droite et comprenait trois larges niches à banquettes hautes de 27 cm, dont les deux latérales portaient des sarcophages, deux de chaque côté, posés l'un sur l'autre. Le sarcophage inférieur contenait les restes de deux squelettes, dont un complet, en connexion anatomique. Les ossements étaient couverts d'une fine poussière de bois qui provenait d'un couvercle.

Le sarcophage supérieur contenait les restes de trois individus, dont le dernier, en connexion anatomique, était probablement une femme (présence d'un collier, peigne en os, un miroir en bronze et un bracelet).

La niche de gauche était occupée par deux sarcophages posés l'un sur l'autre. Le sarcophage inférieur était de forme anthropoïde et contenait les squelettes de deux morts et était fermé par un couvercle en terre cuite, sur lequel avait été posé le second sarcophage, d'une forme habituelle et qui contenait deux squelettes. Les restes d'un autre squelette se trouvaient sur le sol de cette niche. La niche du milieu ne comportait pas de sarcophage : les squelettes de sept individus gisaient en vrac.

Au total il y avait donc quatre sarcophages dans cette tombe. Le nombre d'individus s'élève à dix-huit. L'orientation de la tombe est inconnue.

Pl. 13

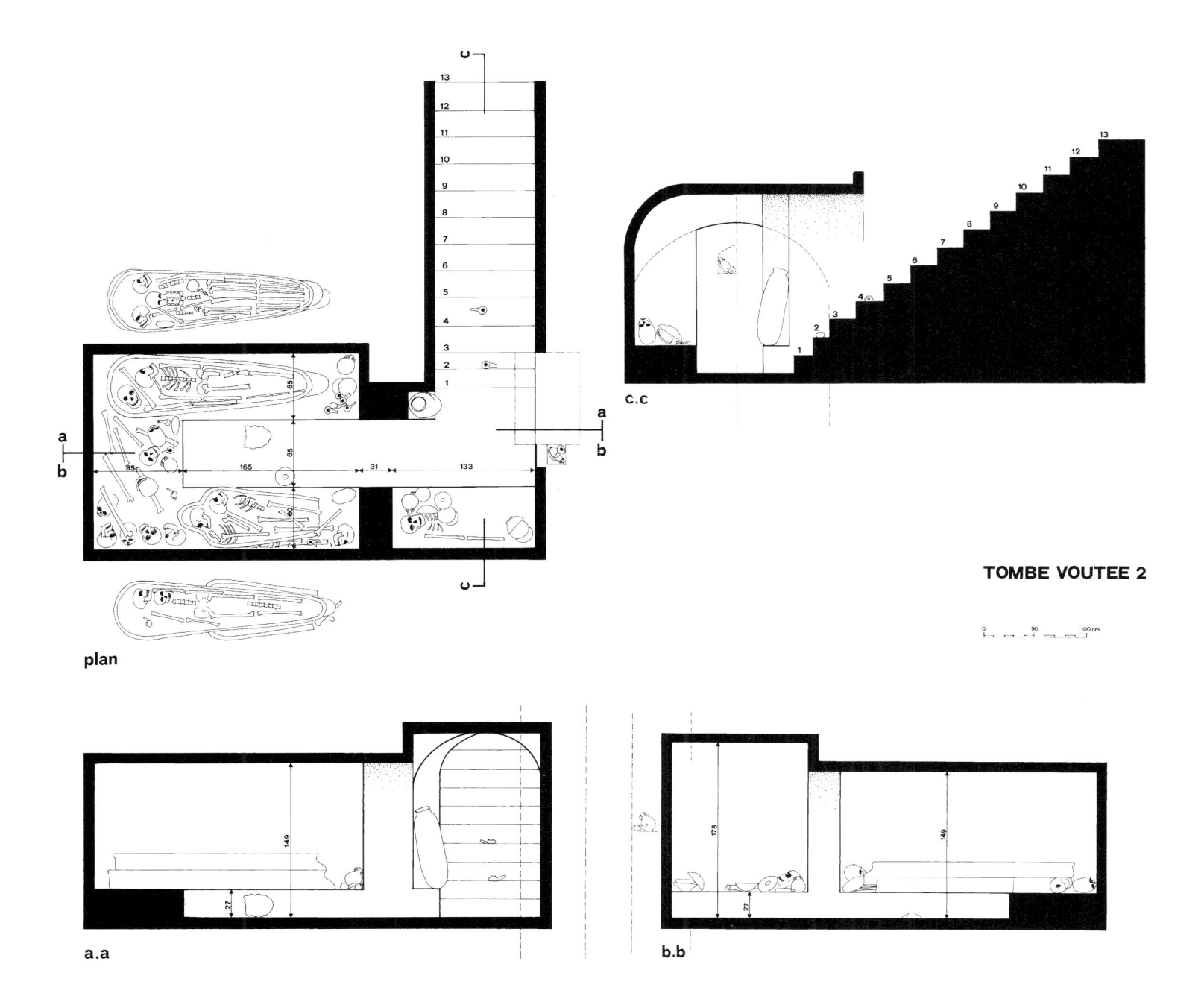

TOMBE VOUTEE 2

plan

a.a

b.b

c.c

Pl. 14

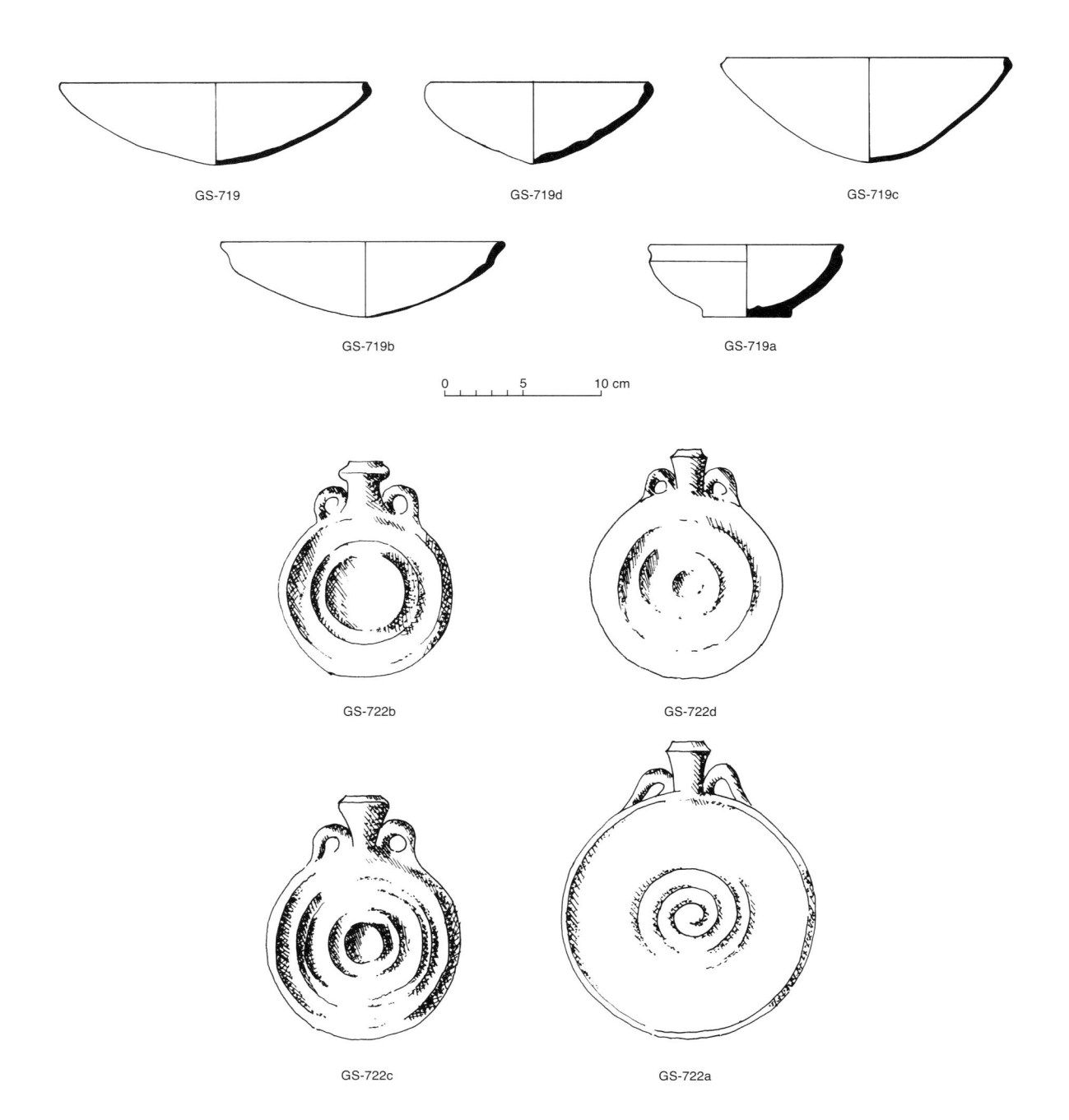

GS-719 GS-719d GS-719c

GS-719b GS-719a

0   5   10 cm

GS-722b GS-722d

GS-722c GS-722a

Céramique de la Tombe voûtée 2.
*Céramique fine (*eggshell*)*
GS-719a-e : cinq écuelles.
Céramique à glaçure
GS-722a-d : quatre gourdes ; glaçure grise.

Pl. 15

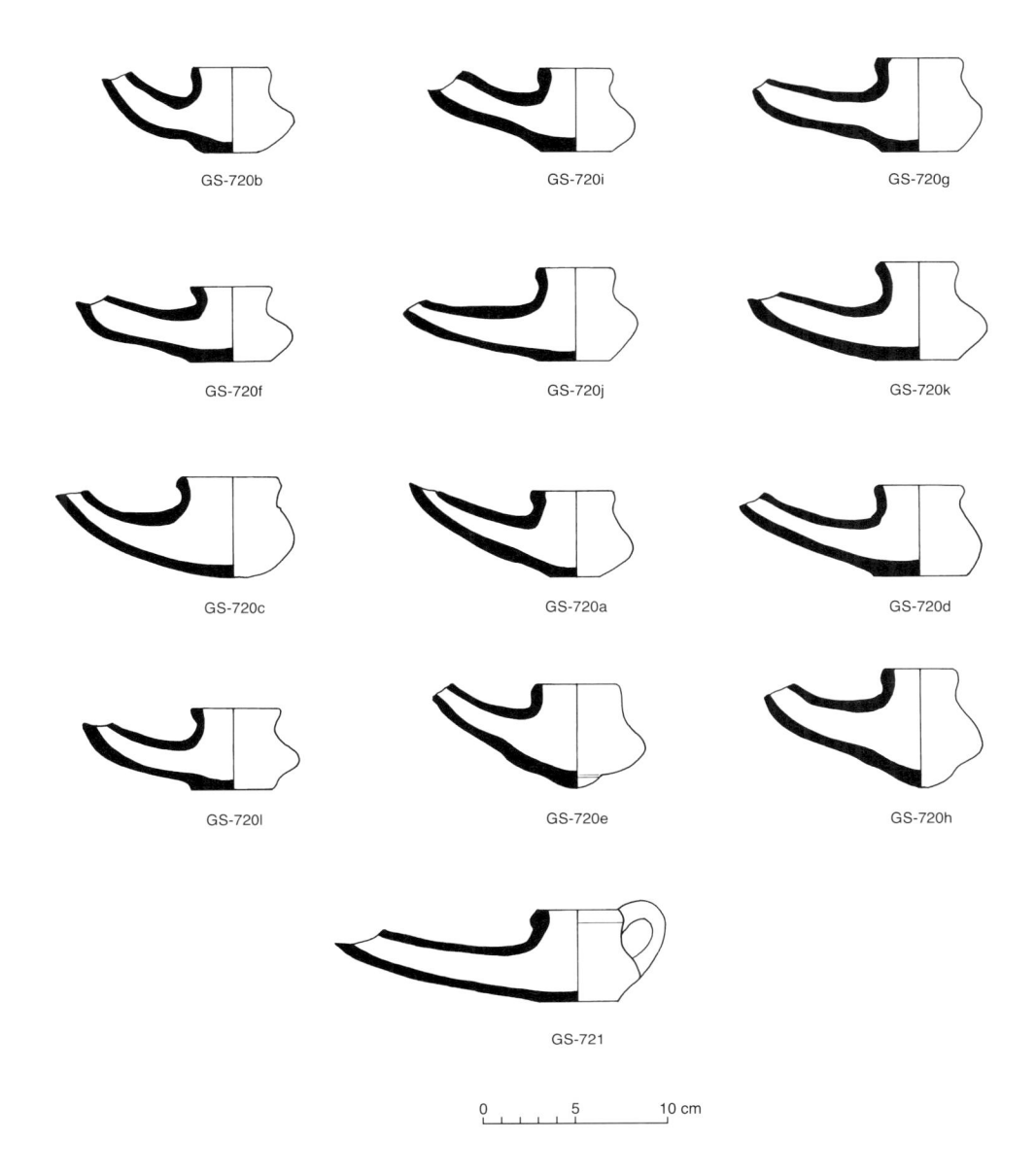

Céramique de la Tombe voûtée 2.
Céramique commune
GS-720a-l : douze lampes à bec ; gris-noir.
GS-721 : lampe à bec très long et à anse ; grise.

Pl. 16

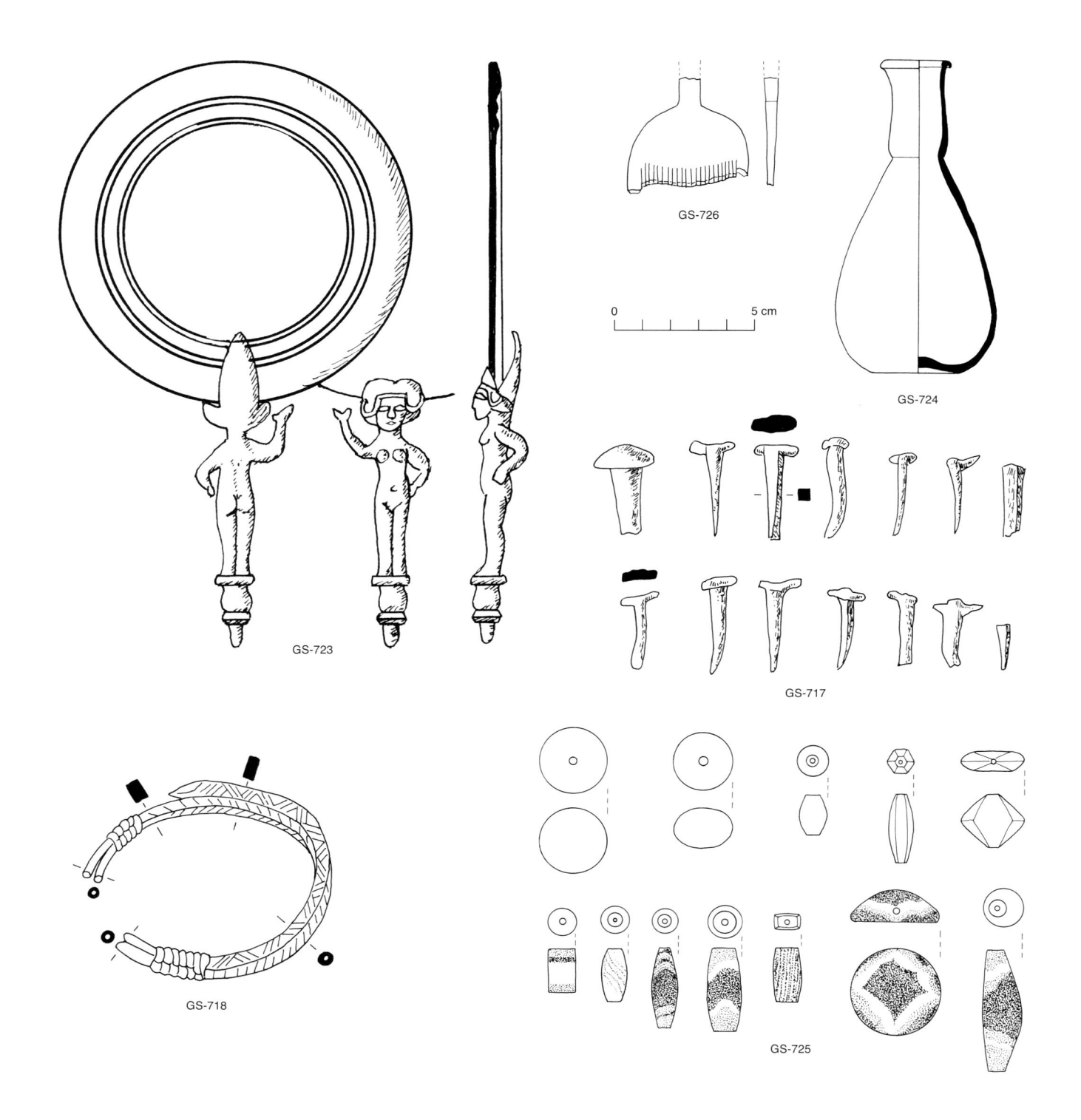

Objets de la Tombe voûtée 2.
GS-723 : miroir en bronze ; le manche est en forme de femme nue soutenant un disque orné de cercles en relief au revers.
GS-724 : flacon en verre bleu irisé.
GS-726 : fragment de peigne en os.
GS-717 : clous en fer de section carrée.
GS-718 : bracelet à double fil de bronze orné d'incisions.
GS-725 : collier de perles en agate, cornaline et ambre (selon Ghirshman).

TOMBE VOUTEE 3

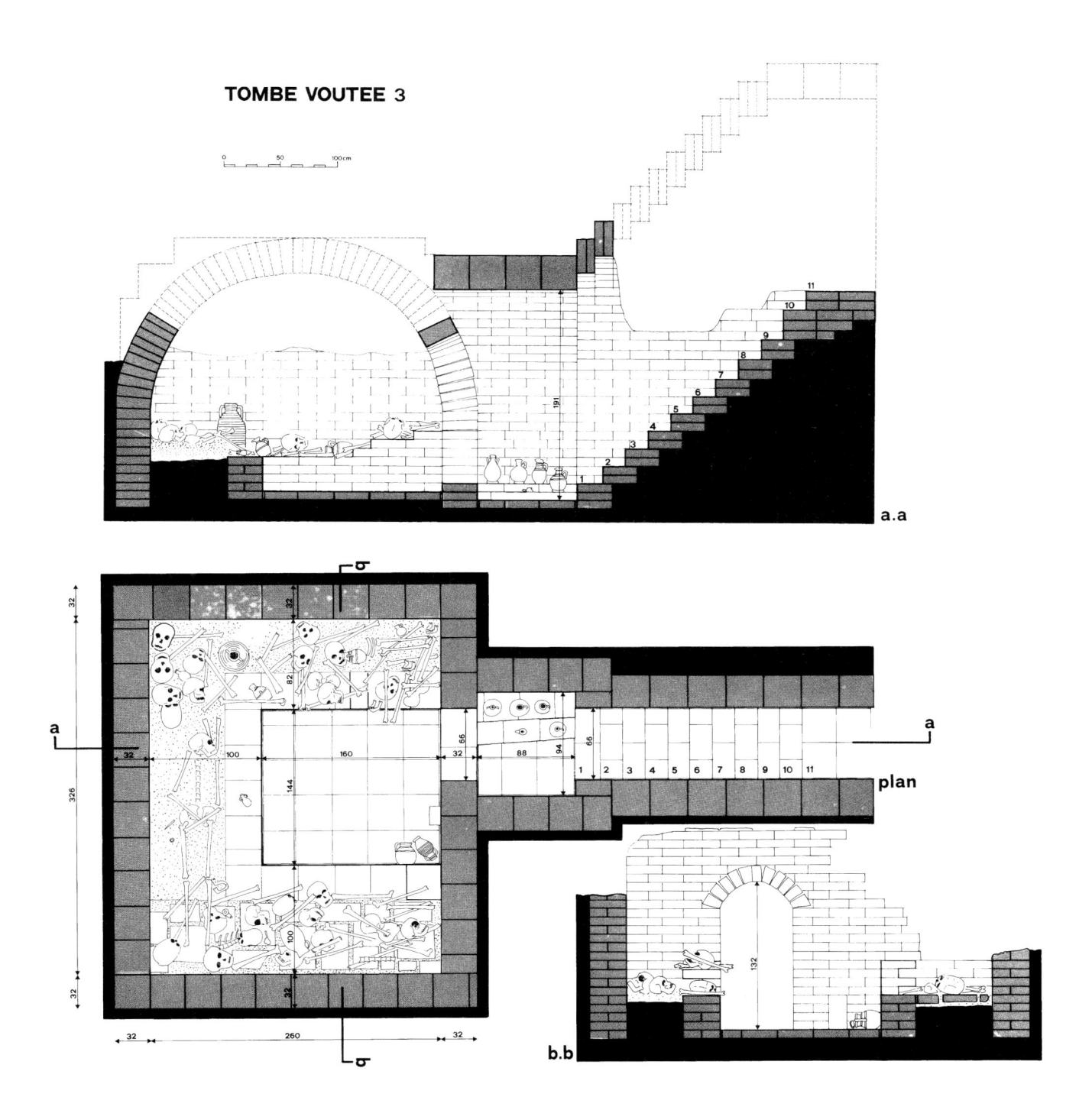

Pl. 17

Plan de la Tombe voûtée 3 (Chantier Ville des Artisans 6) (Pls. 12 b-d, 17-19, 25b).
(3ᵉ campagne 1948-1949 ; fouillée du 15 février au 17 mars 1949)

Cette tombe était entièrement construite de briques cuites, mais la voûte a été retrouvée effondrée. Par un escalier de onze marches au moins, on accédait à une petite pièce qui faisait fonction de dromos et où se trouvaient déjà quelques vases.

La chambre funéraire était désaxée par rapport à l'entrée. Elle mesurait à l'intérieur 2,60 x 3,26 m et était pourvue de trois banquettes très larges (0,80 à 1 m). Le dernier mort avait été déposé, allongé sur le dos, sur la banquette face à l'entrée, après que les os des occupants précédents aient été repoussés en vrac. La banquette de droite portait les restes de douze individus, la banquette de gauche ceux de douze autres. Le nombre d'individus déposés dans cette chambre s'élevait donc à vingt-cinq. L'orientation de la tombe est inconnue.

Pl. 18

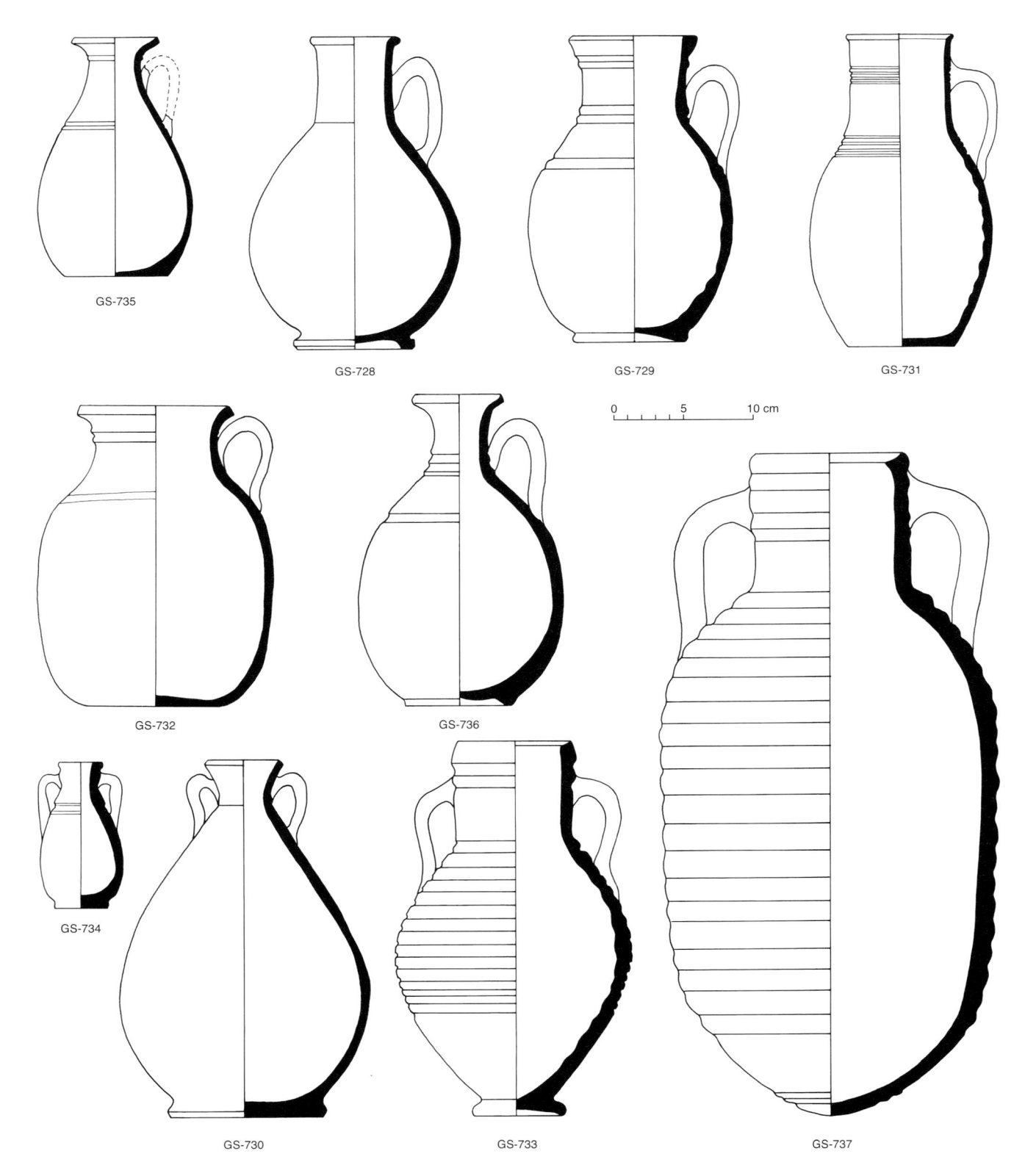

Céramique de la Tombe voûtée 3.

Céramique commune

GS-731 : cruche ; grise.
GS-733 : jarre à deux anses, gris rosé, panse entièrement godronnée.
GS-737 : jarre à deux anses, panse et col godronnés ; brune.

Céramique à glaçure

GS735 : cruche ; glaçure passée à couleur ivoire.

GS-728 : cruche ; glaçure argentée.
GS-729 : cruche ; glaçure argentée.
GS-732 : cruche ; glaçure blanchâtre.
GS-736 : cruche ; glaçure blanchâtre.
GS-730 : cruche ; glaçure claire avec des traces de bleu.
GS-734 : flacon ; glaçure verte.

Pl. 19

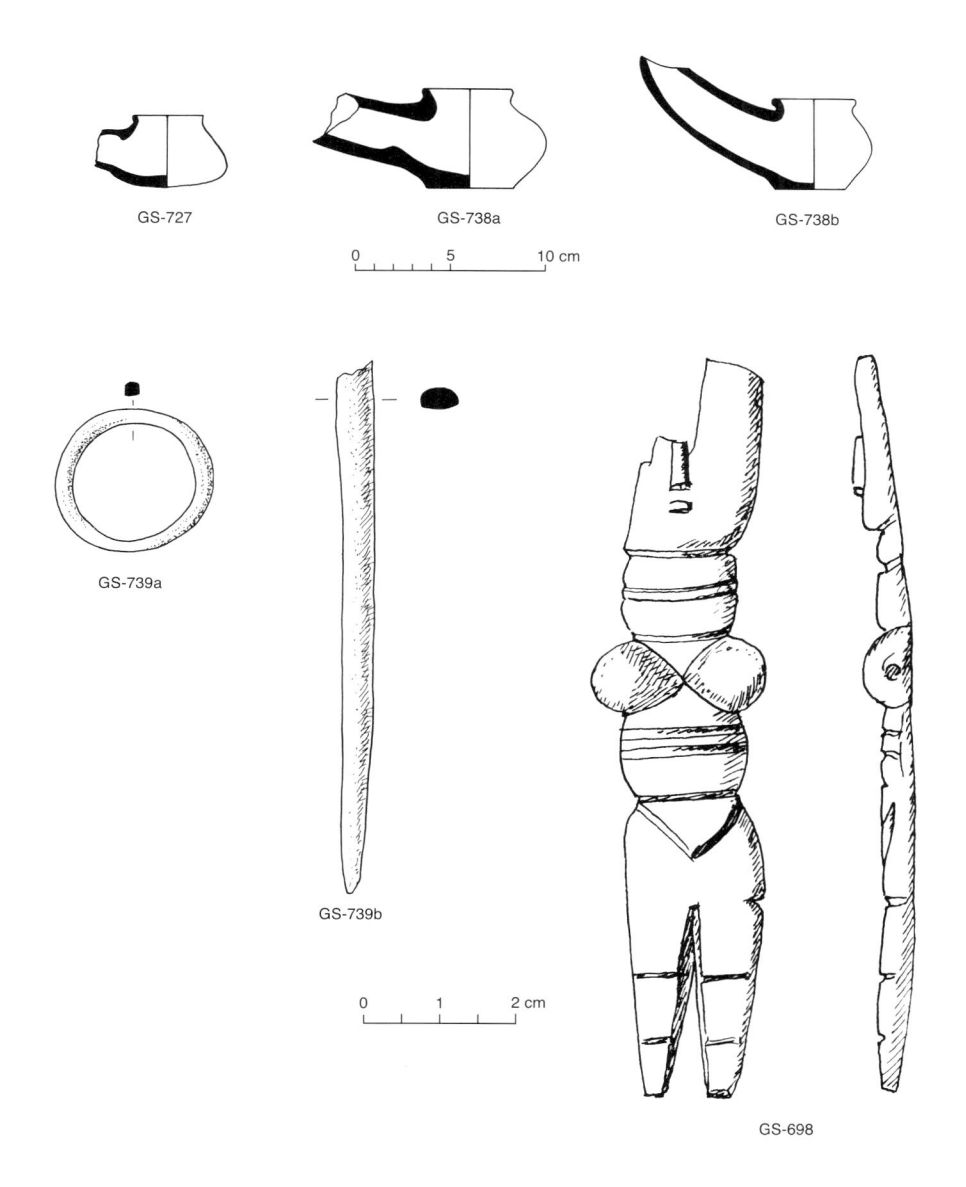

Objets de la Tombe voûtée 3.

Céramique à glaçure

GS-727 : lampe à bec ; glaçure blanchâtre, bec noirci.

Céramique commune

GS-738 a et b : deux lampes à bec ; terre gris-noir.

Autres objets

GS-739a : anneau en bronze de section carrée (banquette de gauche).

GS-739b : épingle incomplète en os (banquette de gauche).

GS-698 : figurine en os sculpté ; les bras articulés manquent. Trouvée dans le niveau sous la TV 3.

Pl. 20

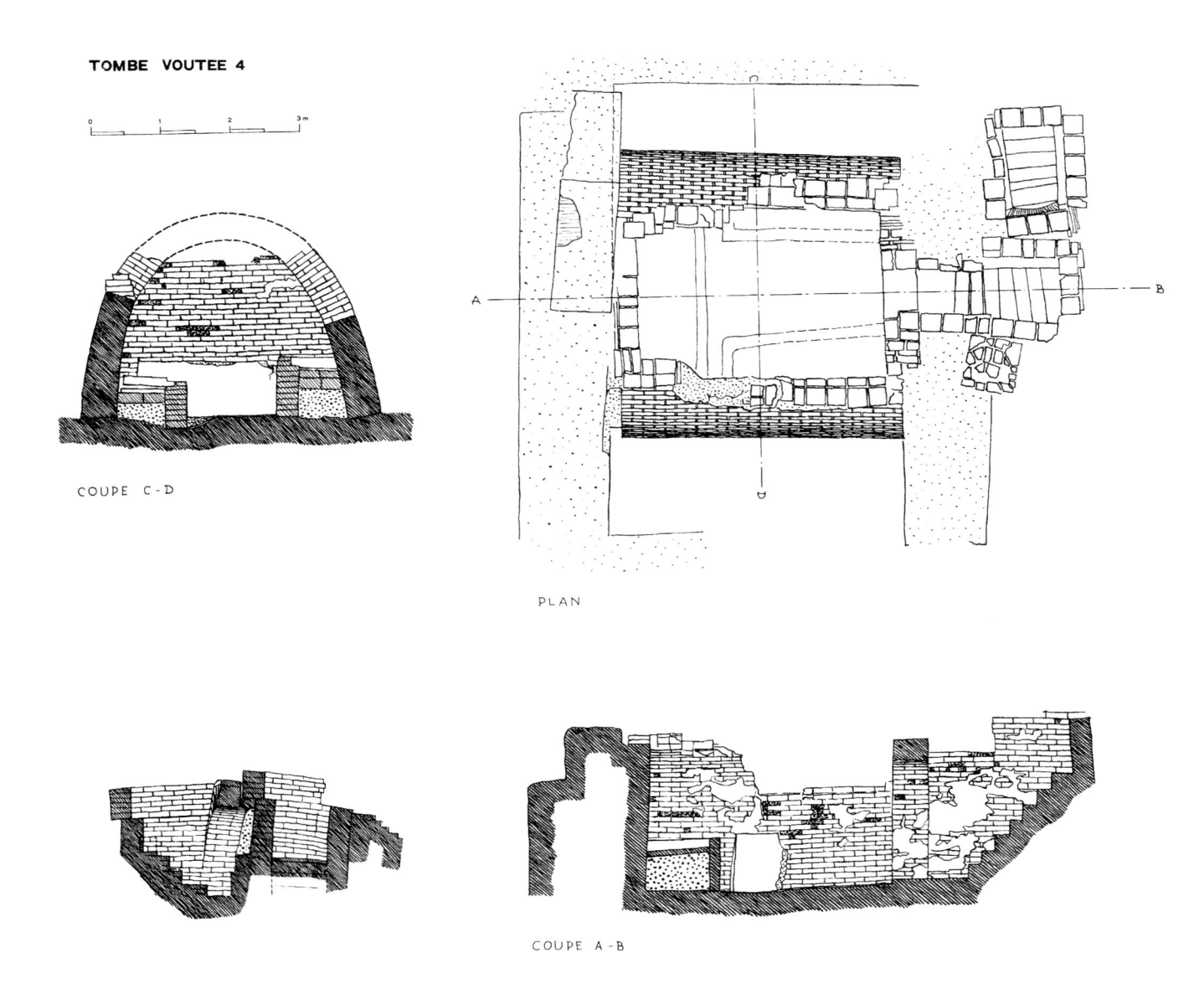

TOMBE VOUTEE 4

COUPE C-D

PLAN

COUPE A-B

Plan de la Tombe voûtée 4 (Chantier Ville des Artisans 2/2c) (Pls. 20-24, 25a).
(5ᵉ campagne 1950-1951 ; fouillée du 21 février au 13 mars 1951)

Cette tombe de briques cuites ne contenait plus d'ossements, qui ont probablement été enlevés (ou dispersés ou exposés, écrit Ghirshman), à l'époque islamique, lors de la construction d'une maison qui a détruit le mur de fond de la chambre funéraire.

L'entrée, au nord, comprend un escalier de sept marches ; dans ce même secteur, près de l'accès à la chambre funéraire, le mur du caveau a été partiellement coupé par un mur d'époque islamique.

Dans la chambre funéraire rectangulaire (ca. 3,50 m x 3,25 m), se trouvaient trois banquettes. Plusieurs objets ont été trouvés ; en particulier douze *unguentaria* à haut col étaient déposés sur l'escalier.

Un second escalier se trouvait à l'ouest du premier ; il devait appartenir à une tombe plus ancienne largement détruite lors de la construction de la Tombe 4.

Pl. 21

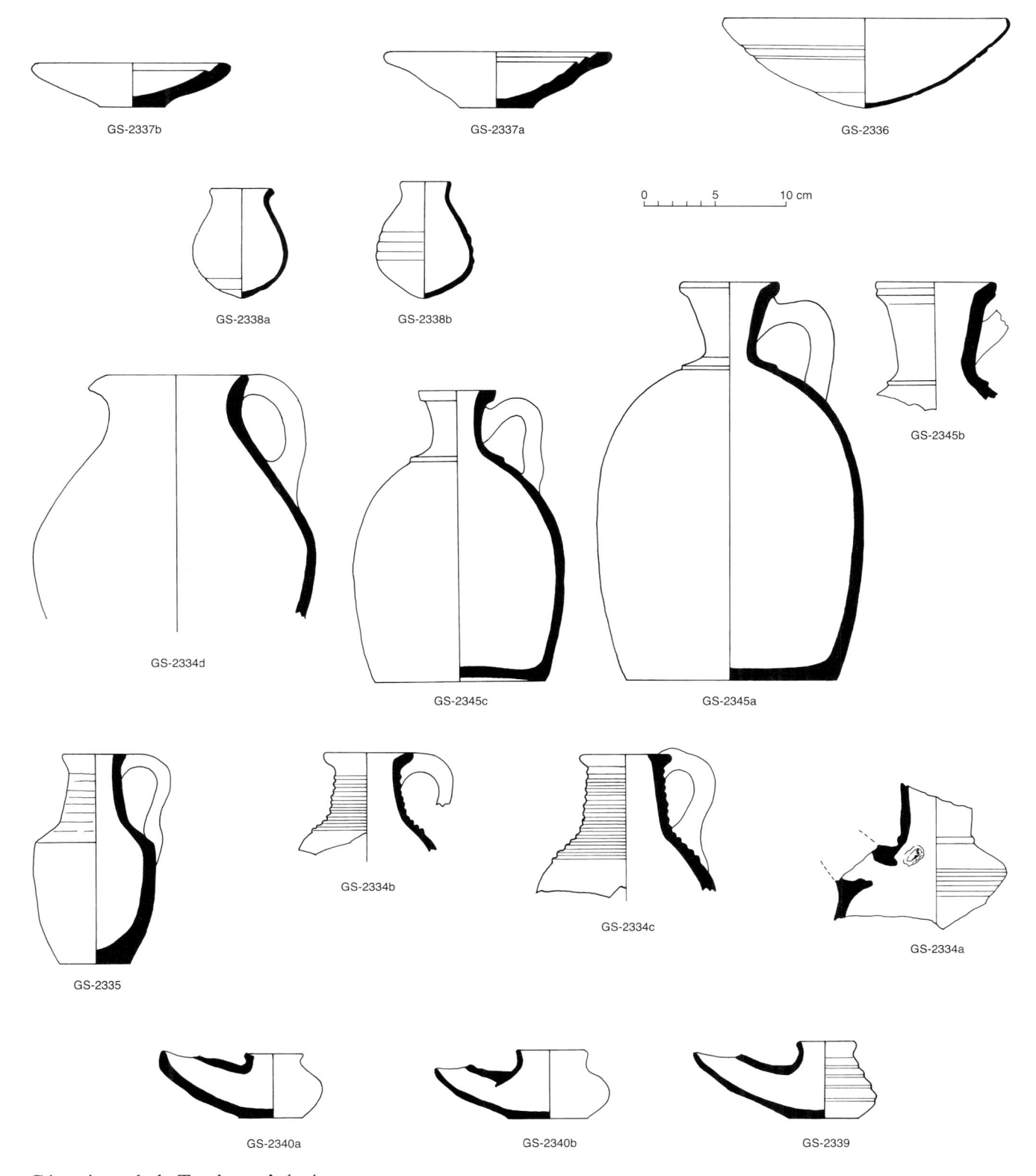

Céramique de la Tombe voûtée 4.

Céramique commune

GS-2337a-b : deux écuelles.

GS-2338 a-b : deux petits vases à fond pointu.

GS-2335 : cruche.

GS-2334 a : fragment de cruche.

GS-2334 b-c : deux cols de cruches.

GS-2334 d : fragment de cruche.

GS-2339, 2340a-b : lampes à bec ; gris-noir.

Céramique fine (eggshell)

GS-2336 : écuelle.

Céramique à glaçure

GS-2345a, b, c : cruches ; glaçure marron foncé.

Pl. 22

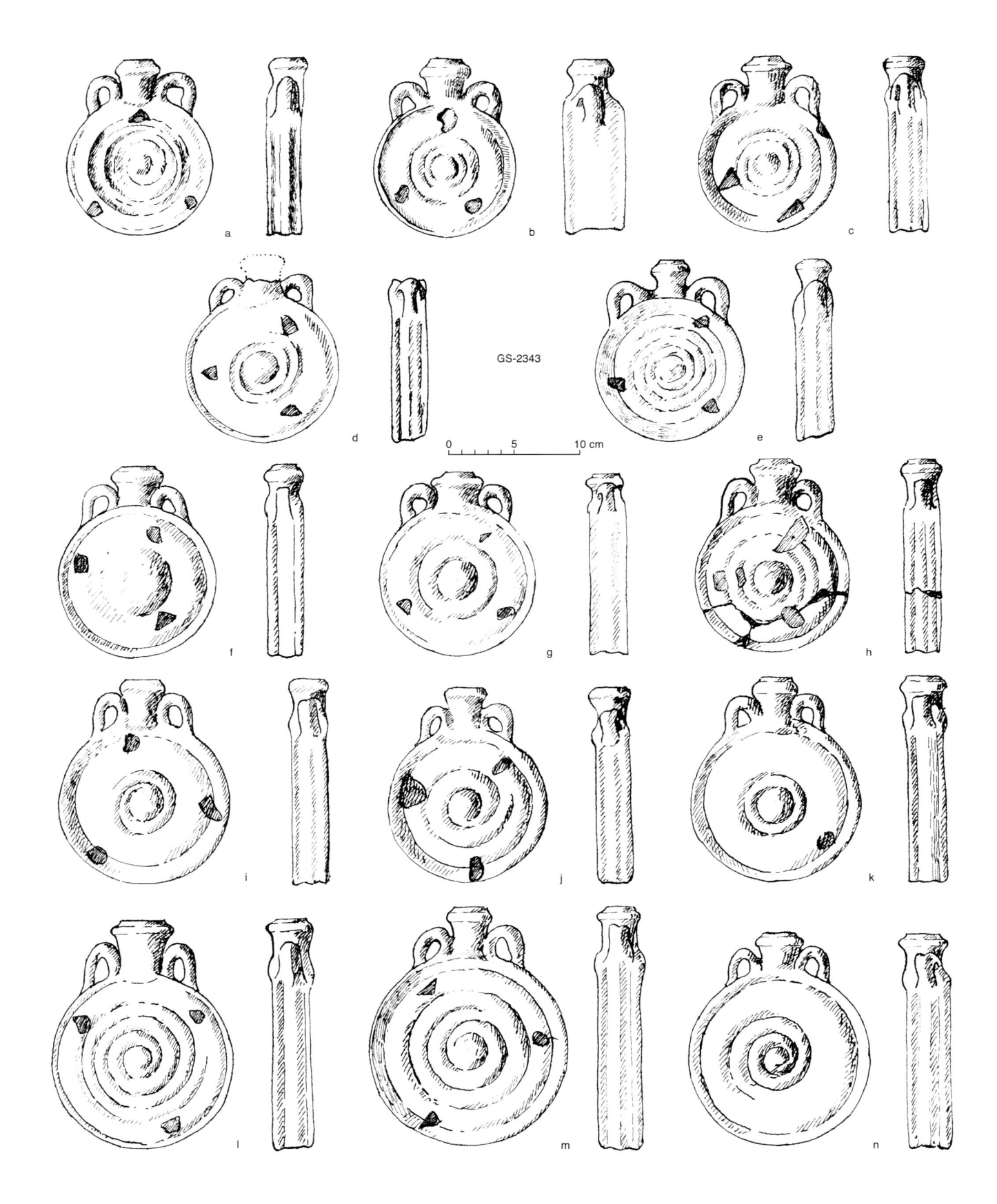

Céramique de la Tombe voûtée 4.
GS-2343a-n : quatorze gourdes de pèlerin plates ; glaçure bleue passée au gris ; marques de pernette.

Pl. 23

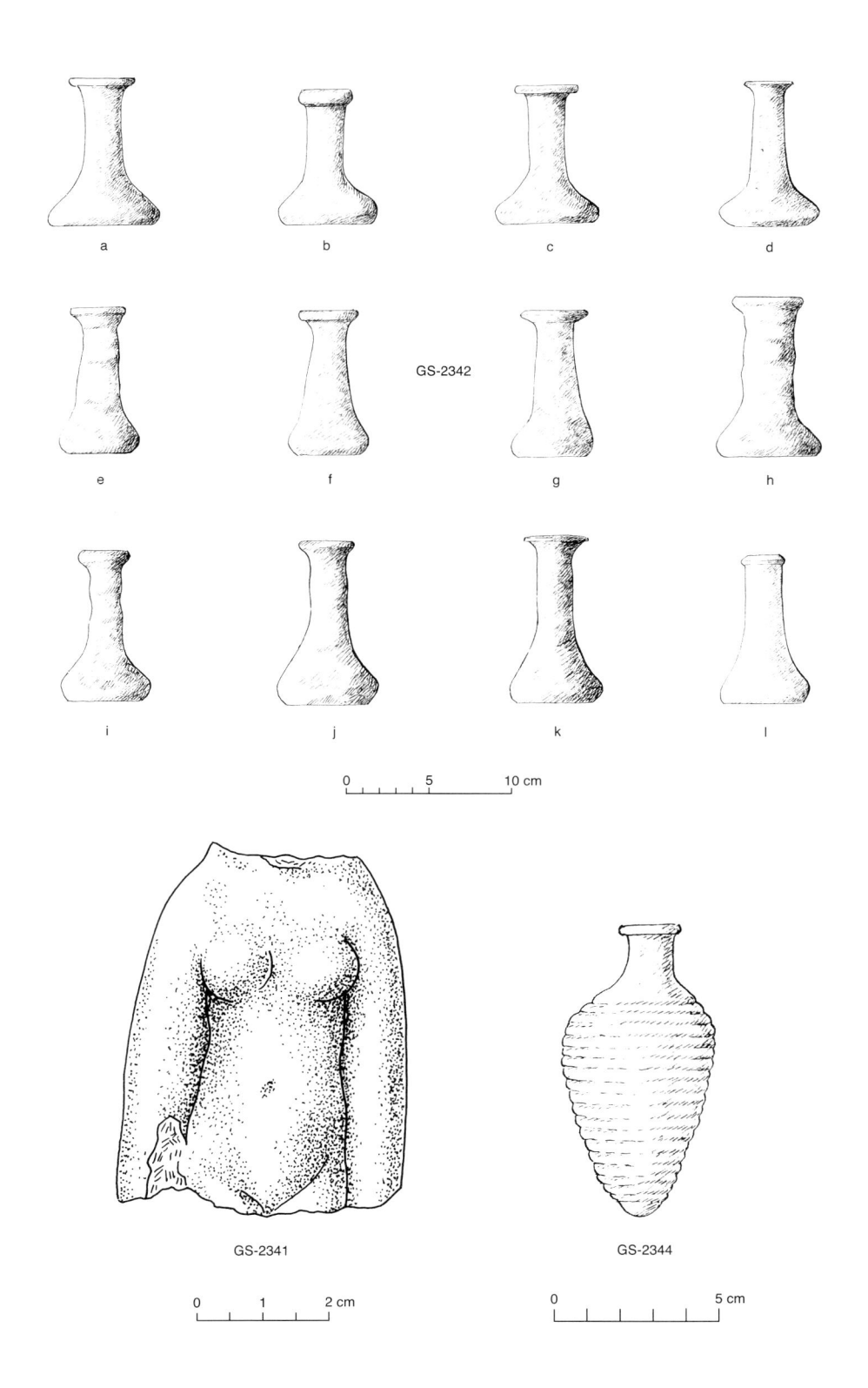

Objets de la Tombe voûtée 4.
Céramique à glaçure
GS2342a-l : douze *unguentaria* ; glaçure vert-jaune/gris-blanc.
Autres objets
GS-2341 : fragment de figurine en terre cuite grise ; femme nue aux bras allongés le long du corps.
GS-2344 : petit flacon en verre jaune soufflé ; panse godronnée.

Pl. 24

Photographies d'objets de la Tombe voûtée 4.
a. assemblage de céramique.
b. cruche à glaçure marron foncé (GS-2345c).
c. flacon en verre jaune soufflé ; panse godronnée (GS-2344).

Pl. 25

Photographies de Tombes voûtées.
a. Tombe voûtée 4.
b. Tombe voûtée 3.

Pl. 26

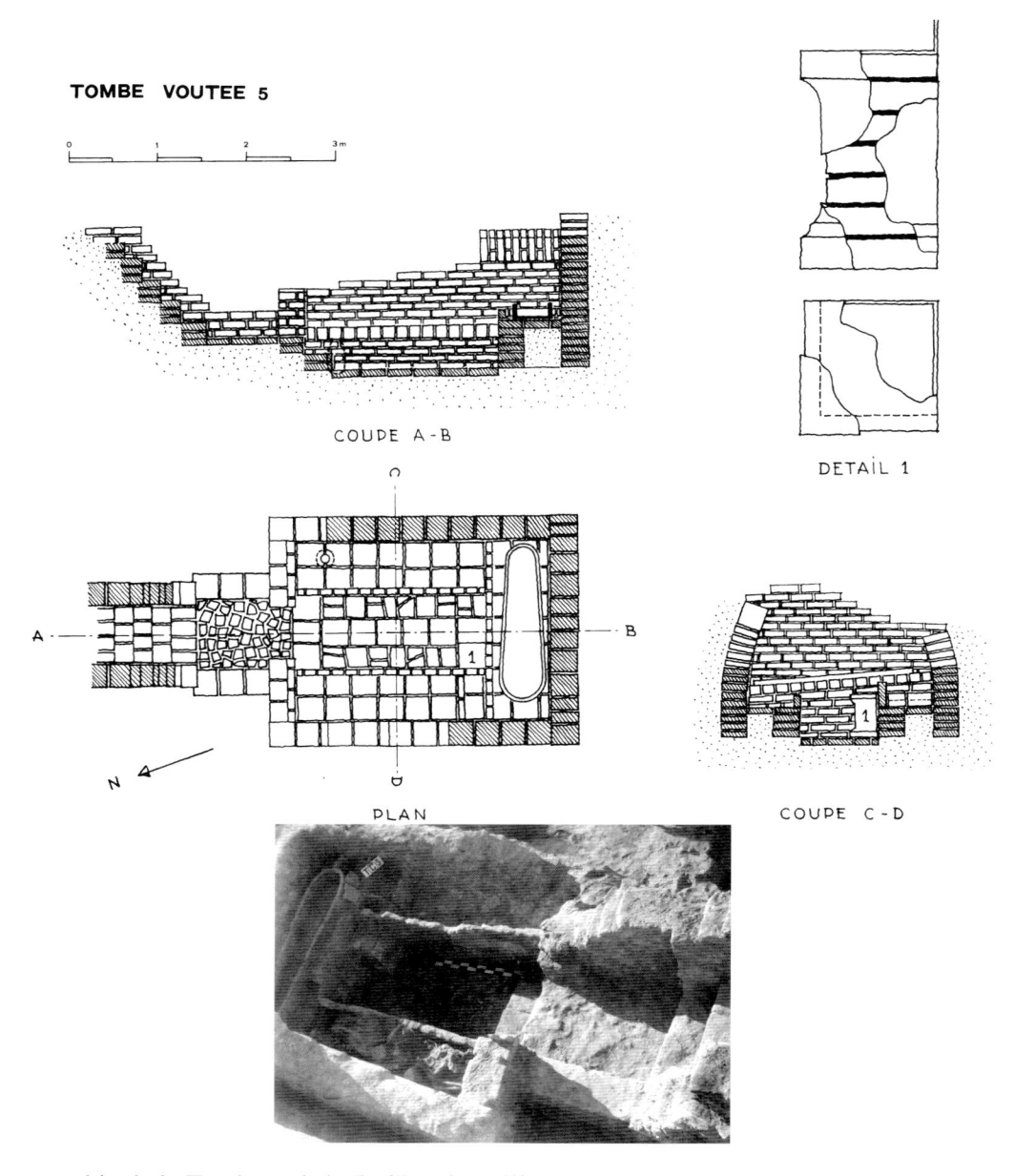

TOMBE VOUTEE 5

COUPE A-B

DETAIL 1

PLAN

COUPE C-D

Plan et photographie de la Tombe voûtée 5 (Chantier Ville des Artisans 9) (Pls. 26-33).
(6ᵉ campagne 1951-1952 ; fouillée du 31 déc. 1951 au 6 janvier 1952)

Cette tombe était localisée à l'extrémité sud-ouest de la Ville des Artisans et la fosse de construction a été taillée dans les restes des maisons du quartier daté par Ghirshman de l'époque séleucide, dont la « villa hellénistique » aux fresques.

Bâtie en bordure du tell, sa partie supérieure et son entrée ne sont pas conservées. Ses murs sont construits avec des briques cuites cassées remployées, mais les marches de l'escalier, le sol et les banquettes sont en briques entières. Son escalier débouchait, tout comme celui de la Tombe voûtée n° 3, dans une petite pièce faisant office d'entrée, pavée de briques cassées. La chambre funéraire était disposée en longueur et mesurait 2,80 x 2,10 m. Elle comprenait trois banquettes dont les deux latérales étaient bordées de briques entières posées de chant pour maintenir les ossements. Selon Ghirshman, on y déposait en vrac les ossements après leur transfert de l'unique sarcophage posé sur la banquette du milieu qu'on vidait pour faire place à un nouveau mort.

Dans l'angle droit de la pièce s'élevait un autel en briques cuites, enduit de plâtre ; contre la banquette de droite était réservé un creux assez profond pour y déposer peut-être des objets destinés au culte. Un petit vase de terre cuite à glaçure d'un bleu passé au blanc sale, à deux anses et à panse godronnée (GS-2505), fut le seul objet trouvé sur la banquette de droite, parmi quelques ossements sans ordre. Toute la poterie de cette tombe était dispersée sur le sol de la chambre, à l'exception de quelques céramiques trouvées sur la banquette gauche. L'entrée se trouvait au NNE.

Pl. 27

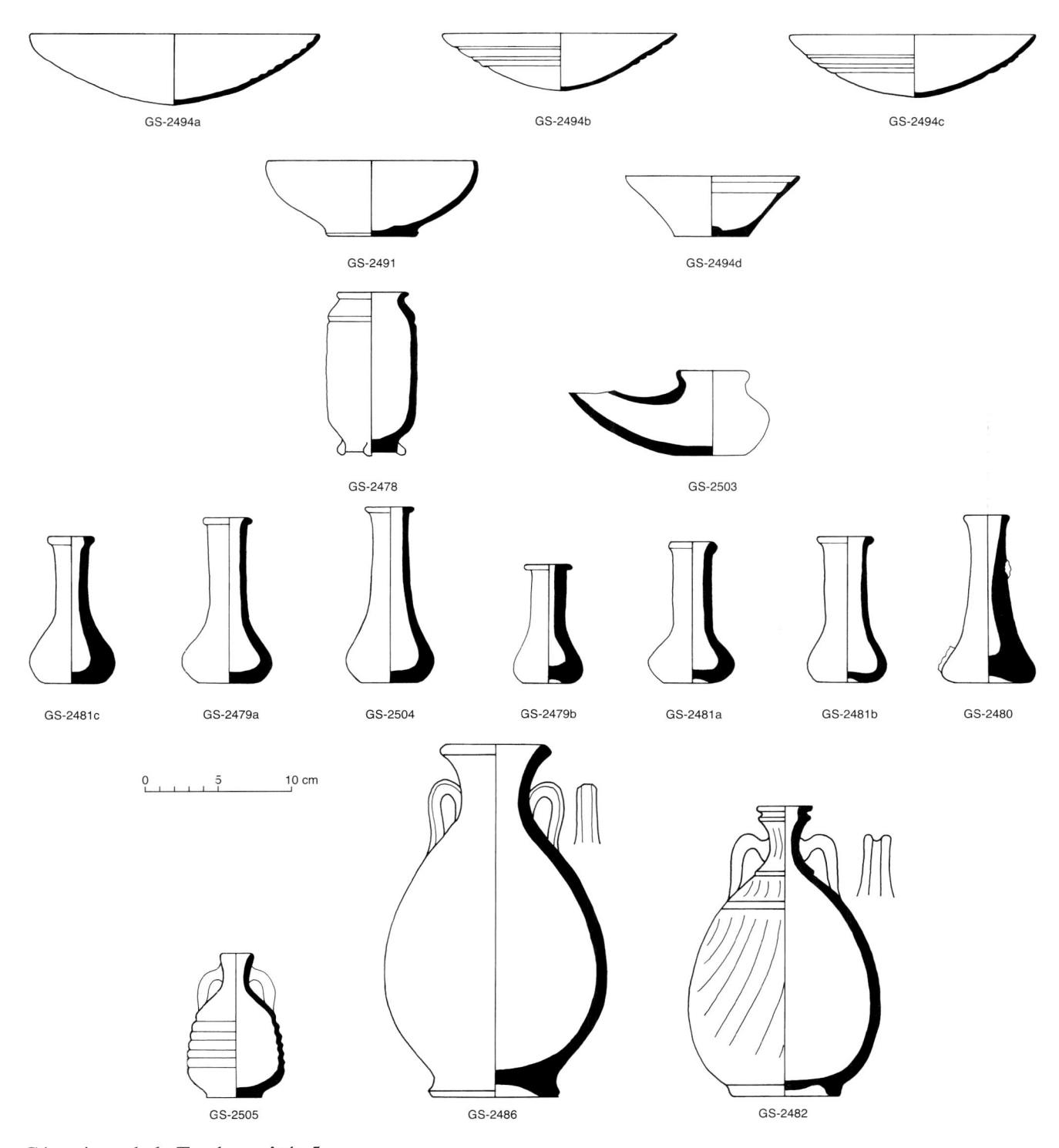

Céramique de la Tombe voûtée 5.

Céramique fine (eggshell)

GS-2494a, b et c : écuelles hémisphériques.

GS-2491 : écuelle en terre rougeâtre.

GS-2494d : écuelle.

Céramique à glaçure

GS-2478 : jarre de forme cylindrique ; trois coulures de glaçure sur la base ; glaçure bleue passée au gris.

GS-2503 : lampe à bec ; glaçure bleue passée au jaune.

Unguentaria

GS-2480 : glaçure verte.

GS-2504 : glaçure dont la couleur est devenue sale.

GS-2479a-b : glaçure gris-ivoire.

GS-2481a-c : glaçure blanc-sale et jaune ivoire.

Flacon

GS-2505 : flacon à panse godronnée ; glaçure bleue passée au gris.

Jarres à deux anses

GS-2486 : deux anses rubanées ; glaçure bleue passée.

GS-2482 : la panse, l'épaule et les deux anses rubanées sont ornés de stries incisées ; glaçure bleue passée au blanc.

Pl. 28

Céramique de la Tombe voûtée 5.

Céramique commune

GS-2490 : cruche ; verdâtre.
GS-2502 : jarre, panse godronnée.

Céramique à glaçure

Cruches

GS-2499 : glaçure bleue passée au blanc.
GS-2489 : glaçure bleue passée au gris.
GS-2487 : anse rubanée ; stries à la naissance et à l'attache de l'anse ; glaçure bleue passée au blanc.

GS-2484 : glaçure brune ; anse torsadée.
GS-2488 : anse rubanée, cercles incisés et huit boutons en pastille à la naissance de l'anse et quatre autres à l'attache de l'anse ; glaçure bleue passée au blanc.

Cruches à fond large et plat

GS-2485 : glaçure bleu pâle.
GS-2483 : glaçure bleue passée au blanc.
GS-2500 : glaçure couleur chocolat.
GS-2501 : glaçure bleu pâle.

Pl. 29

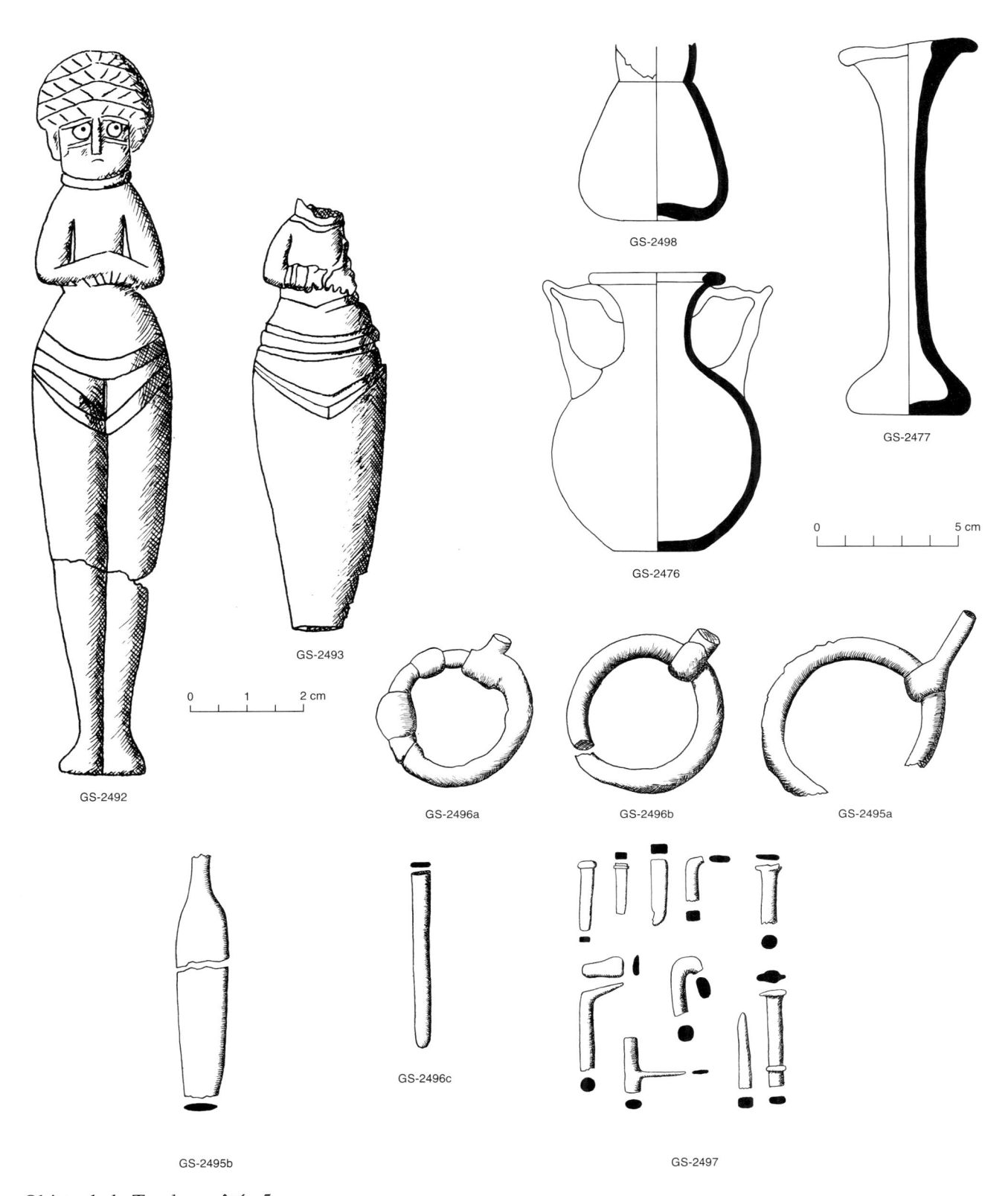

Objets de la Tombe voûtée 5.

Figurines en os

GS-2492 et GS-2493

Verres

GS-2476 : flacon à deux anses coudées en verre opaque presque noir.

GS-2477 : *unguentarium* de forme élancée ; verre opaque.

GS-2498 : fond d'un *unguentarium* ; pâte de verre jaune clair.

Métal

GS-2495a ; GS-2496a et b : trois anneaux en fer à tiges d'attache qui portent des traces de bois.

GS-2495b : couteau en fer.

GS-2496c : tige en fer aplatie.

GS-2497 : clous et divers fragments en fer.

Pl. 30

Photographies de la Tombe voûtée 5 (a-c) et objets divers :
d. figurine en os (GS-2492).
e. flacon à deux anses coudées en verre opaque, presque noir.

Pl. 31

a.

b.

c.

d.

Céramique à glaçure de la Tombe voûtée 5.
a. GS-2487 et GS-2489.
b. GS-2482 ; GS-2487 et GS-2486.
c. GS-2488.
d. GS-2484.

Pl. 32

Céramique à glaçure de la Tombe voûtée 5.
a. GS-2485.
b. GS-2501.
c. GS-2483.
d. GS-2500.

Pl. 33

a.

b.

Céramique de la Tombe voûtée 5.
a. GS-2490 ; GS-2502 ; GS-2491.
b. - rangée du haut : GS-2503 ; GS-2479a ; GS-2478 ; GS-2481c ; GS-2505 ;
 - rangée du bas : GS-2504 ; GS-2481b ; GS-2477 ; GS-2480 ; GS-2481a.

Pl. 34

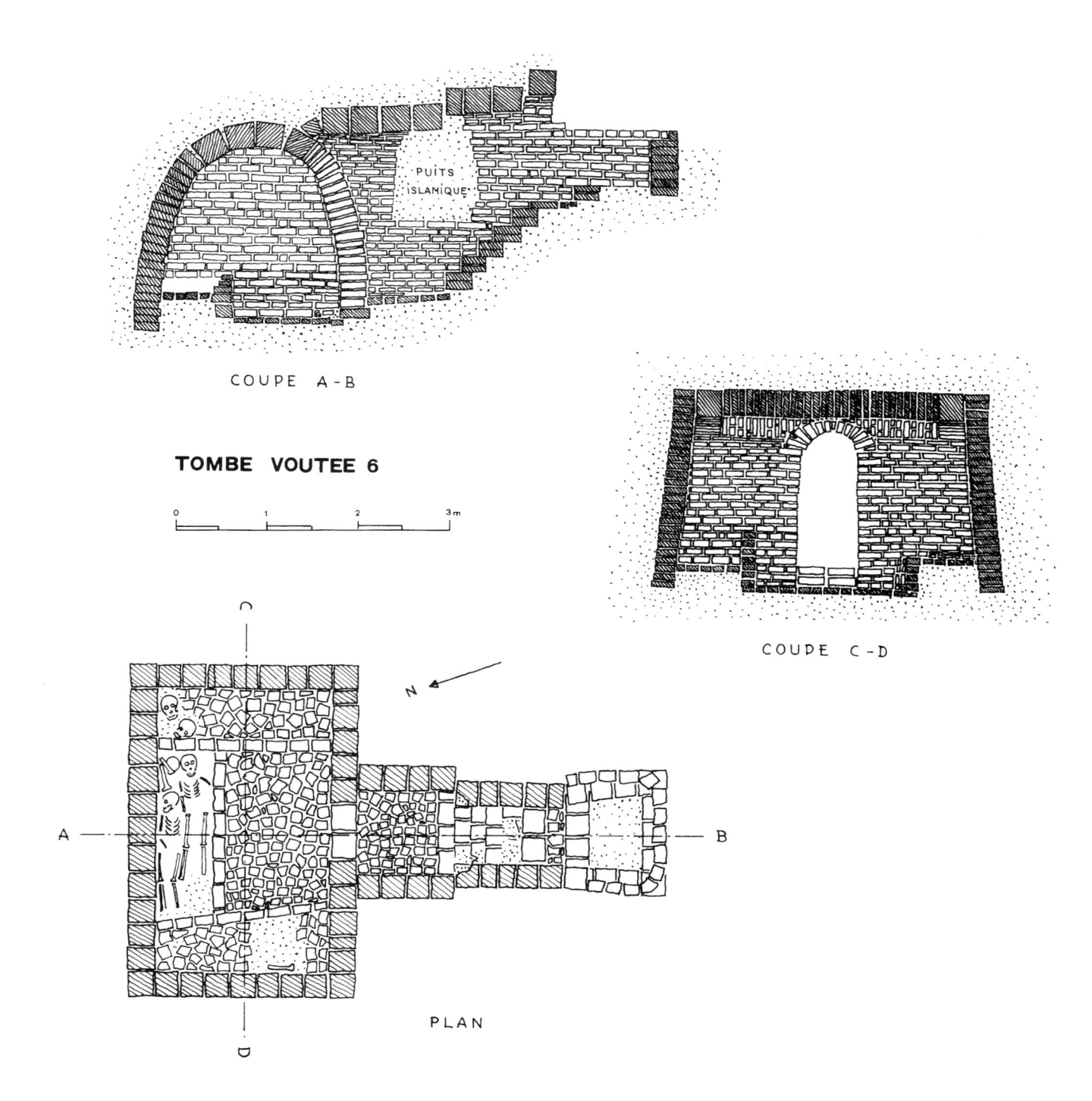

COUPE A-B

TOMBE VOUTEE 6

0 1 2 3 m

COUPE C-D

PLAN

Plan de la Tombe voûtée 6 (Chantier Ville des Artisans 9) (Pl. 34-35).
(6ᵉ campagne 1951-1952 ; fouillée du 22 février au 13 mars 1952)

La chambre funéraire se présentait en largeur par rapport à l'axe de l'accès, qui comprenait une entrée en haut, un escalier et un petit dromos carré. La chambre funéraire rectangulaire mesurait environ 1,90 m x 3,25 m. Elle comprenait trois banquettes dont les deux latérales occupaient toute la longueur des murs latéraux de la chambre, à la différence des tombes précédentes, et encadraient ainsi la banquette du milieu. Sur cette dernière gisaient les restes de trois individus ; les squelettes de deux d'entre eux, allongés et intacts, semblent avoir été ceux des derniers occupants ; pour leur faire de la place, les ossements du précédent ont été simplement repoussés. La banquette de droite ne portait que les ossements en vrac de deux squelettes. Quant à la banquette de gauche, elle avait été traversée par un puits islamique, dont on ignore les dégâts qu'il a pu faire dans cette tombe, mais tout porte à croire que celle-ci a été pillée. Il n'y a que peu d'objets rescapés du pillage. L'entrée était au SSO.

Pl. 35

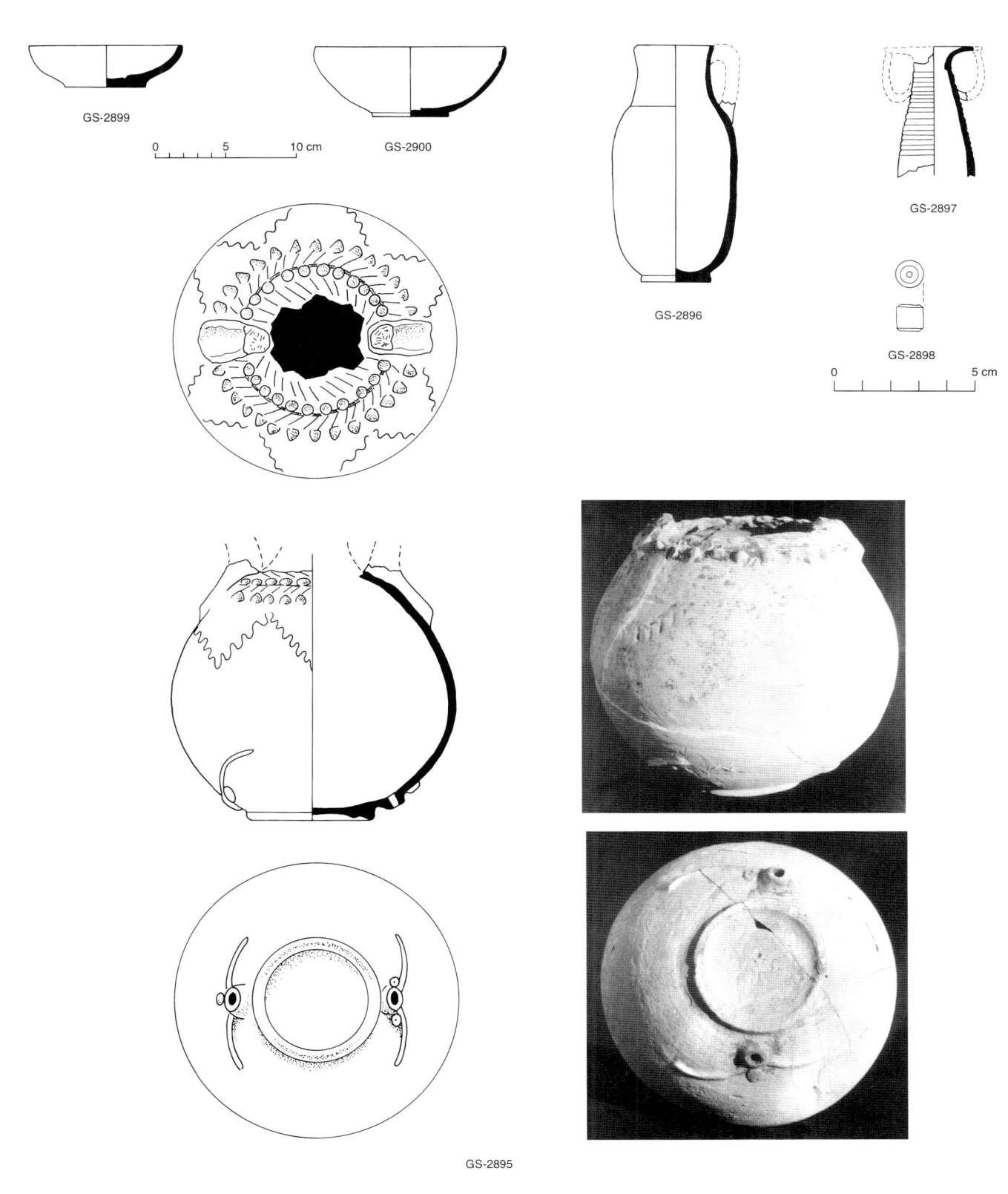

Céramique et perle de la Tombe voûtée 6.

Céramique commune

GS-2899 : omphalos marqué ; jaune.

GS-2900 : omphalos marqué ; rosé.

GS-2896 : cruche.

Céramique gris-clair

GS-2897 : fragment de vase à deux anses ; panse godronnée.

Céramique à glaçure

GS-2895 : glaçure grise ; col manque. Le fond du vase est orné de deux têtes de bouquetin à gueule percée. Sous le départ du col, le haut de l'épaule du vase est orné de deux cercles de boutons en pastilles, ronds ou triangulaires, réunis par des traits incisés. La panse porte de larges chevrons incisés continus, en lignes brisées.

Perle

GS-2898 : perle en coquillage.